Über den Autor

Geboren in Deutschland, studierte Edgar Rothermich Musik an der̶ ̶
Berlin und graduierte 1989 mit einem Master-Abschluss am Klavier und als Tonmeister. Er
arbeitete als Komponist und Musikproduzent in Berlin und zog 1991 nach Los Angeles, wo
er seine Arbeit an zahlreichen Projekten in der Musik- und Filmindustrie fortsetzte ("The
Celestine Prophecy", "Outer Limits", "Babylon 5", "What the Bleep do we know", "Fuel",
"Big Money Rustlas").

In den letzten 20 Jahren hatte Edgar eine erfolgreiche musikalische Partnerschaft mit
Christopher Franke, einem Pionier im Gebiet der elektronischen Musik und
Gründungsmitglied der Gruppe Tangerine Dream. Über diese Zusammenarbeit hinaus
arbeitete Edgar mit anderen Künstlern zusammen, jedoch auch an eigenen Projekten.

In 2010 begann er seine Solo-Aufnahmen der "Why Not ..."-Serie mit verschiedenen Stilen und Genres zu veröffentlichen. Die
aktuellen Releases sind "Why Not Electronica", "Why Not Electronica Again", "Why Not Solo Piano" und "Why Not 90s
Electronica". Dieses bisher unveröffentlichte Album wurde in 1991/1992 von Christopher Franke produziert. Alle Alben gibt es
bei Amazon und iTunes wie auch das neueste Release in 2012, das Re-Recording des Blade Runner Soundtracks.

Neben dem Komponieren von Musik schreibt Edgar Rothermich technische Anleitungen in einem besonderen Stil. Er legt den
Fokus auf umfangreiche Grafiken und Diagramme, um komplexe Zusammenhänge und Funktionsweisen von Software-
Programmen in seiner bekannten GEM-Serie (Graphically Enhanced Manuals) zu erklären. Seine Bestseller sind bei Amazon,
in Apple' iBookstore und als PDF-Download erhältlich.

www.DingDingMusic.com   GEM@DingDingMusic.com

Über GEM (Graphically Enhanced Manuals)

VERSTEHEN, nicht nur LERNEN

Was sind **G**rafisch **E**rweiterte **M**anuale? Sie sind eine neue Art von Anleitung mit
visueller Unterstützung, die dabei helfen, ein Programm zu VERSTEHEN und es
nicht nur zu LERNEN. Sie brauchen sich nicht durch 500 Seiten trockener
Erklärungen zu kämpfen. Umfangreiche Grafiken und Diagramme helfen Ihnen
dabei, den „AHA"-Effekt zu erlangen und erleichtern es, selbst schwierige
Zusammenhänge zu begreifen. Mit den Grafisch Erweiterten Manuals können Sie
eine Software schneller und mit einem viel tieferen Verständnis des Konzepts, der
Funktionen und Arbeitsweisen auf eine leicht verständliche und sehr intuitive Art
und Weise verstehen.

Über die Formatierung

Rot gefärbter Text gibt Tastatur-Shortcuts an. Ich verwende die folgenden Abkürzungen: **sh** (shift key), **ctr** (control key), **alt**
(option key), **cmd** (command key). Ein Plus zwischen den Tasten gibt an, dass all diese Tasten zur gleichen Zeit gedrückt
werden müssen: **sh+alt+K** bedeutet, dass die shift-, alt- und K-Taste zur selben Zeit gedrückt werden müssen. **Ctr+klick**
entspricht **Rechter Maustaste**.

Braun gefärbter Text zeigt Menü-Kommandos an, mit einem größer-als-Zeichen (>) weist er auf Untermenüs hin.
Bearbeiten > Ursprungsdatei > Alles bedeutet: "Geh zum Bearbeiten-Menü, scroll runter bis Ursprungsdatei und wähle das
Untermenü Alles".

Blaue Pfeile deuten auf ein Menü hin, das geöffnet werden kann. ●━━▶

Übersetzung

Gabriele Weßling - www.finalcutproX-berlin.de

Dieses Manual basiert auf Final Cut Pro X v1.0.2
ISBN-13: 978-1469927541
ISBN-10: 1469927543
Copyright © 2011 Edgar Rothermich
All rights reserved

Einleitung

Willkommen zur „detaillierten" Version meines Manuals für Final Cut Pro X (FCPx). Vielen Dank für die positiven Antworten über mein erstes Buch „Final Cut Pro X - So funktioniert's". Es war anspornend, zu sehen, dass viele Leser meine Meinung über die Wichtigkeit eines „grafisch unterstützten" Manuals teilen. Bevor man die Funktionalität einer Software erklärt, sollte man das grundlegende Konzept dahinter verstehen, besonders bei FCPx. Obwohl es manchmal kleine Umwege gibt, kann man viel besser verstehen, wie und warum die Dinge so funktionieren wie sie es tun.

Als FCPx veröffentlicht wurde, konnten Sie eine große Veränderung nachlesen:

Anstatt auf Spuren basiert jetzt alles auf einer primären Storyline (Handlung) und verbundenen Clips

Was machen Sie mit einer solchen Information? Es gibt zwei unterschiedliche Reaktionen:

- Sie können sich die Demos anschauen und feststellen, dass es stimmt. FCPx hat keine Video- und Audiospuren. Es arbeitet mit einer einzelnen primären Storyline (Handlung) und verbundenen Clips, die Sie daran festheften. Diese Veränderung setzt voraus, dass Sie Ihren Workflow ändern müssen, um ihn an das neue Konzept anpassen zu können.

- Oder Sie können einen Schritt zurück machen und sich die grundlegende Frage stellen: Was hat sich im zugrundeliegenden Konzept in FCPx verändert? Sie könnten sich auch fragen, warum die Entwickler so einen kühnen Wechsel vorgenommen haben.

Ich möchte nicht in die Diskussion für oder gegen die Veröffentlichung von FCPx einsteigen und ob es gut oder schlecht war. Ich sehe ein, dass es nicht der beste Weg war, den Übergang zu vollziehen. Aber ich bin daran interessiert, herauszufinden, was verändert wurde und noch mehr daran, warum solche umfassenden Veränderungen gemacht worden sind.

In meinem ersten Buch behandelte ich die meisten Bereiche von FCPx und deren grundlegende Funktionen. In den folgenden Kapiteln dieses Buches baue ich auf diesen Grundlagen auf. Wenn Sie das erste Buch nicht gelesen haben und in den darin vorkommenden Themen nicht sicher sind, empfehle ich Ihnen, erst dieses durchzuarbeiten.

Hier ist der allerwichtigste Fakt, um das neue FCPx zu verstehen - es ist eine Datenbank!

Dieses Thema habe ich in meinem ersten Buch im Kapitel über Clips und wie das gesamte Datenmanagement mit Metadaten als Teil von „Digital Asset Management" (DAM) funktioniert, erklärt. Der Grund, warum ich dieses Thema gleich an den Anfang stelle, ist sehr einfach:

> **FCPx ist eine Sammlung zusammenhängender Datenbanken**

Jedes der folgenden Kapitel führt zurück auf diese einfache Offenbarung. Viele Konzepte sind in FCPx einfacher zu verstehen, wenn Sie an die zugrundeliegenden Datenbanken denken. Das Problem liegt darin, dass sich nicht jeder Cutter mit Datenbanken auskennt. Nicht jeder hat Erfahrungen mit Filemaker oder aufwändigeren SQL-Datenbanken - oder es ist ihm nicht bewusst, dass er damit Erfahrungen hat. Jeder nutzt iTunes, Adressbuch, iPhoto oder zumindest den Finder.

Der radikale Wechsel des Gerüsts auf dem FCPx basiert, könnte ein paar Dinge erklären. Vielleicht war das vollständige Überarbeiten notwendig, um für zukünftige Entwicklungen von FCPx gerüstet zu sein und wir verstehen es erst später. Vielleicht wird es in ein paar Jahren klarer, wenn auch andere Programme den gleichen schmerzhaften Übergang vollziehen müssen und FCPx schon gut etabliert ist. Vielleicht erklärt das auch, warum FCPx nicht mit FCP7 kompatibel ist und noch einige Bestandteile fehlen, weil die Entwickler diese noch nicht an das neue Konzept angepasst haben. Letzten Endes ist es von Apple's Seite ein mangelhaftes Marketing, das nicht offen und ehrlich der Fakt kommuniziert wurde, dass FCPx eine neue (zukunftssichere?) Applikation ist, die nichts mit FCP7 gemein hat.

Datenbanken

Grundlagen

Starten wir mit einem kleinen Schlenker direkt am Anfang und legen ein paar Grundlagen für das bessere Verstehen von Datenbanken, bevor wir in FCPx eintauchen. Erinnern Sie sich, je besser Sie diesen Bereich verstehen, desto mehr geht es Ihnen in Fleisch und Blut über und Sie müssen nicht mehr darüber nachdenken. Das kann befreiend wirken und Sie können Ihren eigentlichen Job machen - das Schnittprogramm benutzen und kreativ sein.

Eine Datenbank ist grundlegend das Gleiche wie eine Tabelle oder Liste.

- Sie enthält Informationen über „Objekte". In einem Adressbuch entsprechen diese Objekte den Personen und den Informationen über sie. Sogar jede einfache Einkaufsliste mit Dingen, die eingekauft werden sollen, ist eine Datenbank. Sie listet Informationen darüber auf, welche Dinge einzukaufen sind.

- Jede Person in einer Adressdatenbank hat eine einzelne Karte, den "**Eintrag**" oder aber eine „**Zeile**" in einer Tabelle. Ein Adressbuch mit 20 Personen darin hat 20 Einträge oder 20 Zeilen in einer Tabelle.

- Jeder Eintrag hat bestimmte Informationen über die Person, wie z.B. Name, Adresse, Telefonnummer, Geburtsdatum etc.. Das sind die **„Felder"** in einer Datenbank oder die **"Spalten"** in einer Liste.

- Ein Rolodex (eine Rollkartei) oder ein Adressbuch in Papierform repräsentiert eine einzelne Datenbank. Wenn Sie eine elektronische Datenbank haben, können Sie diese auf den nächsten Level bringen und mehrere Datenbanken verknüpfen und somit **„relationale Datenbanken"** erstellen. Sie haben z.B. eine Kundendatenbank und eine Datenbank für die Artikel, die Sie verkaufen. Diese Datenbanken können verknüpft werden, um in jedem personenbezogenen Eintrag die erworbenen Artikel aus der Artikel-Datenbank zu sehen. Obwohl das sehr leistungsstark ist, kann es schnell ziemlich komplex werden. Vielleicht haben Sie es noch nicht bemerkt, aber Vieles in Ihrem täglichen Leben funktioniert mit Datenbanken, einschließlich FCPx.

DATENBANK	TABELLE
Wie ein Rolodex / Rotationskartei	Sport-Tabelle
Eine einzelne Karte ist ein **Eintrag**	Ein Eintrag in die Liste ist eine **Zeile** in der Tabelle
Jeder Eintrag auf der Karte ist ein **Feld**	Ein Feld wird durch eine **Spalte** dargestellt

Wenn ich in diesem Manual über Datenbanken spreche, nutze ich die Tabellenform, da es hiermit einfacher ist, Datensätze zu erklären.

Es gibt einen weiteren Aspekt der Datenbank, den ich erwähnen möchte, und das sind: **Assets**

Eine Datenbank ist normalerweise eine Datei, z.B. ihr Adressbuch. Es ist eine relativ kleine Datei, die Textinformationen über Ihre Kontakte enthält. Aber was ist mit der Datenbank mit all Ihrer Musik (iTunes) oder mit Ihren gesamten Bildern (iPhoto)? Stellen Sie sich vor, dass neben den Titeln und verschiedenen Beschreibungen (Metadaten!) diese eine Datenbank auch alle mp3- oder jpeg-Dateien enthält. Wenn Sie diese Dateien in die Datenbank-Datei übertragen, wird sie sehr groß.

In solchen Fällen, wo die Datenbank „Assets" (alle Dateien wie mp3, jpeg, pdf, mov etc.) verwaltet, liegen diese Assets außerhalb der Datenbank, die nur eine Verknüpfung zu ihnen enthält. Die Assets können aus der Datenbank heraus „gezeigt" oder „abgespielt" werden, als wären sie direkt eingebettet. Natürlich ist dieser Link oder „Pfad zu der Datei" sehr wichtig und wenn Sie die Datei verlieren oder verschieben, sieht die Datenbank nur eine nicht vorhandene Verknüpfung.

Datenbank ohne Assets

(Adressbuch)

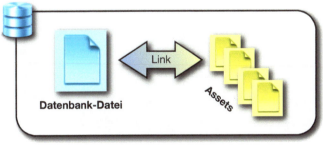

Datenbank mit Assets

(iTunes, iPhoto, FCPx)

Es gibt verschiedene Methoden, um sicherzustellen, dass die Verknüpfungen zu diesen Assets intakt bleiben:

- **Datenpaket**: Die Datenbank-Datei und die dazugehörigen Assets sind innerhalb eines Ordner gebündelt, getarnt als eine Datei, ein OSX-Datenpaket. Ein Beispiel ist die iPhoto Library-Datei. In dieser Datei sind alle aktuellen Photos und die dazugehörigen Datenbanken gesammelt.

- **"Unsichtbarer" Asset-Ordner**: Professionelle Digital Asset Management (DAM)-Systeme verstecken von vornherein alle Assets-Ordner. Sie sind nur für den Administrator zugänglich. Der Nutzer sieht und agiert nur über die grafische Benutzeroberfläche. Wenn eine Datei (Asset) in die Datenbank importiert wird, braucht der Nutzer nicht zu wissen, wo diese abgelegt wird.

- **Fest zugewiesener Asset-Ordner**: Die Datenbank erwartet, dass sie den Assets-Ordner an einer bestimmten Stelle findet. Der Ordner ist im Finder sichtbar, aber damit rumspielen (verschieben, entfernen, umbenennen) bringt die Datenbank durcheinander. Diese Lösung verwendet FCPx.

Manche erfahrene FCP7-Nutzer könnten die neue Ordnerstruktur zu restriktiv empfinden, da sie ihr Material gerne in eigene Verzeichnisse, wohin auch immer, legen. Das führt zurück zu meinem Statement am Anfang. Anstatt sich zu beschweren, dass der alte Workflow nicht mehr funktioniert, sollte man erstmal verstehen wollen, warum der neue Workflow eingeführt wurde. Auch wenn man sich an den neuen Workflow-Mechanismus erst anpassen muss, könnten (hoffentlich) langzeitig Vorteile entstehen.

FCPx ist eine Datenbank

Ereignis

Jedes Ereignis in FCPx ist eine Datenbank!
- Die Einträge in der Ereignis-Datenbank sind die zum Ereignis gehörigen Clips.
- Die Felder in jedem Ereignis sind die Eigenschaften eines jeden Clips.

❶ Im festgelegten Ordner *Final Cut Events* sucht FCPx nach Ereignis-Datenbanken. Wenn Sie ein Ereignis an einen anderen Ort verschieben, wird FCPx es nicht finden.

❷ Jedes Ereignis in FCPx wird durch einen Ordner mit dem gleichen Namen im *Final Cut Events*-Ordner repräsentiert. Somit ist ein Ereignis eine Datenbank, in diesem Fall *"Mein Ereignis A"*.

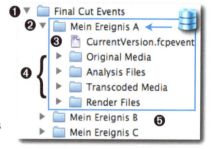

❸ Dies ist die jeweilige Datenbank-Datei. Die Datei hat in jedem Ereignis-Ordner den gleichen Namen *CurrentVersion.fcpevent*.

❹ Die anderen Ordner in diesem Verzeichnis enthalten die Dateien, die für dieses Ereignis benötigt werden (Assets). Der Ordner-Name beschreibt, welche Art von Assets er beinhaltet.

❺ Alle weiteren Ereignisse (Datenbank-Ordner) auf dieser Festplatte liegen im gleichen *Final Cut Events*-Ordner. Sie folgen der gleichen Ordnerstruktur.

Projekt

Jedes Projekt in FCPx ist eine Datenbank!
- Die Einträge in der Projekt-Datenbank sind die Clips, die sich auf das Projekt beziehen, also die Clips, die Sie in der Projekt-Timeline haben.
- Die Felder in jedem Eintrag entsprechen den Eigenschaften jedes Clips in der Timeline.

❶ Im festgelegten Ordner *Final Cut Projects* sucht FCPx nach Projekt-Datenbanken. Wenn Sie hier ein Projekt an einen anderen Ort verschieben, wird FCPx es nicht finden.

❷ Jedes Projekt in FCPx wird durch einen Ordner mit dem gleichen Namen im *Final Cut Projects*-Ordner repräsentiert. Wie wir wissen, ist ein Projekt eine Datenbank und dies ist der Ordner, der alle zu diesem Projekt gehörigen Dateien beinhaltet, in diesem Fall *"Mein Projekt A"*.

❸ Dies ist die jeweilige Datenbank-Datei. Die Datei hat in jedem Projekt-Ordner den gleichen Namen *CurrentVersion.fcpproject*.

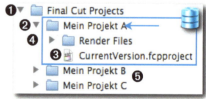

❹ Die anderen Ordner in diesem Verzeichnis enthalten die Dateien, die für dieses Projekt benötigt werden (Assets). Der Ordner-Name beschreibt, welche Art von Assets er beinhaltet.

❺ Alle weiteren Projekte (Datenbank-Ordner) auf dieser Festplatte liegen im gleichen *Final Cut Projects*-Ordner. Der Hauptunterschied zu den Ereignissen besteht darin, dass die Projektordner verschachtelte Unterordner enthalten können.

Hier sehen Sie die Verbindung zwischen der Darstellung in FCPx und der Lage der Dateien im Finder:

Als erstes die Ereignis-Mediathek:

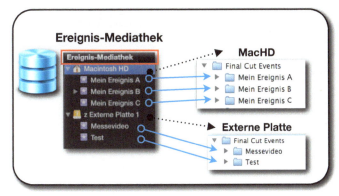

Was ist die *Ereignis-Mediathek*?

Hier werden alle Ereignis-Datenbanken, die FCPx auf allen gemounteten Festplatten in den festgelegten Ordnern finden kann, aufgelistet. Jede Festplatte hat nur einen *Final Cut Events*-Ordner (SANs funktionieren anders). Die Ordner der MacHD beziehen sich auf den angemeldeten Benutzer.

- MacHD: *~/Filme/Final Cut Events/*
- Jede andere Festplatte: */Final Cut Events/*

Das entsprechende Konzept für die Projekt-Mediathek:

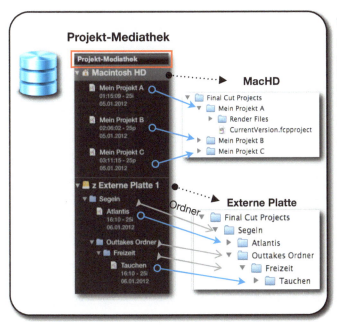

Was ist die Projekt-Mediathek?

Hier werden alle Projekt-Datenbanken, die FCPx auf allen gemounteten Festplatten in den festgelegten Ordnern finden kann, aufgelistet. Jede Festplatte hat nur einen *Final Cut Projects*-Ordner (beachten Sie auch hier die Besonderheiten für SANs und angemeldete Benutzer).

- MacHD: *~/Filme/Final Cut Projects/*
- Jede andere Festplatte: */Final Cut Projects/*

Hoffentlich wird es hiermit klarer, was der fundamentale Unterschied zwischen FCPx und FCP7 ist. Es ist viel mehr als ein simples Überarbeiten des Codes, es ist eine grundsätzliche Überarbeitung der gesamten Architektur. Obwohl beides Videoschnitt-Programme sind, verlangt FCPx eine andere Herangehensweise, wenn mit Dateien, die sich auf das Programm beziehen, gearbeitet wird.

Neue FCPx-Regeln - basierend auf dem Verständnis von Datenbanken

▸ Der Vorgang des Erstellens eines Videos ist nicht betroffen. Er wird in einer (leicht veränderten) Benutzeroberfläche vorgenommen. Sie arbeiten mit der grafischen Oberfläche des Programms.

▸ Was jedoch aussieht, als würden Sie „Video-Editing" betreiben, ist in FCPx nichts anderes als „Daten in eine Datenbank eintragen". Die Einträge werden direkt auf die Festplatte geschrieben (wie bei den meisten Datenbanken). Dadurch wird der „Sichern"-Befehl überflüssig und erklärt, warum der „Projekt sichern"-Befehl entfernt wurde.

▸ Der Umgang mit Ihren Assets, den externen Dateien, die das Material und die Bausteine ihres Projekts sind, ist jetzt anders. Hier ist ein Umdenken nötig.

▸ Jede Art von Datenmanagement wird nun auf der Programmoberfläche innerhalb der Applikation vorgenommen. Sie arbeiten auf der Oberfläche des Programms und lassen die dazugehörigen FCPx-Ordner unberührt. Nehmen Sie keine Veränderungen an diesen Ordnern vor (außer, Sie wissen, was Sie tun).

▸ *Metadaten* sind das neue leistungsstarke Werkzeug - die wichtigste Veränderung in FCPx.

Ereignis-Mediathek - Blick in die Ereignis-Datenbank

Wir haben erkannt, dass ein Ereignis nur eine Datenbank ist. Gehen wir einen Schritt weiter und stellen zwei Fragen:

- Was wird in dieser Datenbank gespeichert? Die Antwort: Clips - *Ereignisclips* um genauer zu sein.
- Wo können wir den Inhalt dieser Datenbank sehen? In der *Ereignis-Mediathek.*

❶ Wählen Sie ein Ereignis in der Ereignis-Mediathek aus. Das ist die Datenbank, die Sie sehen wollen.

❷ Der Inhalt des ausgewählten Ereignisses wird in der Ereignis-Mediathek angezeigt. Sie unterstützt zwei Arten der Ansicht. Die *Filmstreifen*-Ansicht zeigt ein Vorschaubild oder einen Filmstreifen (abhängig vom Zoom-Faktor) für jeden Clip aus dieser Datenbank. Die *Listen*-Ansicht zeigt den Inhalt des Ereignisses in Form einer Liste an (ähnlich wie in iTunes).

- Jede Zeile steht für einen Eintrag in der Datenbank, also einen Clip im Ereignis.
- Jede Spalte steht für ein Feld in diesem Eintrag, also bestimmten Teilinformationen über den Clip (Metadaten).

❸ Die Auswahl eines Clips aus diesem Ereignis (ein Eintrag in dieser Datenbank) zeigt ihn oben als abspielbare Vorschau.

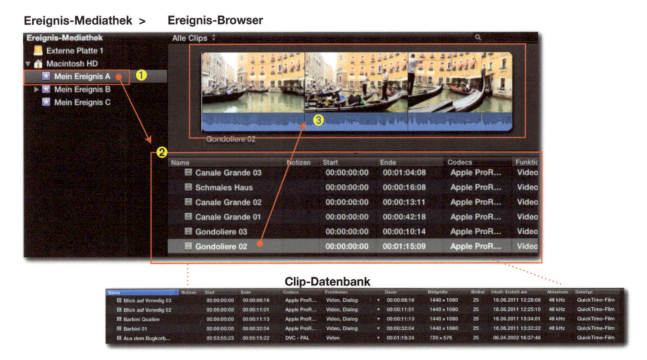

Timeline-Index - Blick in die Projekt- (Timeline-) Datenbank

❶ Wählen Sie ein Projekt mit Doppelklick in der Projekt-Mediathek aus. Das ist die Datenbank, die Sie sehen wollen. Dadurch wechseln Sie zur Timeline-Ansicht. Hier aktivieren Sie die *Timeline-Index*-Taste. Oberhalb des Timeline-Index ist der Name der momentan angezeigten Timeline aufgeführt.

❷ In dieser Liste wird der Inhalt der ausgewählten Timeline dargestellt, allerdings nicht so umfangreich wie im Ereignis-Browser.

- Jede Zeile steht für einen Eintrag in der Datenbank, also einen Clip in der Timeline.
- Jede Spalte steht für ein Feld in diesem Eintrag, einen bestimmten Teil von Informationen über den Clip.

Timeline-Index ein-/ausblenden

Das sollte genug sein über Datenbanken und ihren Hintergrund, um ein Bewusstsein über den Stellenwert von Datenbanken in FCPx zu erzeugen. Immer, wenn Sie Daten eingefügt und in einer Datenbank organisiert haben, erkennt man deren eigentliche Stärke: Metadaten!

Jetzt sind wir mit der Vorstellung vertraut, dass Projekte und Ereignisse nichts anderes als Datenbanken sind. Die Ereignis- und Timelineclips sind die Einträge in diese Datenbank. Schauen wir uns nun diese Einträge an und stellen fest, welche Felder jeder Eintrag hat. In anderen Worten, welche Informationen sind für jeden Clip verfügbar. Daten über Daten werden auch Metadaten genannt.

Wenn der Eintrag (der Clip) in der Datenbank erstellt (importiert) wurde, kommt das eigentliche Potential des Datenbank-Konzepts zum Vorschein. Jeder weiß aus eigener Erfahrung, dass das Organisieren von Dingen nur funktioniert, wenn Sie wissen, wo Sie die Sachen hingelegt haben und wie Sie sie wiederfinden. Sie können tausende von Dateien wohlorganisiert in Ordnern und Unterordnern auf Ihrem Computer gespeichert haben, aber wenn Sie sich nicht erinnern können, wo Sie die Datei xyz abgelegt haben, funktioniert das gesamte System nicht. FCP7 arbeitete auf diese Art. Sie konnten Ihre Dateien und Ordner beliebig organisieren, aber um anschließend eine bestimmte Datei zu finden, mussten Sie sich an den genauen Ort erinnern.

OS X führte vor ein paar Jahren ein Feature namens Spotlight ein, das mit dieser Herausforderung versuchte umzugehen. Es ist eine Datenbank, die alle Dateien (Einträge) mit zusätzlichen Informationen auflistet, also Dateien über Daten (Metadaten) speichert. Das Werkzeug wird von einer intelligenten Suchfunktion unterstützt, die nicht nur nach Dateinamen, sondern auch nach einigen der Metadaten einer Datei sucht. Sie müssen den Namen der Datei eines bestimmten Bildes nicht kennen, denn Sie können die Datenbank nach dem Datum (an dem Sie das Bild aufgenommen haben) und dem Dateiformat (jpeg) durchsuchen, um die Anzahl der Dateien einzugrenzen, damit Sie das richtige Bild finden.

Hier ist ein einfaches Diagramm mit den drei Elementen

Die Dateien, Assets (Mediendateien) - die Datenbank (Ereignis, Projekt) - die Suchfunktion (siehe unten).

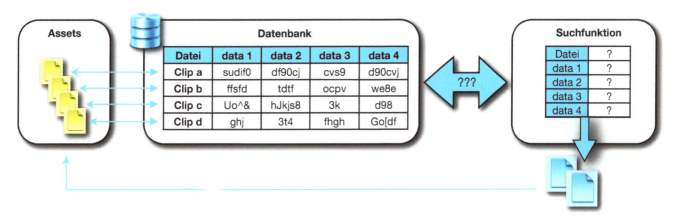

Wie wir aus Google-Erfahrungen wissen, ist eine Suchfunktion nur so gut wie die verfügbaren Datensätze. Das bedeutet, je mehr verfügbare Daten vorhanden sind, desto besser werden die Suchergebnisse sein. In FCPx ist Ihre erste Aufgabe viele Metadaten einzugeben.

Aber es gibt eine zusätzliche Komponente, und das wird die zweite Aufgabe für FCPx-Nutzer werden. „Frage die richtige Frage". Es hört sich einfach an, aber hier haben die meisten Videocutter ein grundlegendes Problem. Wenn Sie Ihre eigenen Dateien organisieren, dann brauchen Sie sich nur zu merken, wo Sie Ihre Dateien ablegen. Wenn Sie aber Ihre Dateien mit Datenbanken organisieren (durch Eintragen von Orten, Beschreibungen und all diesen Metadaten), dann trainieren Sie sich selbst, in Datenbank-Begriffen zu denken. Sie müssen lernen, wie Sie in Form von logischen Rückfragen (die „digitale Denkweise", später mehr dazu) die richtige Frage stellen. Dies ist das wesentliche Element im neuen FCPx. Ja, FCPx hat die alten Ordnerstrukturen entfernt und damit auch die Möglichkeit, Dinge in gewohnter Weise wie in früheren FCP-Versionen zu sortieren. Wenn Sie das neue FCPx benutzen, werden Sie sich das neue Denken zu eigen machen (lernen und beherrschen), um die volle Funktionalität der zugrundeliegenden Stärke des Datenmanagements in FCPx zu nutzen.

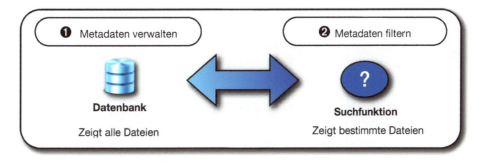

Metadaten verwalten

Konzentrieren wir uns auf den ersten Schritt: Welche Metadaten sind verfügbar, woher kommen sie, wie werden weitere Metadaten eingegeben und wie verwaltet man sie.

Arten von Metadaten

Wie immer, damit wir das Thema besser erfassen können, lassen Sie uns die Metadaten in Gruppen unterteilen. Es gibt drei von ihnen:

➡ **Importierte Ursprungs-Metadaten**

Diese Art von Metadaten existiert schon außerhalb von FCPx. Jede Bilddatei, die aus einer digitalen Kamera stammt, hat eine Menge von detaillierten Informationen, die in der Bild- oder Video-Datei eingebettet sind (EXIF, IPTC, GPS etc.). Sogar Audio-Dateien beinhalten verschiedene ID3-Tags von iTunes als eingebettete Metadaten.

FCPx greift sich alle verfügbaren Metadaten während des Datenimports und legt sie zusammen mit dem Ereignisclip in der Ereignis-Datenbank ab. Somit kann schon nach diesen Metadaten gesucht werden. Diese Daten sind ohne Eingreifen des Nutzers vorhanden. Je mehr Informationen in dem Ursprungsclip eingebettet sind, desto mehr Informationen können später in FCPx genutzt werden.

➡ **Automatisch analysierte Metadaten**

Die zweite Gruppe von Metadaten wird von FCPx automatisch erstellt, ohne dass Dateneinträge aktiv vom Nutzer vorgenommen werden müssen.

FCPx nutzt „intelligente" Algorithmen, um den Video- und Audioinhalt zu analysieren. Es werden Metadaten erstellt, die auf einer Analyse basieren, um dann zusammen mit dem Ereignisclip in der Ereignis-Datenbank abgespeichert zu werden. Bitte beachten Sie, dass es zwei Arten von Daten gibt. Das ist wichtig, wenn wir uns die Suchfunktion für Metadaten genauer ansehen.

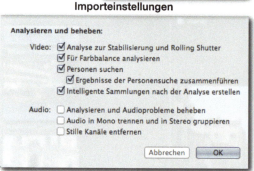

Kontextmenü
(Ereignisclip)

Importeinstellungen

- Daten, die für die Suche verwendet werden können:

    Personen (eine Person, zwei Personen, totale Einstellung...)

    Stabilisierung (Rolling Shutter, extrem verwackelt...)

- Daten, die nicht für die Suche verwendet werden können:

    Farbbalance, Analyse von Audioproblemen

In den Import-Einstellungen können Sie auswählen, welche Analysen während des Import-Vorganges (oder später) vorgenommen werden sollen. Obwohl manche Prozesse einige Zeit in Anspruch nehmen, wird Ihre Arbeit während des Imports nicht unterbrochen. FCPx setzt die Analyse als Hintergrundaktion fort. Aber sie muss beendet sein, bevor Sie das Programm schließen. Wenn Sie es trotzdem tun, starten Sie die Analyse beim erneuten Hochfahren des Programms manuell.

➡ **Manuell hinzugefügte Metadaten**

In der dritten Gruppe von Metadaten kann der Nutzer manuell der Datenbank Informationen hinzufügen. Welche Art von Metadaten eingetragen werden, ist abhängig davon, ob die Daten zu einem Ereignis- oder Timelineclip hinzugefügt werden. Schauen wir uns an, was wir machen können, bevor wir in die Einzelheiten gehen.

▶ **Notizen:**
Dies ist jede Art von Text (Zeichenketten), die Sie hinzufügen und nach dem Sie später suchen können.

▶ **Schlagwörter:**
Sie ähneln Notizen, sind aber eher bestimmte Wörter oder Phrasen. Viel wichtiger ist es, dass FCPx ein Extrawerkzeug für Schlagwort-Metadaten (Schlagwort-Sammlungen, siehe später) zur Verfügung stellt.

▶ **Marker:**
Marker gab es schon in FCP7, bevor es das Konzept mit Metadaten gab. Aber wenn Sie Marker in Zusammenhang mit Gruppierungen, Organisation und Auffinden von Material sehen, sind Marker ein gutes Beispiel für Metadaten, besonders dann, wenn Sie sie benennen können.

▶ **Bewertungen:**
Dies sind sehr geläufige Metadaten, die in vielen Datenbanken benutzt werden. Wenn Sie einer Datei eine Sterne-Bewertung geben, können Sie die Daten später auf dieser Grundlage filtern, gruppieren und organisieren.

▶ **Funktionen (Roles):**
Diese neue Kategorie ist wichtig für den komplett neuen Workflow in FCPx mit seiner, nicht auf Spuren basierenden Arbeitsumgebung.

Notizen

Die wichtigste Stelle, an der Sie Informationen über ein Objekt (Ereignisclip, Timelineclip, Projekt...) herausbekommen können, ist der Inspektor. Wenn Sie ein Objekt auswählen, zeigt das Info-Register des Inspektors eine Fülle von Informationen, die oft als „Eigenschaften" bezeichnet werden. Obwohl Sie nur ein paar Zeilen Textinformation sehen, reicht es sehr tief. In diesen Bereich müssen Sie sich einarbeiten, wenn Sie die Stärke von Metadaten voll ausschöpfen und Sie zu ihrem Nutzen einsetzen wollen. Schrecken Sie nicht davor zurück, in die Tiefen des Inspektors einzutauchen.

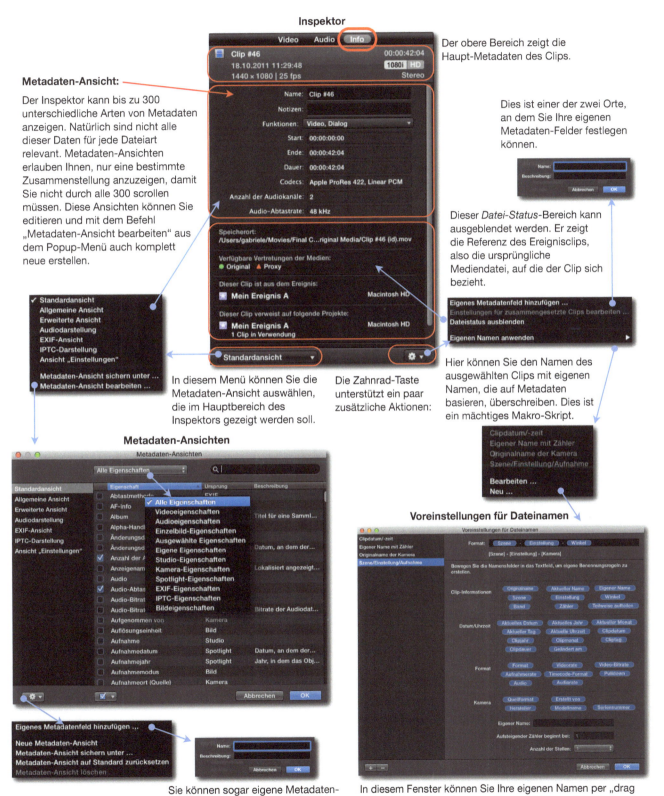

Metadaten-Ansicht:

Der Inspektor kann bis zu 300 unterschiedliche Arten von Metadaten anzeigen. Natürlich sind nicht alle dieser Daten für jede Dateiart relevant. Metadaten-Ansichten erlauben Ihnen, nur eine bestimmte Zusammenstellung anzuzeigen, damit Sie nicht durch alle 300 scrollen müssen. Diese Ansichten können Sie editieren und mit dem Befehl „Metadaten-Ansicht bearbeiten" aus dem Popup-Menü auch komplett neue erstellen.

Der obere Bereich zeigt die Haupt-Metadaten des Clips.

Dies ist einer der zwei Orte, an dem Sie Ihre eigenen Metadaten-Felder festlegen können.

Dieser *Datei-Status*-Bereich kann ausgeblendet werden. Er zeigt die Referenz des Ereignisclips, also die ursprüngliche Mediendatei, auf die der Clip sich bezieht.

Hier können Sie den Namen des ausgewählten Clips mit eigenen Namen, die auf Metadaten basieren, überschreiben. Dies ist ein mächtiges Makro-Skript.

In diesem Menü können Sie die Metadaten-Ansicht auswählen, die im Hauptbereich des Inspektors gezeigt werden soll.

Die Zahnrad-Taste unterstützt ein paar zusätzliche Aktionen:

Sie können sogar eigene Metadaten-Felder erstellen, die nur auf Ihr Projekt oder Ihre speziellen Organisations-Bedürfnisse zugeschnitten sind.

In diesem Fenster können Sie Ihre eigenen Namen per „drag and drop" auf Grundlage von Namensfeldern, die auf Metadaten basieren, zusammenstellen. Wenn Sie viel Material haben, können Stunden an Zeit gespart werden

Ich möchte nicht alle 300 Metadaten-Felder abdecken, aber lassen Sie uns einen kleinen Überblick verschaffen und damit herumspielen. Es ist auch eine gute Gelegenheit, mehr darüber zu lernen, welche Informationen mit Ihren Dateien gemeinsam abgespeichert werden. Letztendlich sind dies die Parameter, nach denen Sie später suchen können.

❶ Der Inspektor zeigt eine Metadaten-Ansicht, die eine Auswahl aus allen verfügbaren Metadaten darstellt.

❷ Der Inspektor hat unten ein Popup-Menü, das Folgendes zur Auswahl stellt:

- Eine Auswahl von sieben verschiedenen vorgegebenen Metadaten-Ansichten.
- Zusätzlich erscheinen in dieser Liste alle selbsterstellten Metadaten-Ansichten.
- Der Metadaten-Ansicht bearbeiten-Befehl öffnet ein separates Bearbeiten-Fenster.

❸ Das Metadaten-Ansichten-Fenster zeigt alle verfügbaren Ansichten in der linken Seitenleiste. Der Bereich auf der rechten Seite zeigt das Metadatenfeld mit vier Spalten: Checkbox (angezeigt oder nicht angezeigt in dieser Ansicht) - Eigenschaft (Name der Metadaten) - Ursprung (was hat diese Datei erstellt) - Beschreibung. Klicken Sie oben in eine Spalte, um die Liste entsprechend zu sortieren. Mit dem kleinen Dreieck in der Titelzeile können Sie auf- oder absteigend sortieren.

❹ Um nur eine bestimmte Kategorie von Metadaten anzeigen zu lassen, kann die Liste eingeschränkt werden. Die Begriffe in dieser Liste sind die unterschiedlichen *Ursprünge*. Weiterhin können Sie die Anzeige durch die Eingabe einer Textfolge in das Suchfeld filtern (anwendbar für die Namen der Eigenschaften und Beschreibungen).

❺ Die Zahnrad-Taste in der unteren linken Ecke zeigt vier Befehle zum Bearbeiten von Ansichten (Neu, Sichern unter, Wiederherstellen, Löschen) und den Befehl "Eigenes Metadatenfeld hinzufügen...".

❻ In diesem kleinen Fenster können Sie eigene Metadaten erstellen. Sie können einen Namen und eine Beschreibung vergeben. Hierdurch können Sie die Metadaten Ihren Bedürfnissen anpassen. Erstellen Sie z.B. Felder für Schauspieler, Drehorte oder sogar für Lizenz-Informationen, um Besitzrechte am Material (Bilder, Ton oder Stock-Footage) zu notieren - einfach alles. Später können Sie dann mit einem Klick nur die Clips mit den entsprechenden Kriterien auswählen.

❼ Eigene Metadaten-Felder können nicht direkt im Feld umbenannt werden. Sie müssen mit ctr+Klick auf das Feld klicken, damit sich ein Popup-Menü öffnet, in dem Sie die Veränderung vornehmen oder das Feld löschen können.

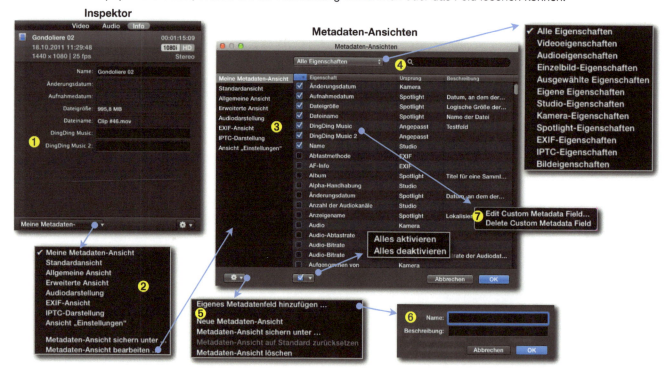

Nur lesbar

Die meisten der importieren Metadaten sind nur lesbar und können nicht verändert werden. Sie können jedoch in manche Felder Daten eintragen. Das können Sie daran erkennen, dass das Feld schwarz hinterlegt ist.

Marker

Ein Marker hat drei Datenfelder:

- ▶ Name des Markers
- ▶ Position des Markers (SMPTE-Timecode)
- ▶ Status des Markers: Information, Aufgabe, erledigte Aufgabe

Marker können auf Ereignisclips und auf Timelineclips angewendet werden. Marker eines Ereignisclips werden, wie auch andere Metadaten, in die Timeline übernommen, wenn der Ereignisclip in die Timeline gezogen wird.

Bitte sehen Sie in meinem ersten Buch nach, wie Marker angewendet werden.

Informations-Marker

Aufgaben-Marker

erledigte Aufgaben-Marker

Bewertungen

Eine Bewertung hat vier Datenfelder:

- ▶ Name der Bewertung (Sie können *Favorit* und *Abgelehnt* umbenennen)
- ▶ Startposition der Bewertung
- ▶ Endposition der Bewertung
- ▶ Status der Bewertung: Favorit, Abgelehnt

Bewertungen können nur für Ereignisclips im Ereignis-Browser als Organisationshilfe gesetzt werden, um nach bestimmten Clips oder Bewertungen zu suchen. Bewertungen werden nicht in die Timeline übertragen.

Bitte sehen Sie in meinem ersten Buch nach, wie Bewertungen angewendet werden.

Favorit

Abgelehnt

Schlagwörter

Ein Schlagwort hat drei Datenfelder:

- ▶ Name des Schlagworts: Das kann ein Wort oder eine Phrase sein
- ▶ Startposition des Schlagwortbereiches
- ▶ Endposition des Schlagwortbereiches

Benutzer-Schlagwort

Analyse-Schlagwort

Es gibt zwei Arten von Schlagwörtern: *Benutzerdefinierte Schlagwörter* können für jeden Ereignisclip oder einen festgelegten Bereich darin erstellt und zugewiesen werden. *Analyse-Schlagwörter* andererseits beziehen sich auf die „Auto Analyse-Metadaten" und werden von FCPx zugewiesen. Boide gibt es nur für Ereignisclips im Ereignis-Browser. Sie werden jedoch in die Timeline übernommen und können im Timeline-Index angezeigt und durchsucht werden.

Bitte sehen Sie in meinem ersten Buch nach, wie Schlagwörter angewendet werden.

Funktionen (Roles)

Eine Funktion hat ein Datenfeld:

- ▶ Funktion

Funktionen unterscheiden sich von anderen Metadaten. Sie vereinen ein paar Funktionen von allen anderen Metadaten-Arten.

- • Eine Funktion hat keine Timecode-Information und kann nur dem gesamten Clip zugeordnet werden (wie auch Notizen).
- • Wie auch Notizen werden Funktionen in der Metadaten-Ansicht des Inspektors aufgeführt.
- • Funktionen sind vorerst Analyse-Schlagwörter, da FCPx einem importierten Clip automatisch eine Funktion zuweist. Anders als bei Auto Analyse-Schlagwörtern kann es nicht ausgeschaltet werden. Sie können es jedoch später ändern.
- • Ein Clip hat nur eine zugewiesene Funktion. Wenn zwei oder mehr Funktionen aufgeführt sind, zeigt das, dass der Clip ein Standard-Clip mit Video- und Audioinhalt oder ein zusammengesetzter Clip mit mehreren darin verschachtelten Clips ist.

Außer allen anderen oben aufgeführten Metadaten sind die Funktionen vorgeschrieben. Notizen, Marker, Bewertungen und Schlüsselwörter können bearbeitet und gelöscht werden, Funktionen können nur bearbeitet, nicht aber gelöscht werden.

Funktionen sind eine wesentliche Verbesserung seit FCPx v1.0.1. Schauen wir sie uns etwas genauer an.

Funktionen (Roles)

Bevor ich mit dem Thema „Metadaten verwalten" fortfahre und zu dem Punkt „Metadaten filtern" gelange, möchte ich in diesem eingefügten Kapitel die Funktionen etwas näher erläutern. Dies sind Metadaten, die ich im ersten Buch nicht behandelt habe, da einige der Funktionsweisen erst im FCPx v1.0.1-Update hinzugekommen sind.

Obwohl es Funktionen schon in der ersten Version von FCPx gab, sah man es als „ok, nett, es zu haben, aber es ist nichts Besonderes daran". Aber jetzt mit den erweiterten Funktionen in v1.0.1 tritt der „besondere" Teil in Erscheinung. Sie ist in der aktuellen Version nicht nur besser zu nutzen. Jetzt erst wird das gesamte Bild von FCPx, warum es sich von Spuren befreit hat und was es stattdessen gibt, klarer.

Wir sprachen schon früher über den Wechsel vom alten Workflow mit den manuell verwalteten Clips in Ordnern zu dem neuen Workflow, der mit dem Speichern der mit Metadaten gekennzeichneten Clips in Datenbanken, die durch Filter geregelt werden, funktioniert. Die gleiche Veränderung geschieht mit dem Workflow des spurbasierenden Editing. Eine der Hauptfunktionen von Spuren, und das betrifft alle Video- und Audio-Editoren, ist der Aspekt der Organisation der Clips. Legen Sie alle Dialog-Clips auf eine oder mehrere Spuren, alle Musikclips auf eigene Spuren, Videoclips auf andere Spuren, B-Rolls oder Titel-Clips wieder auf andere. Mit der alten Vorgehensweise können Sie bestimmte Aufgaben auf spezielle Spuren anwenden, die sich dann nur auf diese Gruppe von Clips in dieser Spur beziehen (nur Dialog hervorheben, Filter auf die Musikspur anwenden, alle Titel ausschalten etc.). Dieser Workflow verschwand jedoch mit der Entfernung von Spuren aus FCPx.

Der Grund, warum ein altes Konzept durch ein neues Konzept ersetzt wird, sollte nicht sein, dass man einfach nur etwas anders macht oder dass es dann etwas hübscher aussieht. Das neue Konzept sollte alle ursprünglichen Funktionen enthalten und diese sogar verbessern. Mit dem Ersetzen von Spuren durch Funktionen zielt FCPx darauf ab. Zugegeben, es setzt ein erneutes Erlernen des Workflows und die Anpassung an den Umgang mit Datenbanken voraus, aber am Ende könnten dabei neue und schnellere Arbeitsweisen herauskommen, die so vorher nicht möglich waren.

So funktioniert es:

- Es gibt fünf Standard-Funktionen. Zwei davon beziehen sich auf Videoclips (*Video, Titel*) und drei stehen für Audioclips (*Dialog*, *Musik*, *Effekte*) zur Auswahl.
- FCPx fügt während des Imports jedem Clip automatisch eine Funktion hinzu. Wenn der Clip Video und Audio enthält, bekommt er zwei Funktionen zugewiesen.

▶ **Funktionen sehen und neu zuweisen**

Wählen Sie einen Ereignis- oder Timelineclip aus und entscheiden Sie sich für eine der folgenden Aktionen:

❶ **Funktionen zuordnen-Menü**

- ❶ Hauptmenü Ändern > Funktionen zuordnen > *"aus dem Menü auswählen"*
- Shortcut **ctr+alt+V** (oder **T, D, M, E**)
- ❷ Öffnen Sie das Info-Register im Inspektor und wählen Sie die Metadaten-Ansicht, die die Funktionen-Eigenschaften in einem Popupmenü zeigt. ❺

Wählen Sie einen Ereignisclip im Ereignis-Browser aus ❸

Stellen Sie sicher, dass die „Funktionen"-Spalte in der Listenansicht gezeigt wird. Treffen Sie Ihre Wahl aus dem Popupmenü. ❺

Wählen Sie einen Timelineclip im Projekt-Index aus, das *Clips*-Register ist ausgewählt ❹

Stellen Sie sicher, dass die „Funktionen"-Spalte in der Listenansicht gezeigt wird. Treffen Sie Ihre Wahl aus dem Popup-Menü. ❺

❷ Inspektor - Info ❸ Ereignis-Browser ❹ Timeline-Index ❺ Popup-Menü

Metadaten

▶ **Mehrfachauswahl**

Wenn Sie mehrere Clips gleichzeitig auswählen (Ereignis- oder Timelineclips) und alle unterschiedliche Funktionen haben, dann zeigt der Inspektor „Gemischt" im Funktionen-Popup-Menü an. Das ist keine weitere Funktion, denn es zeigt nur an, dass die ausgewählten Clips unterschiedliche Zuweisungen haben. Wenn Sie jetzt eine Auswahl treffen, dann wird diese Funktion allen momentan ausgewählten Clips hinzugefügt, bzw. überschrieben.

Ein grundsätzlicher Hinweis auf die Anzeige für mehrere Clips im Inspektor:

Inspektor

- Die Kopfzeile zeigt "*n* Objekte überprüfen" um Ihnen zu sagen, dass *n* Clips ausgewählt·sind.

- Wenn alle Clips den gleichen Wert für einen Parameter haben, wird dieser Wert angezeigt.

- Wenn die Clips unterschiedliche Werte für einen Parameter haben, zeigt der Inspektor dies mit "*Mehrere Werte*" an.

- Einen Wert bei einer Mehrfachauswahl zu setzten, wendet diesen auf alle Clips an.

▶ **Zusammengesetzte Clips**

Obwohl sich ein zusammengesetzter Clip genauso wie ein einzelner Clip verhält, kann ihm keine Funktion zugewiesen werden. Die Funktionen sind etwas unterschiedlich.

- Anzeigen der Funktionen: Wenn ein zusammengesetzter Clip ausgewählt ist, werden im Inspektor oder in der Listen-Darstellung alle Funktionen, die im Clip eingeschlossen sind, angezeigt.

- Zuweisen von Funktionen: Die Auswahl überschreibt alle eingeschlossenen Clips eines zusammengesetzten Clips mit dieser Funktionszuweisung. Video- und Audioclips werden entsprechend behandelt.

▶ **Funktionen bearbeiten**

FCPx hat fünf vorgegebene Funktionen. Sie können zusätzliche eigene Funktionen hinzufügen und sogar Subfunktionen für jede vorgegebene oder eigene Funktion erstellen.

Diese Zuweisungen machen Sie im Funktionen bearbeiten-Fenster, welches sich aus dem Hauptmenü mit **Ändern > Funktionen bearbeiten...** öffnen lässt oder weisen Sie dieser Aktion einen Shortcut zu.

- Das Fenster hat eine *Funktionen*-Spalte und eine *Subfunktionen*-Spalte.

- Die Funktionen-Spalte listet fünf Standard-Funktionen auf.

- Klicken Sie auf die +-Taste an der unteren Kante, um Ihre eigenen Video- oder Audio-Funktionen hinzuzufügen.

- Die Subfunktionen-Spalte ist standardmäßig leer, aber auch hier können Sie mit der +-Taste eigene Subfunktionen zu einer der in der Funktionen-Spalte ausgewählten Funktionen hinzufügen.

- Alle im Funktionen-Editor erstellten Funktionen und Subfunktionen werden in allen Funktionen-Popup-Menüs aufgelistet.

Funktionen-Editor (Standard)

Hier ein paar Beispiele dafür, wie eine Liste mit eigenen Funktionen und Subfunktionen aussehen könnte:

Funktionen-Popup-Menü

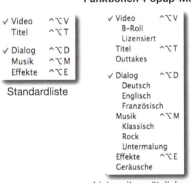
Standardliste

Liste mit zusätzlichen benutzerdefinierten Funktionen und Subfunktionen

Funktionen-Editor mit benutzerdefinierten Funktionen und Subfunktionen

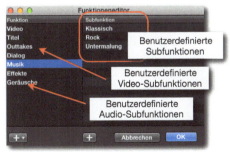

▶ Funktionen in der Timeline

Wenn Sie den Vorteil nutzen, Funktionen und Subfunktionen für Ihre Timelineclips zu nutzen, dann erhalten Sie ein mächtiges Werkzeug, das auf diesen Metadaten basiert. Sie werden vergessen, dass Sie Spuren benötigten.

▸ **Clipnamen**: Sie können sich die Funktionen anstatt des Namens eines Clips in der Timeline anzeigen lassen:

> Im Clip-Ansichten-Fenster (zu öffnen mit dem kleinen Schalter in der unteren rechten Ecke der Timeline), kann eingeschaltet werden, dass die Funktionen statt des Namens angezeigt werden.

Der Timeline-Index hat ein Funktionen-Register. Es zeigt alle Funktionen an, die in den momentan vorhandenen Timelineclips benutzt werden. Diese dynamische Liste wird immer aktualisiert.

▸ **Ausgewählt**: ❶ Wählt alle Clips, die sich auf eine oder mehrere ausgewählten Funktionen beziehen, in der Timeline aus.

> **Klicken** Sie auf die Funktion, um sie auszuwählen oder **sh+klick**, um mehrere Funktionen auszuwählen.

▸ **Reduzieren**: ❷ Minimiert die Größe von allen Clips in der Timeline, die eine oder mehrere der ausgewählten Funktionen tragen.

> Nutzen Sie die Pfeiltasten auf der rechten Seite, um die Clips zu reduzieren. Wenn der Clip Video und Audio beinhaltet, müssen Sie beide Funktionen einzeln reduzieren.

▸ **Stummschalten / Ausblenden**: ❸ Bezieht sich auf alle Clips in der Timeline, die eine oder mehrere der ausgewählten Funktionen haben (berührt nicht den Export).

> Nutzen Sie die Checkbox zum Deaktivieren bestimmter Funktionen.

- Eine ausgewählte Funktion wählt auch alle Subfunktionen aus. Wählen Sie gegebenenfalls nur einzelne Subfunktionen aus.

- Achten Sie auf die „Andere"-Subfunktionen. Alle Clips, die im Bereich „Dialog" eine Subfunktion haben (englisch, französisch), sind gelistet. Wenn weitere Dialoge hinzukommen, die keiner bestimmten Subfunktion zugeordnet sind, beziehen sie sich auf die „Andere"-Subfunktion. Dadurch können Sie alle Clips, die „anders" sind, in dieser Subfunktion festlegen.

- **Doppelklicken** Sie auf eine Funktion, um die Subfunktionen ein- oder auszublenden.

Zeigt nur Funktionen. Mit **Doppelklick** erweiterbar

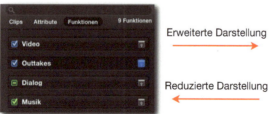

Erweiterte Darstellung →

Reduzierte Darstellung ←

Metadaten filtern

Auf den vorangegangen Seiten wurde gezeigt, wie der Workflow mit Funktionen-Metadaten verbessert und beschleunigt werden kann. Sehen wir uns die anderen Metadaten nochmals an.

Erinnern Sie sich an die zwei Vorgänge, als wir mit Metadaten gearbeitet haben?

❶ Metadaten verwalten

❷ Metadaten filtern

Es ist wichtig, beide Teile zu berücksichtigen, wenn Sie mit Metadaten arbeiten. Je mehr Sie über die Technik wissen und in das „Datenbank-Denken" einsteigen, warum Sie Ihr Material basierend auf Metadaten finden, desto besser können Sie Metadaten erstellen und verwalten.

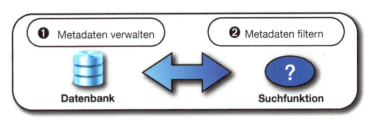

Zur Entwicklung eines tieferen Verständnisses vom „Arbeiten mit der datenbasierenden Denkweise" lassen Sie uns den Unterschied zwischen Finden und Filtern herausfinden, und warum das so wichtig bei Metadaten ist.

Finden: Dies ist eine sehr allgemeine Bezeichnung und wird hauptsächlich genutzt, um nach einem oder mehreren Objekten zu suchen.

- Sie haben Ihr iPhone verloren und suchen es mit "Finde mein iPhone". Da ist es, hinter dem Sofakissen.
- Sie haben Ostereier versteckt. Die Kinder suchen danach. Sie haben zehn Eier gefunden.
- Sie suchen in einer 500-seitigen PDF-Datei nach dem Wort „Funktionen" und das Programm findet zehn Sätze, die dieses Wort enthalten.

Filtern: Wenn Sie den „Finden"-Befehl in FCPx eingeben (cmd+F), öffnet sich ein Fenster mit dem Namen „Filter". Sie können jetzt denken, dass *Finden* und *Filter* mit dem gleichen Buchstaben anfängt. Es bezeichnet fast das Gleiche. Mit Finden suchen Sie nach einem oder mehreren Objekten in einer festgelegten Umgebung (Wohnzimmer, Garten, PDF-Datei). Beim Filtern durchsuchen Sie eine Datenbank mit allen 200 importierten Videoclips. Wenn Sie in FCPx nach Clips suchen, die eine 2-Personen-Naheinstellung haben, filtern Sie die Datenbank: „Frau Ereignis-Datenbank, zeigen Sie mir bitte nur die Clips, die eine 2-Personen-Naheinstellung haben, anstatt mir alle 200 Clips im Ereignis-Browser anzuzeigen." Als Ergebnis sehen Sie nun im Ereignis-Browser (Datenbank) nur noch die 15 Ereignisclips, die aus allen verfügbaren Clips herausgefiltert wurden.

Wenn Sie beim Finden kein Resultat erlangen, erweitern Sie den Suchbereich (das iPhone ist nicht in der Küche, also suchen Sie im Badezimmer weiter). Beim Filtern bleiben Sie an der gleichen Stelle (der Datenbank), aber verändern die Suchkriterien.

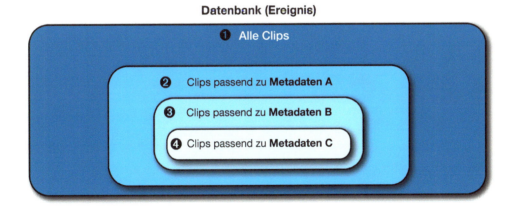

Das Modell zeigt, wie der Filter-Prozess funktioniert:

❶ Sie sehen die gesamte Datenbank mit allen Clips (kein Filter). Der Ereignis-Browser zeigt alle Clips an.

❷ Sie filtern die Clips heraus, die zu den bestimmten Metadaten A passen (Kamera X): Der Ereignis-Browser zeigt nur Clips aus Kamera X.

❸ Aus diesen filtern Sie die heraus, die zu den Metadaten B passen (Datum a): Der Ereignis-Browser zeigt jetzt nur Clips an, die mit Kamera X an Datum a aufgezeichnet wurden.

❹ Aus diesen filtern Sie wiederum die heraus, die zu den Metadaten C passen (Schlagwort „gut"): Der Ereignis-Browser zeigt jetzt nur Clips an, die mit Kamera X an Datum a aufgezeichnet wurden und das Schlagwort „gut" tragen.

Das vorangegangene Beispiel hatte drei angewendete Filter. Jedes Mal, wenn Sie einen neuen Filter hinzufügen, wird die Gruppe, die zu den Kriterien passt, kleiner oder es gibt nichts Passendes mehr. Die Reihenfolge der Filter ist dabei unwichtig.

Denken Sie einen Moment daran, wie Sie das in Ihren täglichen FCPx-Workflow integrieren und Sie werden feststellen, welche Stärke hier im Gegensatz zur konventionellen Datei-Verwaltung mit eigenen Ordner-Strukturen vorliegt.

Sehen Sie folgendes Szenario: Sie drehen mit drei Kameras (X, Y, Z) an drei Tagen (a, b, c).

- Manuelle Verwaltung: Wenn Sie die Dateien importiert haben, ordnen Sie die Clips nach Kamera und Datum und erstellen zwei Extra-Ordner für gute und schlechte Aufnahmen.

- Metadaten-Verwaltung: Sie fügen jedem Clip Metadaten hinzu. FCPx erstellt Metadaten für Kamera und Datum automatisch, da diese Informationen von der Kamera kommen. Sie müssen nur noch die Bewertungs-Metadaten erstellen, um die Clips als gute oder schlechte Aufnahmen zu markieren.

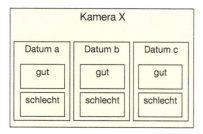 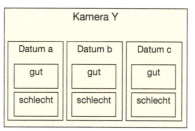 

Mit der FCPx-Metadaten-Vorbereitungsarbeit können Sie viel mehr Zeit sparen als bei älteren FCP-Versionen. Sie müssen keine Ordnerstrukturen erstellen und Dateien verschieben. Aber der wirkliche Fortschritt tritt ein, wenn Sie nach Clips suchen:

➡ Hier sind ein paar Beispiele was Sie in einer festen Ordnerstruktur machen müssen:

- Um die guten Aufnahmen von Datum a zu sehen, müssen Sie in drei Ordner schauen.

- Um alle Aufnahmen von Datum a zu sehen, müssen Sie in sechs Ordner schauen.

- Um alle guten Aufnahmen zu sehen, müssen Sie in neun Ordner schauen.

- etc. ...

➡ Eine auf Metadaten basierende Anwendung sieht etwas anders aus:

- Sie schauen nur in einen Behälter, den Ereignis-Browser.

- Jede Möglichkeit, nach der Sie suchen, ist nur eine Kombination von den Filtern, die Sie auf die Clips im Ereignis-Browser angewendet haben.

- Sich wiederholende Suchanfragen können für einen schnellen Zugriff abgespeichert werden. Diese kleinen Makros werden Sammlungen genannt und sind eine Art virtuelle Ordner.

 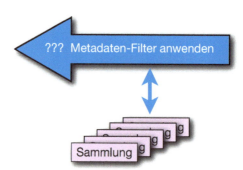

Der Schlüssel zum erfolgreichen Arbeiten mit Metadaten sieht folgendermaßen aus:

1. Habe so viele Metadaten wie möglich (❶ Metadaten verwalten)

2. Stelle die richtige Frage (❷ Metadaten filtern)

Denken Sie einmal darüber nach, dass Sie bei Google ohne deren immensen Datensätzen nichts finden würden. Aber all diese Daten nützen nichts, wenn Sie nicht wissen, wie Sie die richtige Frage konstruieren (von einer einfachen zu einer komplexen Anfrage).

Ereignisclips filtern

Der Hauptbereich, wo Sie die Metadaten filtern-Technik einsetzen, ist in einem Ereignis. Hier sortieren Sie Clips durch das Hinzufügen von hilfreichen Metadaten und finden hoffentlich den richtigen Clip für die Timeline durch das Filtern dieser Daten.

Wir schauen immer auf die gleiche(n) Datenbank(en), jedoch durch „Lupen". **Diese Filter sind immer aktiv!** Wir müssen uns dieser Filter nur bewusst sein und sie immer im Auge behalten.

Dies sind die verschiedenen Filterbereiche:

❶ **Ereignis**: Welches Ereignis (Datenbank) ist in der Ereignis-Mediathek ausgewählt? Sie können mehrere Ereignisse auswählen, wodurch Sie mehrere Datenbanken zur gleichen Zeit durchsuchen können.

❷ **Sammlungen**: Die Sammlungen werden in der Ereignis-Mediathek unterhalb der Ereignisse oder innerhalb verschachtelter Ordner aufgelistet. Es können mehrere Sammlungen ausgewählt sein.

❸ **Optionen**: In diesem kleinen Popup-Menü in der oberen linken Ecke des Ereignis-Browsers werden fünf unterschiedliche Filter-Einstellungen angezeigt.

❹ **Filter**: Dies ist das mächtigste Filter-Werkzeug. Es ist mit dem Filterfenster verbunden, das sogar geschlossen sein kann, aber dessen Inhalt immer aktiv ist. Das Suchfeld mit der Filtertaste (Lupe) zeigt mit Metadaten-Symbolen an, welche Filter aktiv sind.

❺ **Metadaten**: Die angezeigten Clips im Ereignis-Browser in der Listenansicht sind das Resultat aller oben angewendeter Filter. Sie können jetzt in der Liste entweder eines dieser Metadaten-Symbole auswählen und den Bereich des Clips oben in der Vorschau sehen oder das Symbol direkt in die Timeline ziehen, um diesen Bereich als Subclip zu verwenden.

Nochmals: Behalten Sie in Erinnerung, dass das Filtern in FCPx nicht einfach nur eine Sucheingabe ist, die Sie jedes Mal erneut eingeben müssen, wenn Sie ein Kriterium abändern. Stattdessen ist jedes Filter-Element (1-5, siehe unten) unabhängig und Sie können eines davon auswechseln, also das Suchergebnis anpassen, ohne die anderen zu verändern.

Hier ist eine Abbildung des Ereignis-Fensters, der die Bereiche der fünf Filterelemente zeigt, auf die Sie ein Auge haben sollten. Ungeachtet dessen, welches der Elemente 1-4 Sie auswählen oder Veränderungen daran vornehmen, hängt es damit zusammen, welche Ereignisclips und Metadaten im Ereignis-Browser angezeigt werden. Und letztendlich, was immer Sie in Element 5 ausgewählt haben, hängt damit zusammen, welcher Filmstreifen im Ereignis-Browser angezeigt wird.

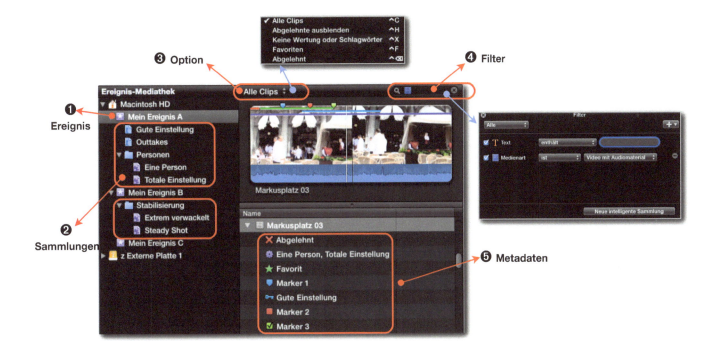

Filterfenster

Mit dem Filterfenster können Sie eine komplexe Suche durch das Kombinieren von Suchkriterien erstellen.
Sie können dieses Fenster mit folgenden Befehlen öffnen:

- **Klicken** Sie auf die Filtertaste (Lupe) im Suchfeld
- Hauptmenü **Bearbeiten > Suchen...**
- Shortcut **cmd+F**

Die Standard-Ansicht des Fensters zeigt nur das Metadaten-Kriterium für Text an, aber Sie können weitere Kriterien aus dem Plus (+) -Popup-Menü, welches insgesamt neun Arten von Metadaten anzeigt, auswählen.

- Das Alle/Beliebig-Popup-Menü legt fest, ob die Suche *Alle* Kriterien oder *Beliebige* davon beinhalten soll.
- Mit dem Minus auf der rechten Seite jeder Metadaten-Zeile können Sie diese entfernen.
- Die *Neue intelligente Sammlung*-Taste speichert die aktuelle Suche als "intelligente Sammlung" ab. Das funktioniert ähnlich einer Voreinstellung für die Suchfunktion.
- Jede Zeile für Metadaten hat ein zusätzliches Popup-Menü, um mehr ins Detail gehen zu können.

- Das Suchfeld im Ereignis-Browser zeigt mit Symbolen an, welcher Metadaten-Filter aktiv ist. Wenn eine Textsuche vorgenommen wird, zeigt es nur das Textsymbol an.
- Jedes Ereignis hat seine eigenen Filterfenster-Einstellungen, die mit dem Ereignis zusammen gespeichert werden. Sie sind sogar nach einem Neustart aktiv.

Suchkriterien
hinzufügen

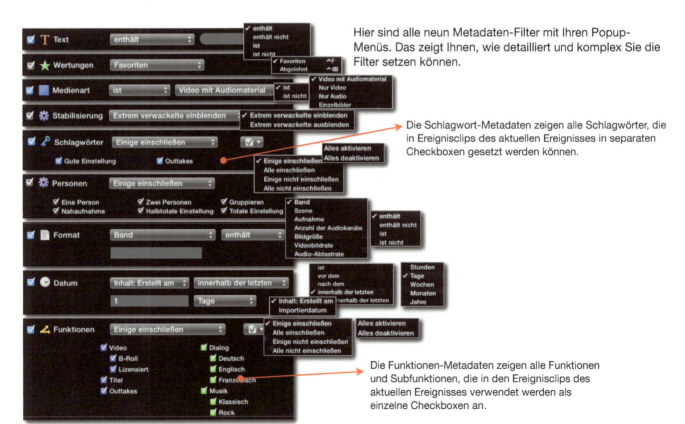

Hier sind alle neun Metadaten-Filter mit Ihren Popup-Menüs. Das zeigt Ihnen, wie detailliert und komplex Sie die Filter setzen können.

Die Schlagwort-Metadaten zeigen alle Schlagwörter, die in Ereignisclips des aktuellen Ereignisses in separaten Checkboxen gesetzt werden können.

Die Funktionen-Metadaten zeigen alle Funktionen und Subfunktionen, die in den Ereignisclips des aktuellen Ereignisses verwendet werden als einzelne Checkboxen an.

Sammlungen

Der Einsatz von Sammlungen ist ein neues mächtiges Feature im Zusammenhang mit Metadaten in FCPx. Was auch immer für eine Suche Sie erstellen, um Ereignisclips durch Metadaten zu filtern, kann als Voreinstellung (Sammlung) gespeichert werden. Somit müssen Sie die Suche nicht neu erstellen. Klicken Sie einfach nur auf die Sammlung und Sie haben sofort die gefilterten Ereignisse im Ereignis-Browser. Ein virtueller Ordner.

- Es gibt zwei Arten von Sammlungen: Intelligente Sammlungen und Schlagwort-Sammlungen
- Sammlungen werden mit dem Ereignis im Ereignis-Browser gespeichert und können zwischen Ereignissen kopiert werden
- Sammlungen können nur mit **cmd+Entfernen** oder im Kontextmenü in der Ereignis-Mediathek gelöscht werden. Der Name des Befehls gibt an, ob Sie eine oder mehrere Sammlungen löschen wollen: **Intelligente Sammlung(en) löschen** oder **Schlagwortsammlung(en) löschen**. Wenn Sie beide Arten ausgewählt haben, zeigt der Befehl **Objekte löschen**.

 ### Intelligente Sammlung

Eine intelligente Sammlung ist nichts anderes als eine gespeicherte Suchabfrage aus dem Filterfenster. Ein **Doppelklick** auf eine intelligente Sammlung öffnet das Filterfenster, um die Einstellungen anzupassen. Diese Sammlungen können auf unterschiedlichen Wegen erstellt werden:

- Richten Sie eine Suche im Filterfenster ein und drücken Sie die „Neue intelligente Sammlung"-Taste. Jetzt wird eine unbenannte intelligente Sammlung im aktuellen Ereignis erstellt. Benennen Sie sie.
- Jede Analyse, die durch FCPx in Bezug auf Personen oder Stabilisierung durchgeführt wurde, erschafft automatisch intelligente Sammlungen für diese Metadaten und erstellt Unterordner in den Ordnern „Personen" und „Stabilisierung".
- Erstellen Sie eine neue intelligente Sammlung (das ist ein leeres Filterfenster) mit folgenden Befehlen: Bearbeiten-Menü oder Kontext-Menü **Neue intelligente Sammlung** oder nutzen Sie den Shortcut **alt+cmd+N**.

 ### Schlagwort Sammlung

Eine Schlagwort-Sammlung ist technisch gesehen eine intelligente Sammlung mit nur einem Suchkriterium: „Filtere alle Clips mit dem Schlagwort xyz heraus". Sie kann auf unterschiedlichen Wegen erstellt werden:

- Erstellen eines neuen Schlagworts für einen Clip im Ereignis-Browser erschafft automatisch eine neue Schlagwort-Sammlung mit dessen Namen. So entspricht der Name der Sammlung praktischerweise dem Schlagwort, das herausgefiltert wird.
- Erstellen Sie eine neue Schlagwort-Sammlung mit den folgenden Befehlen: Ablage-Menü oder Kontext-Menü **Neue Schlagwortsammlung** oder nutzen Sie den Shortcut **sh+cmd+K**. Eine leere unbenannte Sammlung wird erstellt.

Schlagwortsammlungen unterstützen ein mächtiges Feature. Wenn Sie Ereignisclips ordnen und ihnen Schlagwörter zuordnen, können Sie, anstatt den normalen Ablauf mit dem Schlagwort-Editor vorzunehmen, die Clips (einzeln oder mehrere gleichzeitig) auch einfach auf die Schlagwortsammlung ziehen. Damit wird diesen Clips das Schlagwort sofort zugewiesen. Auf diese Weise funktionieren Schlagwortsammlungen wie virtuelle Ordner.

Erstellen Sie neue Schlagwortsammlungen in einem Ereignis und nennen Sie z.B. Outtakes, B-Roll, lustig etc.. Sie können Ordner für die Sortierung im Ereignis erstellen. Wann immer Sie über einen oder mehrere Clip(s), bzw. Bereiche von Clips schauen, ziehen Sie ihn auf eine Schlagwortsammlung und der Clip ist mit dem Schlagwort versehen. Es ist einfach, Clips auf einen Ordner zu ziehen. Wenn Sie jetzt die Schlagwort-Sammlungen öffnen, sehen Sie, wie sich Ihre neuen Ordner füllen.

Warnung: Schlagwortsammlungen umbenennen (z.B. „lustig" in „Sehr lustig") benennt alle Schlagwörter in den Clips, die diese Metadaten nutzen, um. Man kann es aber auch als eine sehr effektive „Suchen und Ersetzen"-Funktion nutzen.

Eine andere neue Herangehensweise ist die Art, mit Subclips umzugehen. Anstatt Subclips zu erstellen und in einer festen Ordnerstruktur zu organisieren, erstellen Sie eine Bewertung des Ereignisclips und weisen ihm ein Schlagwort zu. Statt zusätzliche Clips oder Kopien von Clips zu erstellen, definieren Sie Metadaten und filtern diese später per Schlagwortsammlungen. FCPx erstellt diese Subclips „on the fly" und Sie nehmen sie und platzieren sie in der Timeline.

- Tipp: Dateien importieren während eine Schlagwortsammlung (oder mehrere) geöffnet ist, weist dieses Schlagwort allen Clips zu.

Ein Schlagwort von einem Ereignisclip löschen führt nicht dazu, dass die dazugehörige Schlagwortsammlung gelöscht wird. Wenn aber eine Schlagwortsammlung entfernt wird, werden die korrespondieren Schlagwörter in den Clips gelöscht.

Dynamische Inhaltsanzeige des Ereignis-Browsers

Es gibt einen wichtigen Aspekt im Ereignis-Browser, der im Zusammenhang mit dem Filtern leicht übersehen werden kann: „Was wird angezeigt und warum"

Es gibt neun Metadaten-Arten, die Sie für das Filtern einsetzen können. Ich unterteile sie hier in zwei Gruppen, und Sie werden erkennen, was der Unterschied ist:

Kann nur auf den gesamten Clip angewendet werden

- Text
- Medienart
- Formatinformation
- Datum
- Funktionen

Kann auf den gesamten Clip oder Teile davon angewendet werden.

- Wertungen
- Stabilisierung
- Schlagwörter
- Personen

Das ist ein wichtiger Unterschied, wenn Sie sich die Clips im Ereignis-Browser in der Listendarstellung ansehen.

▸ Wenn Sie keine Filter angewendet haben und nur das Schlagwort (Blumen) vom Ereignisclip ausgewählt haben, dann zeigt die Vorschau den gesamten Clip, wobei der Bereich für „Blumen" durch einen grauen Rahmen und einen blauen Balken im oberen Bereich markiert ist, der unabhängig vom ausgewählten Bereich ist.

▸ Wenn Sie stattdessen die Schlagwortsammlung „Blumen" in der Ereignis-Mediathek auswählen, sieht der Ereignis-Browser ähnlich aus. Jetzt wird der Subclip angezeigt, der dem Filterkriterium „Blumen" entspricht. Er hat nur die Länge des Schlagwortes. Sie können sehen, dass der gesamte Clip einen blauen Schlagwort-Balken trägt, der genau auf dieses hinweist.

Schlagwort ist ausgewählt

Schlagwortsammlung ist ausgewählt

Dieses Konzept geht sogar noch einen Schritt weiter:

❶ Der Ereignis-Browser unten hat zwei Ereignisclips mit zugewiesenen Metadaten, dem Schlagwort „Großartig" und Bewertungen „Abgelehnt". Keiner der Filter ist aktiv.

❷ Nun ist die Schlagwortsammlung „Großartig" ausgewählt und der Ereignis-Browser zeigt alle Metadaten mit dem Schlagwort „Großartig" als einzelne Subclips an. Erinnern Sie sich, dass das Schlagwort einem Bereich zugeordnet ist und ein Clip mehrere Bereiche mit dem selben Schlagwort enthalten kann. Was Sie hier sehen, sind nicht vier „Gondoliere"-Clips, sondern drei Subclips aus dem Clip mit dem Namen „Gondoliere 01" und einer aus „Gondoliere 02".

❸ Das Gleiche findet mit dem Optionen-Menü statt: „Abgelehnt" ist ausgewählt. Das bedeutet, dass der Ereignis-Browser alle einzelnen Subclips mit der Zuweisung „Abgelehnt" anzeigt. Spielen Sie ein wenig damit herum, damit Sie das Konzept besser verstehen.

Ereignis ist ausgewählt (kein Filter)

Schlagwortsammlung ist ausgewählt

Optionen-Menü ist ausgewählt

Ereignisclips filtern

Der Hauptzweck von Metadaten im Ereignis-Browser ist das Verwalten und Finden des richtigen Clips aus hunderten oder tausenden von Clips. Das Anwenden von Metadaten in der Timeline ist auf der anderen Seite eher zum Lokalisieren bestimmter Clips oder Bereiche in der Timeline.

Timeline-Index

Der Timeline-Index hat eine andere Funktion als der Ereignis-Browser. Man hätte ihn „Timeline-Browser" nennen sollen. Immerhin können Sie den Inhalt der Timeline in einer Listenansicht durchstöbern. Er hat drei Register für drei unterschiedliche Ansichten: **Clips - Attribute - Funktionen.**
In der Timeline zeigt er zuvor in der Liste ausgewählte Clips mit einem grauen Rahmen an und bewegt den Playhead zum Anfang der Auswahl. Ausgewählte Attribute im Timeline-Index zeigen deren Position, den Clipbereich oder den gesamten Clip an (abhängig vom Attribut) und bewegen den Playhead zu dieser Position.

Filtert die Timelineclips nach Text, der als Name, Notiz oder Funktion zugewiesen ist.

Die Liste hat vier Spalten: Name des Clips, Notizen, Funktionen, Startposition. Ziehen Sie die Spalten, um sie umzuordnen.

Ein sich vertikal bewegender Playhead markiert die aktuelle Position.

Notizen können direkt in der Liste eingetragen und bearbeitet werden. Dies sind die Metadaten-Notizen des Clips, die im Inspektor angezeigt werden.

Funktionen können direkt in der Liste editiert werden.

Die Liste kann gefiltert werden, so dass sie nur Video-, Audio- oder Titelclips anzeigt.

Filtert die angezeigten Attribute nach Text, der dem Namen, Notizen und Attributen hinzugefügt worden ist.

Diese Liste hat drei Spalten: Name des Attributs, Notizen und Startposition. Ziehen Sie die Spalten, um sie umzuordnen.

Ein sich vertikal bewegender Playhead markiert die aktuelle Position.

Dies sind Notizen-Metadaten über Metadaten. Diese Notizen werden sonst nirgendwo, auch nicht im Inspektor, dargestellt.

Diese Liste kann durch bestimmte Attribute gefiltert werden

Die Suchfunktion ist für dieses Fenster gesperrt.

Den Rest dieses Fensters habe ich ein paar Seiten früher im Funktionen-Kapitel erklärt.

Medienmanagement

Medienmanagement oder Datenmanagement ist eine Art garstiges Stiefkind des Video-Editing. Es ist nicht so cool wie das Editieren des aktuellen Films, wo man erstaunliche Effekte und Tricks hinzufügen kann, um eine wunderbare audiovisuelle Erfahrung zu machen. Wenn jedoch etwas mit dem Medienmanagement schiefgeht, gibt es beim Erstellen dieses coolen Videos eine grauenvolle Unterbrechung.

Jede Videoschnitt-Software hat einen zugrundeliegenden Mechanismus, der bestimmt, wie mit Mediendaten umgegangen wird. Diese Mediendaten (Video, Audio, Grafiken) sind die Haupt-Bausteine, die „Assets" für jedes Video. Während des Imports erstellt das Programm als Bestandteil des Medienmanagement-Systems eine „Datenreferenz" zu diesen Mediendateien. Wenn aber, aus welchem Grund auch immer, das Programm die Referenz verliert, sind die Bausteine nicht mehr erreichbar. Wie jeder Cutter weiß, bedeutet das Ärger. Es gibt zwei einfache Gründe, warum Sie in diese unglückliche Situation geraten könnten:

1. Sie haben etwas falsch gemacht, weil Sie die zugrundeliegenden Mechanismen des Medienmanagements des Programms (basierend auf dem Konzept von Datenbanken) nicht gekannt haben.

2. Ihre Vermutung über die Funktion dieses Mechanismus könnte falsch sein, da sie auf einer anderen Software basiert (die nicht auf Datenbanken basiert).

Datenreferenz und Ereignisse

Hier ist der grundlegende Vorgang:

- Sie haben Ihre Mediendateien auf einer Festplatte gespeichert. Das kann eine interne, externe oder Netzwerk-Festplatte sein (ignorieren wir vorerst das Einspielen von Material).

- Als Erstes müssen wir die Mediendateien in das Programm „hineinbringen", „importieren" oder „aufnehmen".

- Während des Imports erstellt die Software die wichtigen „Datenreferenzen". Jede importierte Quelldatei (auf der Festplatte) wird mit einem Clip, der innerhalb von FCPx erstellt wird, verknüpft. Sie arbeiten eigentlich mit dem Clip.

- Alles funktioniert prima, wenn Sie die ursprünglichen Mediendateien nicht berühren. Es gibt aber eine Ausnahme. Normalerweise wollen Sie Material auf Ihren Festplatten verschieben, haben Dateien auf unterschiedlichen Festplatten basierend auf internen Strukturen Ihres Studios. Es kommt auch vor, dass Sie Material an jemanden anderen übergeben oder einfach nur auf einen anderen Rechner übertragen wollen.

Und hier tritt das Medienmanagement ins Bild. Jede Videoschnitt-Software geht jedoch anders mit diesem Medienmanagement um und wenn Sie es nicht vollständig verstehen, haben Sie Schwierigkeiten. FCPx bildet keine Ausnahme, besonders wenn Sie erwarten, dass FCPx wie FCP7 arbeitet. Das tut es nicht!

Wie ich schon früher erwähnt habe, ist die Regel Nr. 1 im Bereich des Medienmanagements: Machen Sie es direkt im Programm und spielen Sie nicht mit den Dateien im Finder herum. Ich werde versuchen, die Medienmanagement-Mechanismen und Anforderungen Schritt für Schritt aufzuzeigen, um es Ihnen zu erleichtern, die richtige Entscheidung für Ihren Workflow auch in komplexen Situationen zu treffen.

(Unglücklicherweise scheint es so, als würde FCPx kleine Probleme mit ein paar Befehlen haben, was aber hoffentlich in späteren Updates korrigiert wird.)

Grundkonzept

Starten wir bei den Grundlagen:

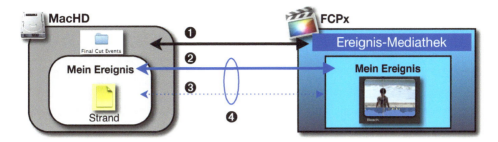

❶ Ereignis, das Modul: FCPx führt ein neues Modul ein, das Ereignis. Das Ereignis ist eines der drei Hauptfenster in der grafischen Oberfläche (neben dem Projekt-Fenster und dem Viewer). Das Ereignis-Modul wird durch einen dazugehörigen Ordner Namens „*Final Cut Events*" auf der Festplatte (schwarzer Pfeil) repräsentiert. Hier ein paar Regeln zu diesem Ordner:
- Wenn Sie FCPx das erste Mal starten, erstellt es automatisch den Ordner „*Final Cut Events*" im Ordner „*Filme*" in Ihrem Benutzer-Ordner "*Benutzer/Filme/Final Cut Events/*"
- Zusätzlich erstellt FCPx automatisch *Final Cut Events*-Ordner auf der obersten Ebene (Root-Level) von jeder gemounteten Festplatte, wenn Sie dort ein Ereignis erstellen (mehr dazu später).

❷ Ereignis, der Container: Jetzt können Sie im Ereignis-Modul (dem Fenster in der Programmoberfläche) Ereignisse erstellen, die wie Container (eine Art Ordner) für Ihre Clips funktionieren. Dies ist die Ereignis-Datenbank, die ich später erkläre. Das Fenster, welches alle Ereignisse anzeigt, ist die "*Ereignis-Mediathek*".

Auf die gleiche Art und Weise, wie das Ereignis (das Modul) durch den „*Final Cut Events*"-Ordner repräsentiert wird, wird auch jedes Ereignis in FCPx (der Container) auf der Festplatte als ein Ordner innerhalb des *Final Cut Event*-Ordners (blauer Pfeil) dargestellt. Der Ereignis-Ordner trägt den Namen, den Sie dem Ereignis in FCPx gegeben haben. Hierzu ein paar Regeln:

Neues Ereignis (dt. Termin) einer Festplatte zuweisen

- Beim Umbenennen eines Projekts in FCPx ändert sich auch der Name des Ordners
- Sie können beliebig viele Ereignisse auf gemounteten Festplatten erstellen.
- Ich muss Ihnen nicht sagen, dass Sie im *Final Cut Events*-Ordner keine Veränderungen vornehmen sollten, da alles durch FCPx kontrolliert wird und es erwartet die Dinge an bestimmten Orten. Wenn sie nicht dort liegen, haben Sie ein Problem.

❸ Datenreferenz: Wie ich schon vorab bemerkt habe, erstellt eine Videoschnitt-Software während des Datenimports die wichtigen „Datenreferenzen" für jede Datei. Dadurch können Sie im Programm an einem Clip arbeiten, der mit einer bestimmten Mediendatei auf der Festplatte zusammenhängt. FCPx ist da nicht anders, ABER es gibt eine neue wichtige Regel: Jede Mediendatei wird während des Imports einem Ereignis zugewiesen. Jetzt wissen Sie, warum. Ein Clip muss sich auf eine Datenbank (Ereignis) beziehen und dort eingetragen werden. Denken Sie an einen wichtigen Kontakt, den Sie haben, und er liegt nur auf einem Zettel im Büro herum und ist nicht in Ihr Adressbuch eingetragen. FCPx erlaubt Ihnen nicht, irgendeinen Clip herumliegen zu lassen, ohne dass er einem Ereignis zugewiesen ist. Deswegen ist es vorteilhaft, an den Clip als Ereignisclip (die zweite Instanz der Mediendatei, wie ich es in meinem ersten Buch beschrieben habe) wie an einen Clip zu denken, der in einer Datenbank Namens „Ereignis" existiert.
Ein paar Regeln zu Datenreferenzen :

- Wie wir oben gesehen haben, liegt innerhalb des "*Final Cut Events*"-Ordners für jedes Ereignis ein eigener Ordner mit dem gleichen Namen des Ereignisses, das in der Ereignis-Mediathek erstellt wurde. Jeder Ereignis-Ordner enthält wiederum einen Ordner mit dem Namen "*Original Media*". Das ist der Ort, wo FCPx die jeweiligen Mediendateien (oder Verknüpfungen) während des Imports ablegt.

Ereignis-Zuweisung während des Datenimports

- Eine Mediendatei kann mehrfach importiert werden und unterschiedlichen Ereignissen zugewiesen werden. Deshalb können sich Ereignisclips aus verschiedenen Ereignissen auf die gleiche Mediendatei beziehen. Denken Sie in Datenbank-Begriffen und alles macht Sinn. Stellen Sie sich die Konsequenzen vor, die geschehen, wenn Sie in einer solchen komplexen Struktur Medien verschieben, ohne die zugrundeliegenden Mechanismen verstanden zu haben.

❹ Gebundene Referenz: Es gibt eine Verbindung zwischen dem Ereignisclip und dem zugewiesenen Ereignis. Das bedeutet in FCPx, dass es keine direkte Datenreferenz zwischen Clip und Mediendatei gibt. Die Datenreferenz ist mit dem Ereignis, also der Datenbank, in der die Referenz gespeichert ist, verbunden. Wenn Sie also einfach oder komplex mit dem Medienmanagement umgehen wollen, denken Sie an die verbundenen Referenzen Ereignis-Ordner <-> Ereignis und Mediendatei <-> Ereignisclip. Jede Veränderung (bewegen, löschen, bearbeiten etc.) geht durch diese Datenbank. FCPx ist das Front-Modul dieser Datenbanken und das ist der Grund, warum das Medienmanagement in FCPx und nicht direkt an den Dateien im Finder vorgenommen werden sollten.

Verschiedene Festplatten

In einer einfachen Einrichtung der Arbeitsumgebung landen alle Mediendateien auf der internen Festplatte, der MacHD. Das ist praktisch für einfache Workflows, eignet sich aber nicht, wenn Sie mit Datenmengen von mehr als einem Gigabyte arbeiten. Die MacHD füllt sich sehr schnell. Die Lösung wäre also, eine weitere interne Festplatte in den Rechner einzubauen oder externe Festplatten zu verwenden. Ein SAN (Storage Area Network) könnte in einer größeren Arbeitsumgebung eine weitere Option sein. In meinem Beispiel unten verwende ich nur eine externe Firewire-Festplatte, das Konzept ist aber das gleiche mit mehreren gemounteten Festplatten. Netzwerkspeicher wurden in v.1.0 nicht direkt unterstützt, aber es gibt einen Workaround (gemountete Disk-Images in einem Netzwerkspeicher).

Hier sehen Sie, wie FCPx mit mehreren Festplatten umgeht:

- Jede Festplatte, die gemountet ist, wird in der Ereignis-Mediathek (und auch in der Projekt-Mediathek) angezeigt. Jede Festplatte, die gestartet wird, während FCPx geöffnet ist, erscheint ebenfalls in der Ereignis-Mediathek. Stellen Sie sicher, dass „Ereignisse nach Volume gruppieren" im Zahnradmenü der Ereignis-Mediathek angehakt ist.

- Wenn eine gemountete Festplatte zulässige *Final Cut Events*-Ordner im Root-Verzeichnis (oberste Ebene) hat, dann zeigt FCPx die Platte mit einem Öffnen-Dreieck an, über das Sie alle eingeschlossenen Ereignisse erreichen können.

- Achtung: Sie können keine Festplatten auswerfen, die FCPx benutzt. Sie müssen FCPx erst beenden, damit es die Festplatte freigibt.

Wenn die Festplatten gemountet sind, werden die schon bekannten Vorgänge des Medienmanagements angewendet.

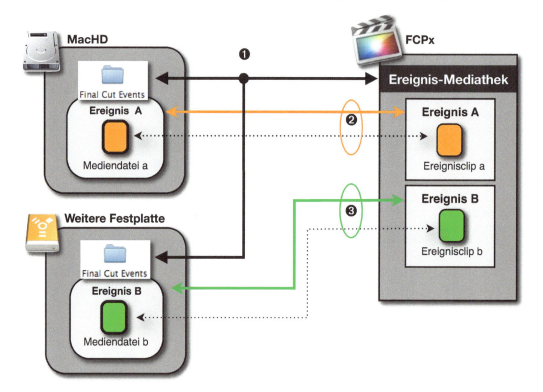

❶ **Ereignis-Mediathek:** Die Ereignis-Mediathek zeigt alle gemounteten Festplatten. Wenn Sie ein Ereignis auf einer dieser Platten erstellen, legt FCPx einen *"Final Cut Events"*-Ordner auf dem Root-Level dieses Verzeichnisses an und speichert die Daten dort. FCPx richtet diese Verknüpfung zwischen den *Final Cut Events*-Ordnern und der Ereignis-Mediathek sofort ein, sobald eine Platte gemountet wurde.

❷ **Ereignis A:** "Ereignis A" in der Ereignis-Mediathek korrespondiert mit dem *Final Cut Events*-Ordner der Boot-Festplatte (MacHD). Alle Mediendateien, die während des Imports diesem Ereignis zugewiesen wurden, liegen im "Original Media"-Ordner innerhalb des *Mein Ereignis A*-Ordners im *Final Cut Events*-Ordner im *Filme*-Ordner des Benutzers auf der MacHD.

❸ **Ereignis B:** "Ereignis B" in der Ereignis-Mediathek korrespondiert mit dem *Final Cut Events*-Ordner der gemounteten Festplatte. Alle Mediendateien, die während des Imports diesem Ereignis zugewiesen wurden, liegen im "Original Media"-Ordner innerhalb des *Mein Ereignis B*-Ordners im *Final Cut Events*-Ordner auf oberster Ebene dieser Firewire-Festplatte.

Mediendateien - Alias (Verweis)

Die zwei vorangegangenen Beispiele bezogen sich darauf, dass die Mediendateien in den *Final Cut Events*-Ordner während des Imports kopiert wurden. Aber es gibt zwei unterschiedliche Sorten des Imports:

- **Import von der Kamera**: In diesem Fall kommen die Mediendateien dateibasierend oder bandbasierend von der Kamera. Im Falle einer bandbasierenden Kamera werden die Mediendateien während des Überspielens („Capturing") erstellt und im Ereignis-Ordner abgelegt. Wenn die Kamera dateibasierend ist, werden die Mediendateien vom Speicher der Kamera in den Ereignis-Ordner übertragen.

- **Import von Daten (von der Festplatte)**: Hier liegen die Mediendateien schon auf einer Festplatte (MacHD oder einer anderen gemountete Festplatte) vor. Sie haben jetzt zwei Optionen. Während des Importvorganges sehen Sie im Einstellungsfenster eine Checkbox *"Verwalten: Dateien in den Ordner „Final Cut Ereignisse" sichern"*:

  - **Dateien kopieren** (angehakt): In diesem Fall werden die Mediendateien in den Ereignis-Ordner kopiert und die Referenz bezieht sich auf diese neuen Dateien. Die ursprünglichen Mediendateien bleiben unberührt und haben keinerlei Verbindung zu FCPx. Deshalb hat das spätere Verändern dieser Dateien (verschieben, entfernen etc.) keinen Einfluss auf FCPx, denn sie werden nicht im Medienmanagement berücksichtigt.

  - **Ein Alias der Mediendatei erstellen** (nicht angehakt): Hier werden die Mediendateien nicht in den Ereignis-Ordner kopiert. Stattdessen wird eine Alias-Datei (Verweis) im Ereignis-Ordner angelegt, die auf die ursprüngliche Mediendatei außerhalb des *Final Cut Events*-Ordners verweist (das Standard-Alias-Konzept). Das hat Vor- und Nachteile:

    - Pro: Sie duplizieren keine vorhandenen Dateien und müssen deshalb Ihre Speicherkapazitäten nicht erhöhen. Wenn die Dateien auf einer nicht gebooteten Festplatte liegen, werden die Aliase Ihre MacHD nicht belasten.

    - Kontra: Es wird eine unstabile und gefährliche Situation geschaffen. Wenn Mediendateien außerhalb des Ereignis-Ordner liegen, besteht die Gefahr, dass diese Dateien verschoben, verändert oder gelöscht werden, da man nicht erkennt, ob sie von FCPx verwendet werden. Das „Brechen" der Datenreferenz führt zu fehlenden Clips in FCPx.

Schauen wir uns die Herausforderungen an das Medienmanagements im folgenden Beispiel an:

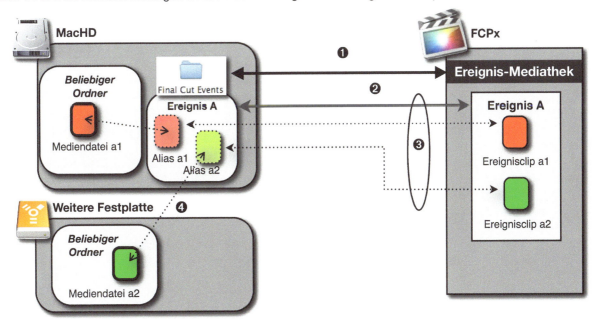

❶ Die Ereignis-Mediathek sieht nur den *Final Cut Events*-Ordner auf der verbundenen Festplatte, der MacHD.

❷ Das Ereignis „Ereignis A" in der Ereignis-Mediathek korrespondiert mit dem Ordner „Ereignis A" innerhalb des *Final Cut Events*-Ordners auf der MacHD. Dies ist die Datenbank „Ereignis A".

❸ Zu diesem Ereignis gehören zwei Clips, „Ereignisclip a" und „Ereignisclip b". Sie sind jedoch nicht mit ihren korrespondierenden Mediendateien referenziert. Sie haben dazugehörige Alias-Dateien im *Original Media*-Ordner im Ereignis-Ordner.

❹ Die zwei Alias-Dateien (Alias a1, Alias a2) beziehen sich auf ihre eigenen korrespondierenden Dateien, die realen Mediendateien. Eine ist irgendwo auf der MacHD gespeichert (Mediendatei a1) und die andere liegt irgendwo auf der gemounteten Festplatte (Mediendatei a2).

Gemischte Referenzen

Wenn das vorangegangene Beispiel nicht genügend Probleme bereitet, legen wir einen Zahn zu und kombinieren alles:

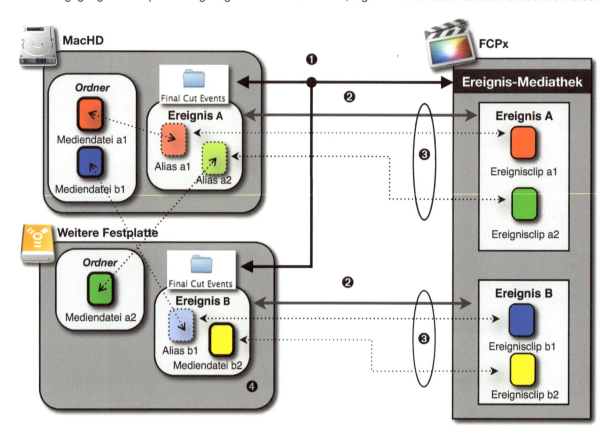

❶ Die Ereignis-Mediathek sieht zwei *Final Cut Event*-Ordner: Einen auf der MacHD und einen auf der gebooteten Firewire-Festplatte.

❷ Das Ereignis "Ereignis A" in der Ereignis-Mediathek korrespondiert mit dem Ordner „Ereignis A" im *Final Cut Events*-Ordner auf der MacHD und das Ereignis „Ereignis B" bezieht sich auf Ordner „Ereignis B" im *Final Cut Events*-Ordner auf der Firewire-Festplatte.

❸ Zwei Clips sind „Ereignis A" zugewiesen: „Ereignisclip a1" (rot) und „Ereignisclip a2" (grün). Zwei weitere Clips sind zum "Ereignis B": „Ereignisclip b1" (blau) und „Ereignisclip b2" (gelb).
In FCPx sieht alles ordentlich aus. Wenn wir jedoch jeder Referenz von jedem Ereignisclip folgen, um die dazugehörigen Mediendateien zu finden (siehe links) dann sehen Sie, wie Damocles Schwert direkt über Ihrem Projekt baumelt und darauf wartet, verheerenden Schaden anzurichten.

❹ Ereignisclip a1 (rot) bezieht sich auf ein Alias, der sich wiederum auf eine Mediendatei bezieht, die sich außerhalb des *Final Cut Event*-Ordners auf der MacHD befindet.
Ereignisclip a2 (grün) bezieht sich ebenso auf ein Alias, das seine Zuweisung zu der dazugehörigen Mediendatei außerhalb des *Final Cut Event*-Ordners auf der gemounteten Firewire-Festplatte bekommen hat.
Ereignisclip b1 (blau, zu einem auf der Firewire-Festplatte gespeicherten Ereignis gehörend) ist ebenso eine abhängige Alias-Datei. Ihre referenzierte Mediendatei liegt auf der MacHD.
Ereignisclip b2 (gelb) ist der einzige Clip, der direkt mit der Mediendatei verbunden ist, da diese innerhalb des *Final Cut Event*-Ordners ohne Bezug auf eine Alias-Datei gespeichert ist.

Es ist verständlich, dass das eine nicht wünschenswerte Situation ist, wenn korrektes Medienmanagement vorgenommen werden soll. Es gibt zwei Hauptprobleme:

- Mediendateien, die außerhalb des *Final Cut Event*-Ordners liegen und mit einem Alias verknüpft sind, z.B. immer, wenn Sie Dateien aus der iTunes-Mediathek, iPhoto-Mediathek oder einem anderen Verzeichnis Ihrer Festplatte(n) holen und nicht die Auswahl „Datei kopieren" in den Importeinstellungen nutzen, verbleiben diese Dateien an ihrem ursprünglichen Platz und werden eine Schwachstelle Ihres Projektes sein.

- Nicht hochgefahrene Festplatten mit Mediendateien oder darauf gespeicherten aktiven Ereignissen verursachen ebenso Probleme. Das bedeutet nicht, dass Sie externe Medien vermeiden sollten. Im Gegenteil, wie wir später sehen werden.

Transcodierte Medien

Bevor wir uns mögliche Lösungen und die besten Methoden im Medienmanagement in FCPx anschauen, möchte ich ein anderes Thema zum Ausgleich einwerfen, das scheinbar nichts mit Medienmanagement zu tun hat: Transcodierte Medien.

Eine kurze Wiederholung:

Ich sprach in meinem ersten Buch über die drei Instanzen der Mediendatei.

Mediendatei (auf der Festplatte) - **Ereignisclip** (in ein Ereignis importiert) - **Timelineclip** (im Projekt genutzt)

Immer, wenn Sie mit dem Ereignisclip oder dem Timelineclip in FCPx arbeiten, wird die Mediendatei, die mit dem Clip verbunden ist, plus angewendeter Parameter wie Effekte usw., abgespielt (ignorieren wir momentan die Render-Dateien).

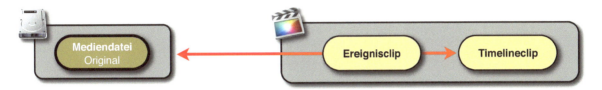

FCPx unterstützt eine weitere Import-Funktion: Wann immer Sie eine Datei importieren, gibt es einen „Transcodieren" Bereich mit zwei Optionen in den Importeinstellungen: *Optimierte Medien erstellen* und *Proxy-Medium erstellen*. Wenn das angehakt ist, importiert FCPx nicht nur die Medien, sondern erstellt zusätzlich zwei weitere Versionen:

- **Optimierte Medien**: Das ist eine ProRes 422 -Datei mit einer hohen Auflösung, erstellt aus der Original-Mediendatei. Optimierte Medien sind für flüssigeres Arbeiten und verkürzte Renderzeiten vorgesehen. Wenn die importierte Mediendatei von FCPx nativ verarbeitet werden kann, wird keine transcodierte Datei erstellt.

- **Proxy Medien**: Dies ist eine ProRes 422 (Proxy)-Datei mit einem Viertel der Auflösung, die von der Original-Mediendatei erstellt wurde.

Die Transcoding-Funktion ist sehr flexibel. Sie können sie jederzeit starten:

1. Während des jeweiligen Imports der Original-Mediendatei. Das Transcodieren findet im Hintergrund statt und unterbricht die Arbeit im Programm nicht. Wenn die Bearbeitung fertig ist, wechselt FCPx automatisch zu den transcodierten Medien.

2. Wenn Sie nicht während des Imports transcodieren möchten, können Sie mit **Ctr+Klick** auf jeden Ereignisclip den Befehl "**Medien umcodieren ...**", der hier die gleichen beiden Checkboxen hat, starten.

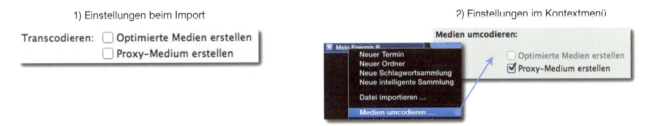

Wenn die zusätzlichen Mediendateien einmal erstellt worden sind, können Sie festlegen, welche davon wiedergegeben werden soll, wenn ein Ereignisclip oder ein Timelineclip abgespielt wird. Diese Entscheidung kann global in den FCPx-Einstellungen vorgenommen werden.

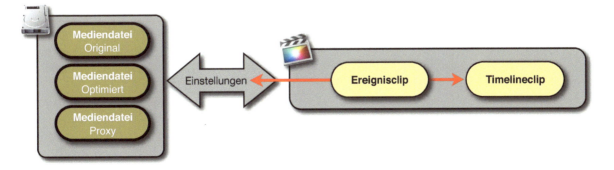

Wiedergabe-Einstellungen

In dem **Einstellungen > Wiedergabe** Bereich würden Sie drei Tasten erwarten, mit denen Sie auswählen können welche der drei Medienarten Sie für die Wiedergabe verwenden möchten. Stattdessen finden Sie zwei Knöpfe und ein Popup-Menü. Eine Kombination davon entscheidet, welche Mediendateien benutzt werden. Der Grund könnte sein, dass FCPx nur an zwei Optionen denkt: Die LowRes Proxy-Version (ohne Bezug auf die Originaldateien) und die HiRes-Version. Wenn die Originaldatei ein natives Format hat, ändert FCPx nichts und wenn es nicht nativ ist, bietet es ein optimiertes Transcoding an.

- **Proxy-Medien verwenden**: Nur die LowRes Proxy-Medien werden für die Wiedergabe verwendet.

- **Original oder optimierte Medien verwenden**: Wenn HiRes-Mediendateien verfügbar sind, werden diese für die Wiedergabe verwendet. Wenn nicht, werden die Original-Mediendateien benutzt. Im Popup-Menü für die Wiedergabequalität können Sie wählen:

    - Hohe Qualität

    - Höhere Leistung

Behalten Sie folgende Regeln im Kopf:

- Die Wiedergabeeinstellungen sind global für FCPx, unabhängig davon, welches Ereignis oder Projekt Sie abspielen.

- Wenn Sie Proxy-Medien auswählen und Sie haben keine erstellt (noch nicht transcodiert), bekommen Sie die Fehlermeldung, dass Dateien fehlen.

- Sie können die Einstellungen jederzeit ändern, denn FCPx schaltet ohne Wartezeit sofort um.

Schauen wir uns an, wo diese Extra-Dateien liegen:

Natürlich liegen sie im Ereignis-Ordner, wo auch die Original-Mediendatei liegen. All die Original-Mediendateien (oder deren Aliase) liegen im *Original Media*-Ordner und die transcodierten Mediendaten sind in einem Ordner mit dem Namen *"Transcoded Media"*.
Der *Transcoded Media*-Ordner hat zwei Unterordner, einen für *"High Quality Media"* und einen für *"Proxy Media"*. Beachten Sie, dass die transcodierten Mediendateien den gleichen Namen wie die Original-Mediendateien haben. Nur ihre Lage in unterschiedlichen Ordnern weist auf das Format hin. Sie können die Datei auch im Quicktime-Player abspielen und dort die Eigenschaften auslesen.

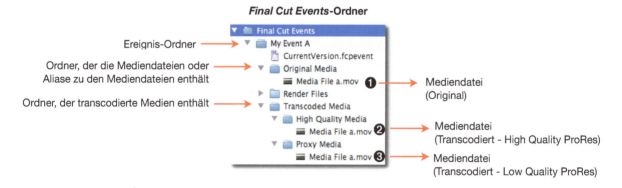

Final Cut Events-Ordner

Die transcodierten Mediendateien sind Teil des gesamten Medienmanagements. Denken Sie also an Folgendes.

- Transcodierte Medien können während des Imports oder jederzeit später für jeden Clip erstellt werden.

- Transcodierte Medien können nicht aus FCPx direkt entfernt werden. Das bedeutet , dass hier eine Ausnahme der Regel ist, dass das Datenmanagement direkt in FCPx zu erledigen ist. Sie können die Dateien nur im Finder lokalisieren und löschen oder aus dem Ereignis-Ordner hinausbewegen.

- Transcodierte Medien können die Größe des Ereignis-Ordners gewaltig ansteigen lassen. Das muss berücksichtigt werden, besonders, wenn der Ereignis-Ordner auf der MacHD oder einer fast vollen Festplatte liegt.

- Wenn irgendwelche Datenmanagement-Befehle für das Ereignis ausgeführt werden (Ereignis duplizieren, Ereignis bewegen), sind transcodierte Medien eingeschlossen.

Datenreferenzen und Projekte

Das Ereignis ist also eine Datenbank, die in FCPx eine wichtige Funktion als Container hat. Wenn Sie eine Mediendatei importieren, erstellt FCPx einen Ereignisclip, der sich auf eine Mediendatei bezieht und diese in der Ereignis-Datenbank auflistet. All die verschiedenen Clips, die in ein Ereignis importiert wurden, müssen ihre Referenz zur Mediendatei haben. Aber das ganze Sammeln von Mediendateien als Ereignisclips in unterschiedlichen Ereignissen ist reines Medienmanagement und hat nichts mit dem Erstellen und Editieren eines Videos zu tun. Das passiert in dem anderen Modul, dem Projekt. Können wir nun endlich dieses nicht-kreative Kapitel über Medienmanagement beenden? Noch immer nicht!

Obwohl das Projekt der Ort ist, wo der ganze Spass, einen Film zu erstellen, stattfindet, müssen wir auch einen Blick in Bezug auf Medienmanagement auf das Projekt werfen.

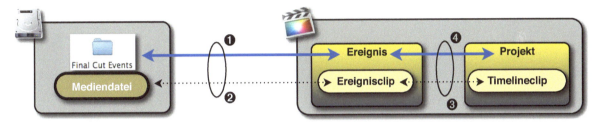

Zuvor sahen wir die „gebundene doppelte Referenz" zwischen Mediendatei (Asset) und Ereignisclip (Eintrag in eine Datenbank):

> ❶ Das Ereignis als Datenbank hat alle seine Daten in seinem Ereignis-Ordner innerhalb des *Final Cut Events*-Ordner gespeichert.

> ❷ Ein Ereignisclip ist ein Eintrag in diese Datenbank. In dem Eintrag ist ein Feld, das den Dateinamen der verbundenen Mediendatei im Ereignis-Ordner enthält.

Eine „gebundene doppelte Referenz" existiert auch zwischen Timelineclip und Ereignisclip, sobald er in einer Projekt-Timeline benutzt wird:

> ❸ Der Timelineclip bezieht sich auf seinen Ereignisclip. Obwohl er zu einem unabhängigen Clip wird, wenn er in die Timeline gezogen wird, erinnert er sich an seinen „Parent (Eltern)"-Clip.

> ❹ Diese Verwandtschaft zwischen dem Ereignisclip und dem Timelineclip erstellt eine Beziehung zwischen den zwei Datenbanken. Die Projekt-Datenbank enthält den Timelineclip und die Informationen über die Ereignis-Datenbank mit dem Ereignisclip (auf den sich der Timelineclip bezieht).

Standard-Ereignis

Es gibt eine Ausnahme zur „gebundenen Referenz", und das ist das Standard-Ereignis.

Wenn Sie ein neues Projekt erstellen, müssen Sie es einem vorhandenen Ereignis zuweisen, auch wenn noch kein Timelineclip in die Timeline bewegt wurde. Dieses Ereignis heißt *"Standard-Ereignis"*. Es ist, als würden Sie eine Standard-"Ereignis-Datenbank zu Projekt-Datenbank"-Beziehung herstellen. Die Zuweisung wird im Einstellungsfenster, welches sich herausschiebt, um Projekteinstellungen für ein neues Projekt vorzunehmen, gemacht. Wie auch bei den anderen Projekteinstellungen, kann die Standardzuweisung jederzeit durch das Öffnen dieses Fensters mit der Schraubenschlüssel-Taste im Inspektor, dem Shortcut **cmd+J** und über das Hauptmenü **Ablage > Projekteinstellungen...** geändert werden.

Neues Projekt: Einstellungen

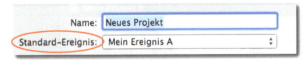

Das Standard-Projekt unterstützt eine spezielle Funktion: Importieren von Mediendateien „durch die Hintertür". Der Standard-Mediendateien-Import wird mit dem Importieren-Befehl vorgenommen, der ein Einstellungsfenster öffnet, welches Sie auffordert, der Mediendatei ein Ereignis zuzuweisen. Sie können jedoch Dateien durch Ziehen aus dem Finder oder dem Medien-Browser direkt in die Timeline die Ereigniszuweisung umgehen.

Auch wenn Sie glauben, dass Sie eine Regel brechen, tun Sie es nicht. Hier schaltet sich der Standard-Ereignis-"Alarm" des Projekts ein. Er entdeckt ein Eindringen durch die Hintertür, erstellt einen passenden Ereignisclip (mit den Importeinstellungen, die auf **Einstellungen > Import** basieren) und weist es dem Standard-Ereignis zu. Das alles passiert im Hintergrund.

Referenzierte Ereignisse

Jedes Mal, wenn Sie einen Ereignisclip in der Timeline nutzen, erinnert sich das Projekt nicht nur an die Zusammengehörigkeit zwischen dem Timelineclip und dessen Ereignisclip, es listet das Ereignis auch als „referenziertes Ereignis" in der dazugehörigen Datenbank auf.

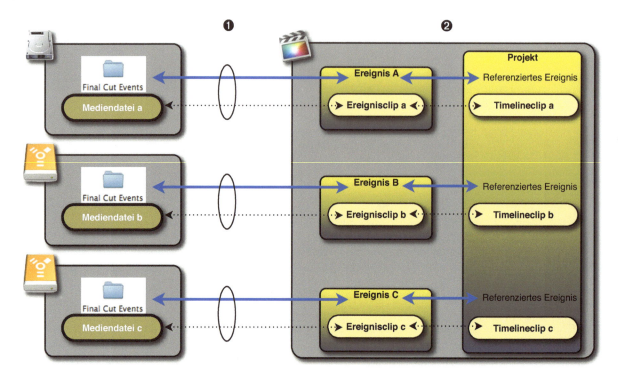

Wie Sie sehen können, geht es beim Medienmanagement um Abhängigkeiten (oder Beziehungen).

❶ Das Ereignis hängt vom *Final Cut Events*-Ordner ab. Hier liegen die Mediendateien. Wenn diese Zugehörigkeit unterbrochen wird, wird der Ereignisclip nicht abgespielt.

❷ Das Projekt hängt vom *referenzierten Ereignis* ab. Der Timelineclip in der Projekt-Timeline beruht auf dieser Referenz. Wenn das Ereignis fehlt (gelöscht, nicht gemountete Festplatte), kann die Timeline den Clip nicht abspielen.

Sie können verfolgen, welche Ereignisse in einem Projekt verwendet werden, indem Sie die Projekteigenschaften im Inspektor öffnen (**cmd+J**). Hier werden alle referenzierten Ereignisse, von welcher Festplatte sie stammen und wieviele Clips von diesen Ereignissen benutzt werden, aufgeführt.

Ereignisclip anzeigen lassen

Das Kontextmenü eines Ereignisclips hat den Befehl „**Im Finder zeigen**", um die dazugehörige ursprüngliche Mediendatei anzuzeigen. Beachten Sie, dass nur die Alias-Dateien im *Original Media*-Ordner liegen, wenn die Mediendateien beim Import nicht kopiert wurden und somit nur eine Referenz vorliegt. Man muss sich die Alias-Datei als weiteren Schritt vornehmen, um die Originaldatei zu finden.

Timelineclip anzeigen lassen

Das Kontextmenü eines Timelineclips hat ebenso den "**Im Finder zeigen**"-Befehl, um die ursprüngliche Datei, die durch den verbundenen Ereignisclip vorliegt, anzuzeigen. Mit dem zusätzlichen Befehl "**In der Ereignisübersicht zeigen**" können Sie sich den verknüpften Ereignisclip anzeigen lassen. Er wird dann im Ereignis-Browser ausgewählt.

Offline-Dateien

Nun haben wir die verschiedenen Abhängigkeiten, Referenzen und Verbindungen gesehen, die vorhanden sein müssen. Jetzt ist die Frage: Was passiert, wenn etwas schiefgeht und eine Verknüpfung gebrochen wird?

Als Erstes, woran können wir erkennen, dass etwas fehlt? Wie zeigt FCPx ein Referenzproblem an?

Wenn die ursprüngliche Datei nicht gefunden werden kann, dann wird anstelle des aktuellen Materials ein rotes Vorschaubild für den Ereignisclip, den Timelineclip, die Projekt-Mediathek und im Viewer gezeigt. Beachten Sie, dass das rote Vorschaubild als Platzhalter fungiert und sich der Inhalt der Timeline deshalb nicht verschiebt. Ebenso bleiben alle Eigenschaften des Clips editierbar. Das rote Vorschaubild ändert sogar sein Aussehen basierend auf Videofiltern, die auf den Clip angewendet wurden! Auch das macht wieder Sinn im Zusammenhang mit Datenbanken. Ein Clip ist nur ein Eintrag in eine Datenbank und der Eintrag liegt im Feld „Dateiname", welches FCPx den Namen der Mediendatei im Ereignis-Ordner (Originalmedien oder transcodierte Medien) nennt. Wenn diese Datei nicht gefunden werden kann (oder das Original, auf das ein Alias verweist), wird das rote Vorschaubild gezeigt. Der gesamte Eintrag mit allen seinen Feldern (angewandte Effekte sind nur zusätzliche Einträge in Felder) für diesen Clip ist jedoch weiterhin in der Datenbank intakt. Deswegen können Sie weitere Effekte zu einem fehlenden Clip hinzufügen. Sie fügen diesem Datenbankeintrag nur weitere Daten hinzu. (Nicht, dass das im Moment viel Sinn machen würde.)

An anderen Orten wird eine fehlende Mediendatei mit einem gelben Warndreieck angezeigt:

Das Projekt-Eigenschaften-Fenster zeigt weitere Details:

Als erstes können Sie sehen, auf welchem Laufwerk die Dateien fehlen. Achten Sie auf die Details

- Wenn das gesamte Ereignis fehlt, ist das Ereignis-Symbol (Stern) rot und hat ein Warndreieck. Es zeigt „Fehlendes Ereignis" an.

- Wenn das Ereignis da ist, aber ein paar Dateien fehlen, dann hat das Ereignis-Symbol seine reguläre Farbe (lila), trägt ein Warndreieck und zeigt „n Dateien fehlen"

Erneut verbinden

FCP7 hatte ein praktisches Feature, mit dem man fehlende Mediendateien leicht gefunden hat und sie erneut verknüpfen konnte. FCPx unterstützt solch ein Werkzeug nicht. Die momentanen Möglichkeiten sind sehr eingeschränkt.

- Wenn eine Festplatte nicht gemountet war, dann werden die Daten automatisch verknüpft, wenn sie hochgefahren wird. Wenn Sie nicht wissen, auf welcher Festplatte die Daten sind, dann müssen Sie danach suchen, da FCPx keinerlei Pfad-Informationen zur Original-Datei unterstützt. Nur der Dateiname ist in der Datenbank gespeichert. Der Ort wird im Ereignis-Ordner erwartet.

- Wenn die Mediendatei gelöscht wurde, können Sie sie nur erneut importieren (wenn Sie eine Kopie davon haben). Nutzen sie nochmals den Befehl „Datei importieren". Anstatt eine neue Instanz zu erstellen, importiert FCPx die Datei und verbindet sie erneut mit dem vorhandenen Ereignisclip (und Timelineclip). Der fehlende Clip erscheint wieder. Für diesen Vorgang müssen Sie jedoch wenigstens den Dateinamen der fehlenden Datei kennen. Der vorliegende Datenbank-Eintrag der verschwundenen Datei ist gegenüber der ursprünglichen Mediendatei verifiziert und braucht nicht erneut erstellt zu werden.

> Obwohl der ursprüngliche Pfad zur Mediendatei in FCPx nicht gespeichert ist, ist der Name der Mediendatei als Teil der Metadaten-Information verfügbar. Jedoch enthält keine der Standard-Metadaten-Ansichten den Dateinamen, weshalb Sie dieses Feld manuell hinzufügen oder eine benutzerdefinierte Metadaten-Ansicht erstellen müssen.

Organisation

Nun, wo wir mit dem Wissen über Datenmanagement-Mechanismen in FCPx ausgerüstet sind, können wir uns anschauen, welche Werkzeuge uns für die Organisation unserer Mediendateien, Ereignisse und Projekte zur Verfügung stehen.

Das Problem an dieser Stelle ist, dass es so viele Befehle und Werkzeuge zum Organisieren der Medien gibt, dass es schon fast ein bisschen zu viel ist.

- Es gibt viele verfügbare Befehle, wovon manche sichtbar und manche unsichtbar sind.
- Manche Menübefehle ändern sich, je nachdem, was gerade in FCPx ausgewählt ist.
- Manche Befehle könnten irreführend sein.
- Manche Befehle könnten Bugs haben und liefern nicht die erwarteten Resultate.

Um in dieser möglichen Verwirrung zu helfen, habe ich versucht, in einem Diagramm all die wichtigen Verknüpfungen aufzuzeigen. Wenn Sie nun eine Aktion vornehmen wollen, blicken Sie auf dieses Diagramm und fragen sich selbst:

➡ Auf welchen Bereich dieses „Kartenhauses" ziele ich ab mit meinem Befehl?

➡ Was sind die Konsequenzen für die Elemente außerhalb des Bereiches?

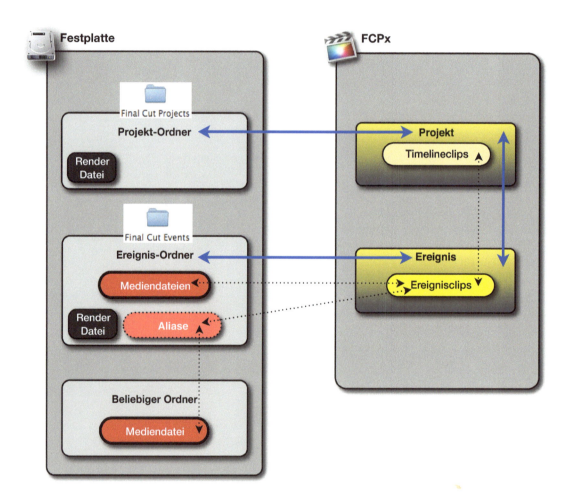

Auf der linken Seite sehen Sie alle Elemente, die auf Festplatten liegen, also Dateien und Ordner. Auf der rechten Seite ist die Programmoberfläche von FCPx, von wo aus Sie Befehle einleiten. Generell sollten Sie auf der linken Seite keine Veränderungen vornehmen - außer, Sie wissen, was Sie tun.

Die Pfeile zeigen die Verbindung zwischen den verschiedenen Elementen. Wenn Sie diesen Verbindungen folgen, können Sie die Auswirkung auf die umliegenden Elemente voraussehen.

Das ist eine Vereinfachung der zugrundeliegenden Struktur. Komplexere Aktionen wie *Zusammenführen* und *Konsolidieren* setzen ein wenig Abstraktionsvermögen voraus. Das Konzept der Verbindungen untereinander ist jedoch das gleiche.

✱ Was haben all diese Befehle gemeinsam?

Sie lösen einen Befehl in FCPx aus und dieser Befehl bewegt Dateien und Ordner auf der Festplatte (oder mehreren) an eine andere Stelle. Grundsätzlich sind das alles unterschiedliche Arten von „Verschieben"-Befehlen mit speziellen Anweisungen. Immer, wenn Dateien verschoben werden, wird die Datenbank aktualisiert. Die Datenbank wird nicht aktualisiert, wenn Sie das Material im Finder verschieben würden - also tun Sie das nicht, wenn Sie sich nicht ganz sicher sind.

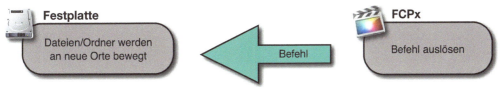

✱ Welche Art von „Verschieben"-Befehlen sind verfügbar?

Als Erstes gibt es drei Standard-Befehle für das Verschieben von Dateien und Ordnern, ähnlich den Finder-Befehlen:

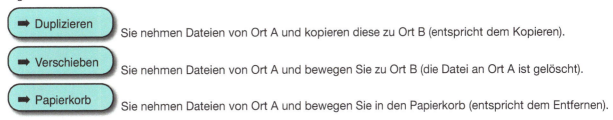

➡ Duplizieren — Sie nehmen Dateien von Ort A und kopieren diese zu Ort B (entspricht dem Kopieren).

➡ Verschieben — Sie nehmen Dateien von Ort A und bewegen Sie zu Ort B (die Datei an Ort A ist gelöscht).

➡ Papierkorb — Sie nehmen Dateien von Ort A und bewegen Sie in den Papierkorb (entspricht dem Entfernen).

Dann gibt es noch spezielle „Verschieben"-Befehle:

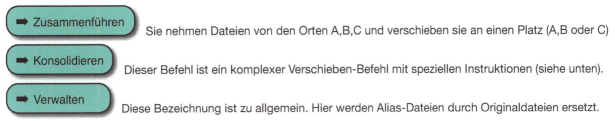

➡ Zusammenführen — Sie nehmen Dateien von den Orten A,B,C und verschieben sie an einen Platz (A,B oder C)

➡ Konsolidieren — Dieser Befehl ist ein komplexer Verschieben-Befehl mit speziellen Instruktionen (siehe unten).

➡ Verwalten — Diese Bezeichnung ist zu allgemein. Hier werden Alias-Dateien durch Originaldateien ersetzt.

✱ Worauf sind die Befehle gerichtet: Ereignisse oder Projekte?

- Das Ausführen eines ereignisbezogenen Befehls berührt die Ereignis-Ordner innerhalb des *Final Cut Event*s-Ordner.

- Das Ausführen eines projektbezogenen Befehls berührt die Projekte-Ordner innerhalb des *Final Cut Projects*-Ordner, kann aber auch die Ereignis-Ordner berühren.

Diese Befehle sind alle unter dem Ablage-Menü zu finden. Beachten Sie, dass das Menü kontext-sensitiv ist. Das bedeutet, dass die Befehle abhängig davon, welche Art von Objekt(en) ausgewählt ist, wechseln. Befehle sind ausgegraut, wenn sie für dieses Objekt nicht relevant sind.

Ablage-Menü Projekt ausgewählt	Ablage-Menü Ereignis ausgewählt	Ablage-Menü Ereignisclip ausgewählt
Projekt duplizieren ...	Ereignis duplizieren ...	Clip duplizieren ...
Projekt bewegen ...	Ereignis bewegen ...	Ereignis bewegen ...
Ereignisse zusammenführen ...	Ereignisse zusammenführen ...	Ereignisse zusammenführen ...
Projektmedien zusammenführen ...	Projektmedien zusammenführen ...	Projektmedien zusammenführen ...
Renderdateien des Projekts löschen	Renderdateien des Ereignisses löschen .	Renderdateien des Ereignisses löschen ...
Projektdateien verwalten ...	Ereignisdateien verwalten ...	Ereignisdateien verwalten ...
Projekt in den Papierkorb bewegen	Ereignis in den Papierkorb bewegen	In Papierkorb

Clips verwalten

Wir schauen uns nicht als Erstes die Befehle für Ereignisse und Projekte an, denn wir starten einen Level darunter auf der Ebene des Ereignis- oder Timelineclips. Hier gibt es nicht viel zu verwalten in Bezug auf das Medienmanagement. Die einzigen Befehle hier sind Entfernen („in Papierkorb") und Duplizieren.

 Papierkorb

Timelineclip:

Einen Timelineclip gibt es nur in der Timeline eines Projekts. Er ist Teil eines Projekts auf der obersten Ebene der verbundenen Elemente, und das Entfernen hat keine Konsequenzen. Das ist einfach, aber ich dachte, ich weise mal darauf hin.

Ereignisclip:

Der nächste Level darunter ist der Ereignisclip.

Zum Entfernen eines Ereignisclips können Sie mit **ctr+Klick** auf den Clip im Ereignis-Browser dessen Kontextmenü öffnen und den Befehl „in Papierkorb" ausführen. Oder nutzen Sie den Shortcut **cmd+Entfernen.**

Erinnern Sie sich an ein früheres Diagramm, wo der Ereignisclip zwei Abhängigkeiten hatte. Eine ging hoch zum verlinkten Timelineclip und eine hinunter zur verknüpften Mediendatei. Die Konsequenzen sind folgende:

❶ Das Löschen eines Ereignisclips, der in einer Timeline eines Projekts liegt, berührt diese Timeline. Wenn ein Clip fehlt, wird ein roter „Fehlender Clip"-Platzhalter angezeigt, der darauf hinweist, dass der dazugehörige Timelineclip fehlt. Deshalb öffnet sich ein „Medium in Verwendung"-Warnhinweis, der Sie warnt, dass der Ereignisclip in einem Projekt verwendet wird.

❷ Wenn der Ereignisclip nicht in einem Projekt verwendet wird und die dazugehörige Mediendatei nicht verbunden ist, dann erscheint ein anderer Warnhinweis, der darauf hinweist, dass nicht nur der Ereignisclip entfernt wird, sondern auch die damit verknüpfte Mediendatei im Ereignis-Ordner. Das bezieht sich aber nur auf Mediendateien, die dort liegen. Wenn im Ereignis-Ordner ein Alias liegt, wird nur dieses gelöscht, nicht aber die Original-Mediendatei, die außerhalb des Ereignis-Ordners liegt.

❸ Die dritte Option ist, dass der Ereignisclip nicht von einem Projekt benutzt wird, sondern die dazugehörige Mediendatei eine Verbindung zu einem anderen Ereignisclip hat. In diesem Fall wird nur der Ereignisclip aus dem Ereignis-Browser gelöscht und die dazugehörige Mediendatei im Ereignis-Order wird nicht berührt, da dadurch die Verknüpfung zu dem anderen Ereignisclip ebenfalls unterbrochen werden würde.

Die oben aufgeführten Warnhinweise werden durch die Beziehung zwischen Ereignis- und Projekt-Datenbank und den dadurch möglichen Konsequenzen ausgelöst.

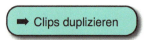 Clips duplizieren

Dieser Befehl ist nur für Ereignisclips verfügbar, aber nicht für Timelineclips. Er dupliziert die ausgewählten Ereignisclip(s) einschließlich der dazugehörigen Metadaten im Ereignis-Browser.

Den Befehl finden Sie im Hauptmenü unter **Ablage > Clip duplizieren** oder als Shortcut **cmd+D.**

(Einen Timelineclip können Sie mit **alt+ziehen** an eine andere Position in der Timeline duplizieren.)

Ereignisse verwalten

Beginnen wir mit dem "*Ereignisdateien verwalten ...*"-Befehl. Dieser Befehl sollte "*Kopiere verknüpfte externe Mediendateien in den Ereignis-Ordner*" heißen. Das war wohl etwas zu lang, erklärt aber besser, was dieser Befehl macht.

Der Befehl verschiebt nicht den gesamten Ordner. Stattdessen organisiert er den Inhalt des Ereignis-Ordners.

 ➡ Ereignisdateien verwalten

Wenn sich Alias-Dateien, die auf Original-Mediendateien außerhalb des Ereignis-Ordners verweisen, im Ereignis-Ordner befinden, kopiert dieser Befehl die Original-Mediendateien in den Ereignis-Ordner und ersetzt die Alias-Dateien hiermit. Das ist sinnvoll, da es Vorteile bringt, alle Mediendateien innerhalb des Ereignis-Ordners zu haben.

Hier gibt es zwei Warnhinweise. Der erste Hinweis erklärt den Befehl und der zweite erscheint, wenn alle verbundenen Medien schon im Ereignis-Ordner liegen und es nichts zu kopieren gibt.

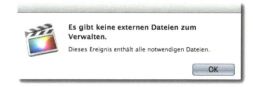

Ereignisdateien verwalten

Das ausgewählte Ereignis verweist auf Dateien außerhalb des Ereignisordners. Um alle externen Medien in den Ereignisordner zu kopieren, klicken Sie auf „Fortfahren".
Diese Aktion kann nicht widerrufen werden.

Abbrechen   Fortfahren

Es gibt keine externen Dateien zum Verwalten.

Dieses Ereignis enthält alle notwendigen Dateien.

OK

➡ Ereignis duplizieren

Hiermit wird der gesamte Ereignis-Ordner mit allen Mediendateien (original und transcodiert) an eine andere Stelle kopiert.

- In einem Dialog-Fenster können Sie das Ereignis umbenennen.
- Ein Popupmenü listet alle gemounteten Festplatten auf, die für FCPx zum Kopieren des neuen Ereignisses zur Verfügung stehen.
- Sie können sogar mehrere Ereignisse auswählen und diese auf einmal an den neuen Ort kopieren. In diesem Fall gibt es kein Dialog-Fenster zum Umbenennen der Ereignisse. Ereignisse, die an den gleichen Ort kopiert werden, bekommen ihrem Namen („fcp1") hinzugefügt.

Ereignis duplizieren
Erstellt eine Kopie des Ereignisses „Mein Ereignis A" am ausgewählten Speicherort. Alle Medien befinden sich zweimal auf dem Volume. Diese Aktion kann nicht widerrufen werden.

Ereignis duplizieren als: Mein Ereignis A Kopie

Ort: Macintosh HD (342.5 GB frei)

Abbrechen   OK

Der „*Ereignis duplizieren*"-Befehl kann auf drei Arten ausgeführt werden:

- Aus dem Hauptmenü **Ablage > Ereignis(se) duplizieren ...**
- Mit dem Shortcut **cmd+D.**
- **Alt+Ziehen** des Ereignisses in der Ereignis-Mediathek auf ein Ziellaufwerk.

➡ Ereignis bewegen

Hiermit wird der gesamte Ereignis-Ordner mit allen Mediendateien (original und transcodiert) an eine andere Stelle bewegt.

- Ein Popupmenü listet alle gemounteten Festplatten auf, die für FCPx zum Bewegen des neuen Ereignisses zur Verfügung stehen (außer des aktuellen Orts).
- Sie können sogar mehrere Ereignisse auswählen und diese auf einmal an den neuen Ort bewegen. Ereignisse, die an den gleichen Ort bewegt werden, werden mit der Erweiterung („fcp1") dupliziert.

Ereignis bewegen
Bewegt das Ereignis „Mein Ereignis A" an den ausgewählten Speicherort. Alle Medien werden an den neuen Speicherort auf dem Volume bewegt. Diese Aktion kann nicht widerrufen werden.

Ort: z Externe Platte 1 (73.4 GB frei)

Abbrechen   OK

Der „*Ereignis bewegen*"-Befehl kann auf drei Arten ausgeführt werden:

- Aus dem Hauptmenü **Ablage > Ereignis(se) bewegen ...**
- Mit einem Shortcut. Standardmäßig ist kein Shortcut zugewiesen. Benutzen Sie den Befehls-Editor für eine eigene Zuweisung.
- **cmd+ziehen** des Ereignisses in der Ereignis-Mediathek auf ein Ziellaufwerk.

➡ Ereignis in Papierkorb verschieben

Hiermit wird der gesamte Ereignis-Ordner mit allen Mediendateien (Original und transcodiert) in den Papierkorb verschoben.

- Ein Warnhinweis *"Ereignismedium wird verwendet"* erscheint, wenn ein Ereignisclip in einem Projekt verwendet wird..

- Wenn kein Ereignisclip des Ereignisses in einem Projekt verwendet wird, dann wird der Ereignis-Ordner sofort in den Papierkorb verschoben

- Anders als beim *Duplizieren-* und *Bewegen*-Befehl, unterstützt der Papierkorb-Befehl das Rückgängig-machen (**cmd+z**).

Der *„in Papierkorb verschieben"*-Befehl kann auf drei Arten ausgeführt werden:

- Aus dem Hauptmenü **Ablage > in Papierkorb**
- Aus dem Kontextmenü der Ereignis-Mediathek "**Ereignis in den Papierkorb bewegen**"
- Mit dem Shortcut **cmd+Entfernen**

> **⚠ Ereignismedium wird verwendet**
>
> Projekte und Ereignisse verwenden einen oder mehrere Clips in den Ereignissen, die in den Papierkorb beweg wurden.
> Wenn Sie fortfahren, werden Clips dieser Projekte und Ereignisse nicht länger wiedergegeben.
>
> Möchten Sie fortfahren?
>
> [Abbrechen] [**Fortfahren**]

➡ Ereignisse zusammenführen

Hier werden zwei oder mehr Ereignisse (die Ereignis-Ordner mit all ihren Mediendateien, original und transcodiert) in einem neuen Ereignis zusammengeführt. Es ist eigentlich nur ein „Zusammenrücken"-Befehl, was bedeutet, dass dabei die ursprünglichen Ereignisse gelöscht werden.

- In einem Dialog-Fenster können Sie das neue Ereignis umbenennen.

- Ein Popupmenü listet alle gemounteten Festplatten auf, die für FCPx als Ort des neuen Ereignisses zur Verfügung stehen.

Der *„Ereignisse zusammenführen"*-Befehl kann auf drei Arten initiiert werden:

- Aus dem Hauptmenü **Ablage > Ereignisse zusammenführen**

- Mit einem Shortcut. Standardmäßig ist kein Shortcut zugewiesen. Benutzen Sie den Befehls-Editor für eine eigene Zuweisung.

- **Ziehen** Sie ein oder mehrere ausgewählte Ereignisse in der Ereignis-Mediathek über ein anderes, nicht ausgewähltes. Dadurch wird das Zusammenführen-Dialog-Fenster geöffnet, welches die ausgewählten Ereignisse mit dem Ereignis verschmilzt, auf das Sie die anderen gezogen haben.

> **Ereignisse zusammenführen**
>
> Ausgewählte Ereignisse zusammenführen und alle Medien in einen Ereignis-Ordner an den ausgewählten Speicherort bewegen. Diese Aktion kann nicht widerrufen werden.
>
> Neuer Ereignisname: [Mein Ereignis A + Mein Ereignis B]
> Ort: [Macintosh HD   (342.5 GB frei) ▾]
>
> [Abbrechen] [**OK**]

Behalten Sie immer im Hinterkopf, dass diese Medienmanagement-Befehle zwei Dinge tun:

1. Basierend auf dem Befehl werden die betroffenen Dateien und Ordner bewegt.
2. FCPx verfolgt alle Bewegungen und aktualisiert die betroffenen Datenbanken.

Das stellt sicher, dass bei allem, was Sie aus FCPx heraus machen, die Unversehrtheit der Clips und Verknüpfungen garantiert wird. Alle Einträge in diese Datenbanken sind gültig und alle Verknüpfungen zwischen Clips und die Beziehungen zwischen den Datenbanken sind intakt.

Das Gleiche gilt, wenn wir jetzt einen Blick auf die Medienmanagement-Befehle für Projekte werfen.

Projekte verwalten

Die Verwalten-Befehle für Projekte können nur für ein Projekt zur gleichen Zeit angewendet werden und müssen aus der Projekt-Mediathek heraus initiiert werden. Ändern Sie die Darstellung zur Projekt-Mediathek mit dem Shortcut **cmd+0**.

Beginnen wir wieder mit dem *"Projektdateien verwalten ..."* Befehl.

Die Aufforderung im Dialog-Fenster "kopiert alle externen Medien in den Projekt-Ordner" macht nicht viel Sinn, da die Mediendateien im Ereignis-Ordner und nicht im Projekt-Ordner gespeichert sind. Wenn Sie die „Fortfahren"-Taste drücken, erscheint ein Hinweis, dass alle für dieses Projekt benötigten Dateien vorhanden sind. (Es gibt darüber keine weiteren Informationen im Handbuch. Vielleicht ein Fehler im Programm?)

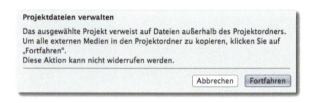

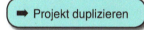

Hierbei wird das Projekt an einen neuen Ort (gemountete Festplatte) dupliziert bzw. kopiert. Das kann genutzt werden, um ein Backup des Projekts zu erstellen oder es auf eine externe Festplatte zu kopieren, um damit an einem anderen Computer zu arbeiten.

Es gibt drei Optionen:

- **Nur Projekt duplizieren**: Um die Datenmenge gering zu halten, werden keine Ereignis-Ordner und keine Mediendateien dupliziert.

- **Projekt und verknüpfte Ereignisse duplizieren**: Dabei wird alles für das Projekt kopiert, damit das Projekt in sich geschlossen ist.

- **Projekt und nur verwendete Clips duplizieren**: Das ist praktisch, um ein fertiges Projekt abzuspeichern, bei dem unbenutzte Clips nicht mehr gebraucht werden. Diese Auswahl konsolidiert alle Medien in einem neuen Ereignis.

Die anderen zwei Optionen sind die Auswahl des Ziellaufwerks und eine Checkbox „Einschließlich Renderdateien". Wenn Sie diese nicht mit einem Haken versehen, ist die Datenmenge des Projektes kleiner, aber erfordert ein erneutes Rendern, wenn Sie das Projekt öffnen.

Unten finden Sie eine Auflistung aller referenzierten Ereignisse (alle verknüpften Ereignis-Datenbanken), die in diesem Projekt genutzt wurden.

Der „*Projekt duplizieren*"-Befehl kann auf drei Arten ausgeführt werden:

- Aus dem Hauptmenü **Ablage > Projekt duplizieren...**

- Aus dem Kontextmenü der Projekt-Mediathek "**Projekt duplizieren**".

- Mit dem Shortcut **cmd+D.**

- **Alt+Ziehen** Sie das Projekt auf das Ziellaufwerk. Beachten Sie, dass das Projekt auch auf einen verschachtelten Ordner in der Projekt-Mediathek gezogen werden kann. Das ist mit den anderen oben aufgeführten Befehlen nicht möglich. Dort können Sie nur das Ziellaufwerk, also die oberste Ebene des *Final Cut Projects*-Ordners auswählen, aber keine Unterordner.

➡ Projekt bewegen

Hier wird das Projekt an einen anderen Ort (eine andere gemountete Festplatte) bewegt. Das kann nützlich sein, wenn das Projekt auf einem anderen Rechner weitergeführt werden soll

Hier gibt es zwei Optionen:

- **Nur Projekt bewegen**: Es werden keine Ereignis-Ordner und Mediendateien bewegt, die Dateigröße ist sehr klein.

- **Projekt und verknüpfte Ereignisse bewegen**: Hier wird alles verschoben, was im Bezug zum Projekt steht.

Im Popup-Menü für die Ort-Auswahl können Sie das Ziellaufwerk auswählen.

Unten finden Sie eine Auflistung aller referenzierten Ereignisse (alle verknüpften Ereignis-Datenbanken), die in diesem Projekt genutzt wurden.

Der „Projekt bewegen"-Befehl kann auf drei Arten ausgeführt werden:

- Aus dem Hauptmenü **Ablage > Projekt bewegen...**

- Mit einem Shortcut. Standardmäßig ist kein Shortcut zugewiesen. Benutzen Sie den Befehls-Editor für eine eigene Zuweisung.

- **Cmd+Ziehen** Sie das Projekt in der Projekt-Mediathek auf ein Ziellaufwerk.

- **Ziehen** Sie ein Projekt auf einen verschachtelten Ordner auf der gleichen Festplatte. Das bewegt den gesamten Projekt Ordner innerhalb des *Final Cut Project*-Ordners. In diesem Fall erscheint kein Dialogfenster, da die Verknüpfungen intakt bleiben. Für diesen besonderen „Bewege das Projekt in der Ordnerhierarchie auf und ab"-Vorgang gibt es keine anderen Befehle.

➡ Projekt in den Papierkorb bewegen

Mit diesem Befehl bewegen Sie das gesamte Projekt ohne Warnhinweis aus dem *Final Cut Projects*-Ordner in den Papierkorb. Mit dem „Widerrufen"-Befehl können Sie es zurückholen. Es gibt keine Verknüpfungen, die vom Projekt abhängig sind (erinnern Sie sich, es liegt im Diagramm an der Spitze der verbundenen Elemente), also gehen keine Mediendateien verloren. Nur die Projekt-Timeline, Ihre gesamte Schnitt-Arbeit, wird gelöscht!

Es gibt auch einen anderen Löschen-Befehl in der Projekt-Mediathek, um gesamte Ordner zu entfernen (und Alles, was darin liegt).

Ablage-Menü ausgewählter Projekt-Ordner	Kontextmenu ausgewählter Projekt-Ordner
Projektmedien zusammenführen ... Renderdateien des Projekts löschen Projektdateien verwalten ... **Ordner in den Papierkorb bewegen**	Neues Projekt ⌘N Neuer Ordner ⇧⌘N Ordner in den Papierkorb bewegen ⌘⌫

➡ Projektmedien zusammenführen

Beachten Sie, dass dieser Befehl nicht lautet „Projekte zusammenführen", sondern „Projekt**medien** zusammenführen". Er kopiert oder bewegt die Ereignisse und die darauf bezogen Mediendateien. FCPx zeigt mit kleinen Symbolen an, dass es ganz genau darauf achtet, welche Objekte betroffen sind.

Das Dialogfenster hat keine Ort-Auswahl, da das Projekt an der Stelle bleibt, wo es ist.

- **Verknüpfte Ereignisse kopieren**: Wenn sich von den verknüpften Ereignissen (unten im Dialogfenster aufgelistet) welche auf einer anderen Festplatte als das Projekt befinden, werden sie in den *Final Cut Events*-Ordner der gegenwärtig genutzten Festplatte kopiert. Natürlich werden dabei auch alle Mediendateien kopiert.

- **Verknüpfte Ereignisse bewegen**: Hier geschieht das Gleiche, nur, dass die verknüpften Ereignisse verschoben werden. Dieser Befehl muss mit besonderer Vorsicht vorgenommen werden (siehe unten *).

- **Nur verwendete Clips kopieren**: Dieser Befehl nimmt alle benutzten Medien (egal, auf welcher Festplatte sie sich befinden) und kopiert Sie in ein neues Projekt.

Der *„Projektmedien zusammenführen"*-Befehl kann auf zwei Wegen ausgeführt werden:

- Aus dem Hauptmenü **Ablage > Projektmedien zusammenführen...**

- Mit einem Shortcut. Standardmäßig ist kein Shortcut zugewiesen. Benutzen Sie den Befehls-Editor für eine eigene Zuweisung.

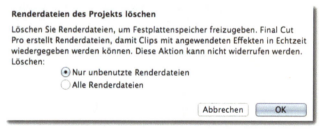

---

* Achtung!

Sagen wir, Sie haben ein Projekt auf Laufwerk 1, welches ein Ereignis von Laufwerk 2 nutzt. In diesem Fall wird der „Projektmedien zusammenführen"-Befehl mit der „Bewege verknüpfte Dateien"-Option dieses Ereignis auf Laufwerk 1 verschieben. Was geschieht aber, wenn Sie ein weiteres Projekt auf Laufwerk 2 haben, das dieses Ereignis benutzt? Nun wurde aber das Ereignis auf Laufwerk 1 verschoben. Keine Sorge, denn FCPx ist sich dessen bewusst und aktualisiert die Referenzen in seiner Datenbank, damit das Projekt auf Laufwerk 2 jetzt mit dem Ereignis auf Laufwerk 1 verbunden ist. ABER, wenn Sie sich dieser Situation nicht bewusst sind, und Laufwerk 2 an einen anderen Rechner anschließen, und das darauf liegende Projekt dort weiter bearbeiten möchten, haben Sie ein Problem mit fehlenden Dateien, da sich diese auf Laufwerk 1 befinden.

Renderdateien verwalten

   ➡ Renderdateien des Ereignisses löschen   ➡ Renderdateien des Projekts löschen

Es gibt zwei weitere Befehle für das Medienmanagement. Diese Befehle entfernen die Renderdateien im Ereignis-Ordner oder Projekt-Ordner. Diese Dateien können sehr anwachsen und dieser Befehl entfernt sie, um wieder mehr Platz auf der Festplatte zu bekommen. Die Dateien können jederzeit erneut gerendert werden, also geht außer Zeit nichts verloren.

Ein Warnhinweis öffnet sich und Sie können entscheiden, ob Sie nur die unbenutzten Renderdateien löschen möchten. Das sind die Dateien, die bei einem Schnitt entstanden sind, der schon gelöscht wurde, aber dessen Renderdateien noch in dem Ordner vorhanden sind.

Werfen wir jetzt einen kurzen Blick auf das Thema „Rendern"

Wie wir jetzt wissen, ist ein Clip in FCPx nur eine Darstellung der Original-Mediendatei, die auf einem Laufwerk gespeichert ist. Immer, wenn Sie einen Clip abspielen, erstellt FCPx eine einfache Anweisung, dass die Original-Mediendatei so abgespielt werden soll, wie sie ist. Jede Veränderung des Clips ist eine zusätzliche Anweisung, die Original-Mediendatei mit diesen Veränderungen abzuspielen (wenn der Clip z.B. mit geringerer Lautstärke oder in schwarz-weiß wiedergegeben werden soll). Einfache Anweisungen können direkt durch den Prozessor des Rechners erledigt werden. Jedoch gibt es eine Limitierung.(Das Ändern der Lautstärke in iTunes ändert allerdings nicht all ihre Musikclips. Hier wird die Original-Mediendatei mit diesen zusätzliche Instruktionen in Echtzeit abgespielt.)

Rendern:

Ein anderes Wort dafür könnte *Erstellen* sein. Wenn Sie der Original-Datei zu viele zusätzliche Anweisungen gegeben haben, erreicht der Computer sein Limit, ab dem er diese Anweisungen nicht mehr in Echtzeit wiedergeben kann und deshalb die Dateien „rendern" muss. Er braucht Zeit, um alles zu berechnen und eine neue Datei, eine „gerenderte Datei" zu erstellen. Wenn Sie nun einen Clip mit Unmengen von Effekten abspielen, zeigt FCPx die gerenderte statt der Original-Datei, die nicht verändert wird (nicht-destruktives Editing!). Denken Sie an Folgendes:

- Renderdateien können sehr groß werden. Je mehr FCPx davon erstellt, desto mehr Platz brauchen Sie auf der Festplatte.

- Jedes Mal, wenn Sie einen Effekt auf einem (gerenderten) Clip verändern, muss die Renderdatei neu erstellt werden. Die alte Renderdatei wird nicht überschrieben, sondern es wird eine neue angelegt.

- Ungenutzte Renderdateien werden nicht automatisch entfernt. Dafür brauchen Sie den Befehl „Renderdateien entfernen".

- Renderdateien, die im Ereignis- oder Projekt-Ordner gespeichert werden, können jederzeit wiederhergestellt werden. Es ist nur eine Frage des Zeitaufwandes.

FCPx und Rendering

Es gibt zwei wichtige Verbesserungen in FCPx, wenn man das Rendern betrachtet:

- FCPx kann viel mehr „Echtzeit"-Effekte wiedergeben, bevor es sein Limit erreicht. Sie können also viel mehr ausprobieren, bevor Sie sich an einen Effekt „binden".

- In früheren Versionen war Rendern ein Vordergrund-Prozess. Sie mussten warten, bis er beendet war. Dadurch hatten Sie Wartezeiten und der Workflow wurde unterbrochen. FCPx erledigt das jetzt unsichtbar im Hintergrund.

Wann immer Sie große Veränderungen an einem Clip vornehmen, die ein Rendern erfordern, sehen Sie einen orangenen Balken über dem Clip in der Timeline. Er zeigt an, dass gerendert werden muss, aber FCPx seine Ressourcen nutzen kann, um den Clip in Echtzeit anzuzeigen.

Immer, wenn FCPx nichts zu tun hat, nutzt es den Freiraum, um notwendige Dateien zu rendern und entfernt dabei den orangenen Balken allmählich. Wenn Sie in FCPx weiterarbeiten, hält der Rendervorgang an, um Ihnen bis zur nächsten Unterbrechung die vollen 100% der Prozessorleistung zur Verfügung zu stellen. Die Zeit, die FCPx nach Ihrer letzten Aktion wartet, bevor es wieder mit dem Rendern beginnt, lässt sich in den FCPx-Einstellungen festlegen.

Fertigstellung in %

Ein-/Ausblenden des Hintergrundaktionen-Fensters

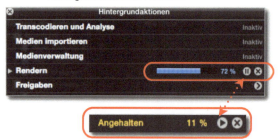

Das Dashboard hat einen kleinen Hintergrundaktionen-Indikator, der den Fortschritt dieser Prozesse anzeigt. Beachten Sie, dass hier alle Prozesse, die im Hintergrundaktionen-Fenster einzeln aufgelistet sind, gemeinsam berechnet werden.

Wenn Sie auf die Prozentzahl im Dashboard klicken, können Sie das Hintergrundaktionen-Fenster ein-/ausschalten.

Das Fenster zeigt mit einem Fortschrittsbalken und in prozentualen Werten die Fertigstellung an. Mit dem kleinen Öffnen-Dreieck können Sie die Ansicht erweitern und einzelne Renderaufgaben beobachten (im Dashboard wird nur der gesamte Wert von allen Aufgaben angezeigt).

Sie können die einzelnen Aufträge manuell anhalten, fortsetzen und auch beenden. Im letzten Fall brauchen Sie einen Befehl, um den Rendervorgang erneut zu starten:
Wählen Sie aus dem Hauptmenü **Ändern > Auswahl rendern** (**ctr+R**) oder **Ändern > Alles Rendern** (**sh+ctr+R**).

Clips und Handlungen

In meinem ersten Buch habe ich einige fortgeschrittene Arbeitsweisen, wie z.B. „in der Timeline öffnen", nicht behandelt. Ich habe nur die Grundlagen über Ereignisse, Projekte und den Viewer aufgezeigt. Um die ausgeklügelten Konzepte in FCPx besser zu verstehen, muss man ein wenig tiefer in die Materie eintauchen. Das machen wir in diesem „Details"-Buch.

Sie sollten inzwischen mit der Benutzeroberfläche von FCPx vertraut sein. Die drei Hauptfenster repräsentieren die drei Hauptelemente:

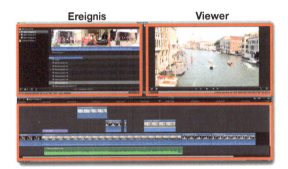

- **Ereignis**: Hier sammeln und organisieren Sie Ihre Clips
- **Projekt**: Hier erstellen Sie Ihren Film in einer Timeline
- **Viewer**: Hier betrachten Sie Ihre Clips und die Timeline

Es ist ein sehr einfaches und leicht zu verstehendes Konzept. Sie importieren/sammeln Ihre Mediendateien als Ereignisclips im Ereignis. Dann organisieren Sie die Ereignisclips und bereiten sie im Ereignis-Fenster (Ereignis-Mediathek und Ereignis-Browser) vor. Sie schauen sich die Clips im Viewer an. Dann erstellen Sie ein Projekt und kopieren die Ereignisclips in die Projekt-Timeline, um den Film zu erstellen. Den Viewer benutzen Sie nun auch, um Ihre Arbeit in der Projekt-Timeline zu betrachten.

Projekt (Timeline)

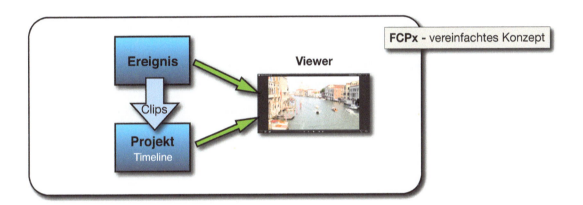

Aber was, wenn dieses Konzept nicht ausreicht, um aufzuzeigen, was in FCPx passiert? Es hilft, die Grundlagen zu verstehen, aber wenn wir uns die fortgeschrittenen Techniken wie z.B. zusammengesetzte oder geteilte Clips, Clip-Eigenschaften und das Öffnen in der Timeline anschauen möchten, reicht dieses Modell nicht aus. Lassen Sie mich ein weiteres Modell vorstellen:

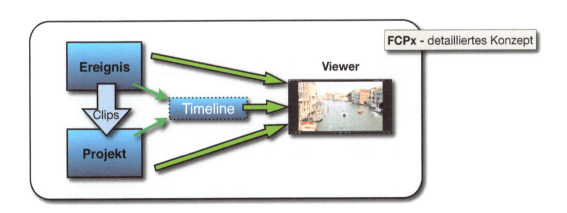

Öffnen in der Timeline

In dem oben gezeigten Modell ist ein Element, das bis jetzt nicht in den Zusammenhang zwischen Ereignis und Projekt passte. Das ist die Timeline. Sie war immer verbunden mit dem Projekt oder ist sogar das Synonym für das Projekt selber. In der Tat ist es die Timeline, wo Sie Ihr Video erstellen (Ereignisclips aus dem Ereignis-Browser in die Projekt-Timeline ziehen). Ansonsten hat das Ereignis nichts mit einer Timeline zu tun. Es ist nur der Container, wo Sie all Ihre Clips sammeln, also warum sollten Sie das Ereignis mit der Timeline assoziieren?

Das Erste, das falsch erscheint, ist die Position der Timeline. Die Benutzeroberfläche suggeriert, dass die Timeline ein Teil des Projektes ist (also der Ort, wo die Timelineclips platziert werden, um das Video zu erstellen). Wozu braucht dann das Ereignis die Timeline?

Hier sehen Sie das gleiche Modell, aber dieses Mal mit Screenshots aus FCPx.

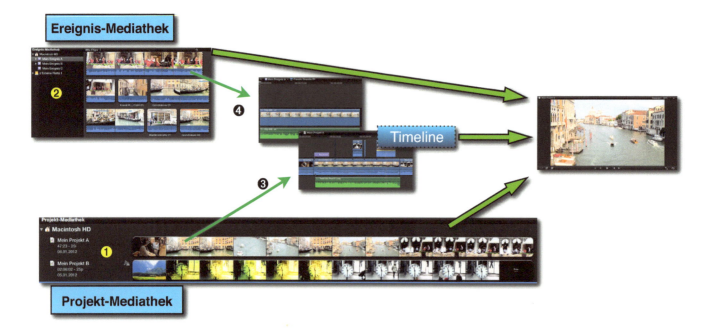

❶ Schauen Sie auf die Ähnlichkeit zwischen Ereignis-Mediathek und Projekt-Mediathek. Die Projekt-Mediathek listet alle verfügbaren Projekte auf und zeigt sie jeweils als einen langen Filmstreifen an. Es ist keine sichtbare Timeline, sondern nur ein Filmstreifen. Sie können das Projekt abspielen, indem Sie mit der Maus darüberfahren (Skimming) oder drücken Sie die Play-Taste und das Projekt wird von dieser Stelle im Viewer abgespielt.

❷ Nun vergleichen Sie dies mit der Ereignis-Mediathek. Hier werden alle Ereignisse aufgeführt und wenn Sie ein Ereignis auswählen, zeigt es alle Ereignisclips nebenan im Ereignis-Browser. Wenn Sie die Filmstreifen-Ansicht ausgewählt haben (siehe Grafik), sieht es der Projekt-Mediathek sehr ähnlich. Sie können sich den Filmstreifen z.B. mit der Skimm-Funktion im Viewer anzeigen lassen.

❸ Zurück zur Projekt-Mediathek: Ein Doppelklick auf ein Projekt öffnet es und zeigt es in der Timeline. Es ist wie ein Befehl „Öffnen in der Timeline", auch wenn es nicht so heisst. Die Timeline wird nun im Viewer gezeigt. Das ist der einfachste Weg, zur Projekt-Timeline zu gelangen. Nun stehen wir vor der Frage, ob die Timeline nur ein Element des Projekts ist.

❹ Jetzt kommen wir zum entscheidenden Teil. Das „Warum" erörtern wir etwas später und konzentrieren uns erst auf das „Wie". Wie können wir ein Vorschaubild oder einen Filmstreifen aus dem Ereignis-Browser in der Timeline abspielen? Öffnen Sie das Kontextmenü eines Ereignisclips (**ctr+klick** auf den Clip) und wählen Sie den Befehl "*In der Timeline öffnen*".

Jetzt stellen wir fest, dass die Timeline nicht nur ein Projekt repräsentiert. Sehen wir uns an, was die Timeline wirklich ist:

- Wie wäre es mit einem Mikroskop? Sie schauen auf ein Objekt (Projekt oder Clip) und vergrößern es. Jetzt sehen Sie mehrere Objekte darin. Dann zoomen Sie auf eines dieser Objekte und sehen darin wieder weitere Objekte.

- Oder wie wäre es mit etwas Ähnlicherem, einer Festplatte? Sie klicken auf das Festplatten-Symbol auf Ihrem Schreibtisch und sie öffnet sich als Ordner mit weiteren Daten und Ordnern darin. Dann klicken Sie auf einen der Ordner und dieser enthält weitere Daten und Ordner. In diesem Fall entspricht die Timeline dem OS X-Finder.

Im nächsten Modell versuche ich, das „Innenleben" der Timeline im Zusammenhang mit den anderen Hauptelementen in FCPx zu demonstrieren.

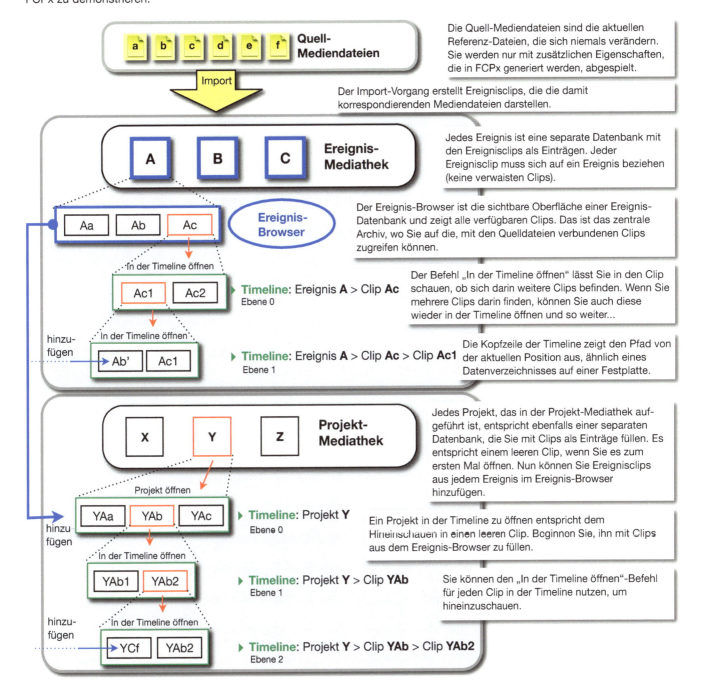

Das Modell zeigt die drei Instanzen der Ursprungsdatei sehr deutlich:

- **Mediendateien**: a, b, c, d sind die Ursprungs- bzw. Quelldateien, die irgendwo auf der Festplatte liegen.
- **Ereignisclips**: **Aa** ist der Ereignisclip von Quelldatei **a**, die in Ereignis **A** eingebunden ist. Die gleiche Mediendatei kann in Ereignis **B** als Ereignisclip **Ba** importiert werden. Jeder Ereignisclip hat hierfür zwei Referenzen. 1. Welches Ereignis, 2. Welche Mediendatei.
- **Projekt (Timelineclip)**: Jeder Clip in der Timeline stammt aus dem Ereignis-Browser eines Ereignisses (blaue Linie). Diese Clips haben nun drei Referenzen: 1. Welches Projekt, 2. Welches Ereignis, 3. Welche Mediendatei

Ich hoffe, das hilft dabei, die Regel zu verstehen, dass eine Mediendatei mit einem Ereignis (Datenbank) verknüpft ist und der in der Timeline platzierte Clip aus einem Ereignis stammen muss. Dies schafft die Verbindung zwischen Projekt (Datenbank) und Ereignis (Datenbank). Beachten Sie, dass Sie ebenso mehrere Ereignisclips innerhalb eines Ereignisclips unterbringen können, wenn Sie diesen in der Timeline öffnen. Hier liegt eine unglaublices Potential, wenn Sie verschachtelte Ereignisclips erstellen. Ein gesamtes Projekt kann in einem Clip liegen.

Hier sind die neuen Erkenntnisse nochmals zusammengefasst:

- Die Timeline, obwohl sie hauptsächlich als Projekt-Timeline verwendet wird, ist eigentlich ein Fenster, mit dem man in Clips hineinsehen kann (Kontextmenü - „In der Timeline öffnen"). Wenn Befehl oder Clip ausgegraut sind, hat der Clip keinen Inhalt.

- Technisch gesehen ist ein Projekt ein Clip, der mehrere Clips enthält. Diese werden in der Projekt-Timeline dargestellt.

- Der Timeline-Header zeigt den Pfad zum Ursprung, ähnlich wie eine URL oder einen Dateipfad durch verschiedene Verzeichnisse, an.

- Neue Ereignisse können auf jedem Level in der Timeline hinzugefügt werden. Wenn Sie eine Timeline sehen, können Sie Clips aus dem Ereignis-Browser hineinziehen oder die dort vorhandenen Clips editieren. Sie können auch Mediendateien direkt aus dem Finder in die Timeline ziehen, doch entspricht das technisch ebenfalls dem Hinzufügen aus dem Ereignis-Browser. Die einzige Aktion, die nichts mit dem Ereignis-Browser zu tun hat, ist das Duplizieren von Clips direkt in der Timeline.

- Und letztendlich sollte es jetzt völlig klar sein, dass jeder Clip ein unabhängiger Eintrag in einer Ereignis- oder Projekt-Datenbank ist, und dort seine eigenen Informationen/Eigenschaften, die im Inspektor sichtbar sind, trägt.

„In der Timeline öffnen"-Befehle

- Im Ereignis-Browser **ctr+Klick** auf einen Ereignisclip, um das Kontextmenü zu öffnen.

- In der Timeline **ctr+Klick** auf einen Timelineclip, um das Kontextmenü zu öffnen.

- Clip auswählen (Ereignisclip oder Timelineclip) und den Befehl **Clip > In der Timeline öffnen** aus dem Hauptmenü verwenden.

- Dieser Befehl kann auch als Shortcut im Befehl-Editor festgelegt werden.

- Ein zusammengesetzter Clip kann mit **Doppelklick** in der Timeline geöffnet werden.

Ereignisclip

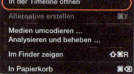

Timelineclip

Timeline-Verlauf

Achten Sie auf die zwei Pfeile mit dem Timeline-Verlauf-Symbol in der oberen rechten Ecke der Timeline. Welchen Verlauf meinen sie? Jetzt, wo wir gesehen haben, dass die Timeline ein Darstellungs-Werkzeug ist, kann man es etwas deutlicher erklären, auch wenn der Name nicht ganz passend ist.

Erinnern Sie sich, dass ich die Timeline mit einem Mikroskop oder der Datenstruktur des Finders verglichen habe. Der Finder lässt Sie in die Tiefen verschachtelter Ordner blicken. Das ist vergleichbar mit der Struktur der Timeline, die Sie tiefer in die Clips innerhalb von Clips schauen lässt. Wenn Sie mit den zwei Pfeilen in der oberen rechten Ecke eines Finder-Fensters vertraut sind, dann wissen Sie genau, wie die Timeline-Verlauf-Pfeile oben links in der Timeline funktionieren.

Timeline

Finder

Die Timeline und der Finder erinnern sich an jeden Ort, den Sie besucht haben (wie ein Protokoll-Eintrag). Mit dem linken oder rechten Pfeil gelangen Sie vorwärts oder rückwärts durch den Verlauf dieser Orte. Beachten Sie, dass es in der Datenhierarchie oft kein geradliniger Weg nach oben oder unten ist. Sie könnten schrittweise drei Ebenen in Projekt A eintauchen und dann zu Projekt C wechseln. Der Pfeil nach links führt jetzt zu „Projekt A, dritte Ebene" und Sie brauchen nicht umzuschalten auf die Projekt A-Ansicht und sich bis Ebene drei durchzuklicken. Ein Neustart von FCPx setzt den Verlauf zurück.

Der Timeline-Verlauf vorwärts/rückwärts-Befehl ist ebenso über die Shortcuts **cmd+ß** und **cmd+ü** und vom Hauptmenü **Darstellung >Timeline-Verlauf rückwärts** und **Darstellung > Timeline-Verlauf vorwärts** erreichbar.

Der obere Balken der Timeline zeigt jederzeit den aktuellen Ort in Zusammenhang mit seinem Ursprung (Ebene 0) an. Bitte beachten Sie, dass Ebene 0 eines Ereignisclips dessen Ereignis UND den Ereignisclip anzeigt. Das Symbol auf der linken Seite zeigt an, ob in der Timeline ein Projekt oder ein Ereignisclip dargestellt wird.

| Timeline History | Ebene 0 | Ebene 1 | | Timeline History | Ebene 0 | Ebene 1 | Ebene 2 |

Timeline zeigt einen Ereignisclip   Timeline zeigt ein Projekt

Zusammengesetzte Clips (Compound Clips)

Einen zusammengesetzten Clip zu erstellen ist nicht nur einer der vielen neuen Befehle in FCPx, sondern es ist ein Teil des veränderten Hauptkonzepts in FCPx. Wir haben gesehen, was eine Timeline in FCPx darstellt. Sie ist eine Sammlung von Datenbanken mit dazugehörigen Einträgen. Anstatt einer flachen zweidimensionalen Timeline haben wir nun eine dreidimensionale Timeline. Sie können Clips nicht nur nebeneinander platzieren, Sie können sie auch ineinander verschachteln. Genau das sind zusammengesetzte Clips, also Clips, die Clips beinhalten, die auf einer Timeline dargestellt werden. Vielleicht stellen Sie sich die „philosophische" Frage:

"Ist ein (verschachtelter) Clip eine Timeline, ist eine Timeline ein Projekt, ist ein Projekt einfach ein (verschachtelter) Clip?"

Zusammengesetzte Clips können im **Ereignis-Browser** und in einem **Projekt** erstellt werden.

Zusammengesetzter Clip - Projekt

Er wird im Projekt am häufigsten genutzt und ist hier auch am leichtesten zu verstehen. Sie haben zum Beispiel ein Projekt, in dem die Struktur der Clips sehr komplex ist. Da können ein paar Clips in der primären Handlung und ein paar verbundene Clips sein, die eine logische Einheit in dem Video darstellen. Der Befehl für den zusammengesetzten Clip kann diese Clips gruppieren und, wenn Sie diesen Bereich verschieben oder kopieren wollen, haben Sie es mit nur einem Clip zu tun und können sicher sein, dass nichts durcheinandergebracht wird. Sie behandeln die gesamte Gruppe als einen Clip.

❶ Dies ist die Sektion, die Sie als zusammengesetzten Clip gruppieren wollen. Achten Sie auf ein paar Regeln, die die Position der Clips betreffen: Nur bei nebeneinanderliegenden Clips ist das Gruppieren sicher. Sie können aber auch Clips frei selektieren und die Gruppierung wird sich nicht auf die anderen Clips auswirken. Die anderen, nicht selektierten Clips werden sich vertikal bewegen und hinter den zusammengesetzten Clip rutschen. Immer, wenn Sie Clips der primären Handlung in der ausgewählten Gruppe haben, stellen Sie sicher, dass sie nebeneinander liegen und keine verbunden Clips haben, die über die Clips der primären Handlung hinausreichen. Das würde die nicht ausgewählten Clips in der Handlung verschieben.

❷ Wählen Sie den Befehl „Neuer zusammengesetzter Clip".

❸ Alle zuvor ausgewählten Clips werden nun in einen einzelnen verbundenen Clip gepackt. Die Länge des Clips reicht von der linken Kante des ersten ausgewählten Clips bist zur rechten Kante des letzten ausgewählten Clips.

❹ Der Clip hat das Symbol für den zusammengesetzten Clip und heißt auch so. Er kann im Inspektor umbenannt werden.

❺ Um den Inhalt des verbundenen Clips zu sehen, benutzen Sie den Befehl *In der Timeline öffnen*. Diesen haben wir uns auf der vorherigen Seite angeschaut. Auch mit einem Doppelklick auf den Clip können Sie diesen in der Timeline öffnen.

❻ Nun verstehen wir genau, was passiert. Wir waren auf Ebene 0 in der Projekt-Timeline und sind auf Ebene 1 hinuntergegangen, um in einen Clip zu schauen, wo sich weitere Clips befinden. Der Timeline-Pfad an der oberen Kante der Timeline zelgt den Level. Ebenso zeigt er den verbundenen Clip mit seinem Symbol für den Fall, dass Sie ihn umbenannt haben, an.

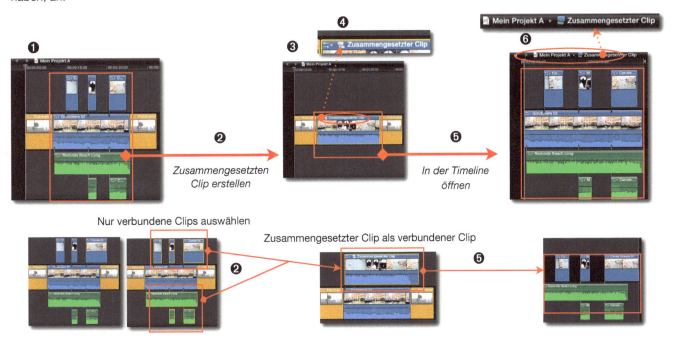

Zusammengesetzten Clip erstellen

In der Timeline öffnen

Nur verbundene Clips auswählen

Zusammengesetzter Clip als verbundener Clip

Zusammengesetzter Clip - Ereignis

Von der praktischen Seite gesehen macht es Sinn, zusammengesetzte Clips in der Timeline zu erstellen. Auch der technische Aspekt bezüglich des „Hineinschauens" in einen zusammengesetzten Clip durch das Öffnen in der Timeline hilft uns, den größeren Zusammenhang in FCPx zu verstehen. Aber wozu brauchen wir einen zusammengesetzten Clip im Ereignis? Ist das Ereignis nicht dazu da, um unsere Arbeit vorzubereiten, um dann mit dem Projekt zu starten? Das beinhaltet das Sammeln von Mediendateien (Import) und deren Organisation (Metadaten). Diese Vorbereitung mit zusammengesetzten Clips kann jetzt etwas tiefer gehen. Es können „Mini-Projekte" im Ereignis erstellt werden, in dem Ereignisclips zu zusammengesetzten Clips zusammengefasst werden. So kann man etwas „Pre-Editing" betreiben.

Hier der Vorgang, um zusammengesetzte Clips in einem Ereignis zu erstellen:

1. Auswahl

Sie können zwischen drei unterschiedlichen Arten, einen zusammengesetzten Clip zu erstellen, wählen:

➡ **Es ist kein Clip ausgewählt**

Das erstellt einen leeren zusammengesetzten Clip, eine Art leeren Container, der vorbereitet wurde, um ihn später zu füllen.

- Wählen Sie ein Ereignis aus der Ereignis-Mediathek, in das Sie den neuen zusammengesetzten Clip legen wollen.
- Wählen Sie den Befehl **Ablage > Neuer zusammengesetzter Clip** aus dem Hauptmenü oder den Shortcut **alt+G.**

➡ **Es ist ein Clip ausgewählt**

Ist es nicht überflüssig, nur einen Clip in einen zusammengesetzten Clip zu packen? Ja, außer Sie wollen später zu diesem zusammengesetzten Clip etwas hinzufügen oder ihn bearbeiten.

- Wählen Sie den Ereignisclip aus dem Ereignis-Browser
- Wählen Sie den Befehl **Ablage > Neuer zusammengesetzter Clip** aus dem Hauptmenü oder Kontextmenü oder den Shortcut **alt+G.**

➡ **Es sind mehrere Clips ausgewählt**

- Wählen Sie im Ereignis-Browser alle Clips, die im zusammengesetzten Clip enthalten sein sollen
- Wählen Sie den Befehl **Ablage > Neuer zusammengesetzter Clip** aus dem Hauptmenü oder Kontextmenü von einem der Clips oder geben Sie den Shortcut **alt+G** ein.

2. Einstellungen

Wenn der Befehl eingegeben wurde, öffnet sich ein Einstellungsfenster. Dieses Fenster zeigt die gleichen Einstellungen wie das Fenster, um ein neues Projekt zu erstellen (außer die *Standard-Ereignis*-Auswahl). Das unterstützt wieder den Punkt, dass ein zusammengesetzter Clip einfach nur ein Mini-Projekt ist. (Vielleicht wollen Sie meine philosophische Frage von ein paar Seiten vorher nochmals überdenken?). Geben Sie einen Namen für den zusammengesetzten

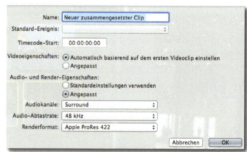

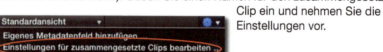

Clip ein und nehmen Sie die Einstellungen vor.

In der rechten unteren Ecke des Info-Fensters des Inspektors finden Sie unter der Zahnrad-Taste ein Popup-Menü, über das Sie das Einstellungsfenster ebenfalls öffnen können, um die Einstellungen später noch zu ändern.

3. Ergebnis

Der neue zusammengesetzte Clip wird im Ereignis-Browser dem aktuellen Ereignis hinzugefügt. Wenn Sie den zusammengesetzten Clip in der Timeline öffnen, sehen Sie die Clips horizontal nebeneinander angeordnet.

Symbole für zusammengesetzte Clips

In der Timeline geöffnet

Bearbeiten von zusammengesetzten Clips (Compound Clips)

Was machen wir nun mit den zusammengesetzten Clips? Die Antwort ist, dass wir so ziemlich alles, was mit dem Projekt zusammenhängt, damit machen können. Alle Werkzeuge und Techniken, die in der Projekt-Timeline verwendet werden, können ebenso auf den zusammengesetzten Clip angewendet werden, denn Sie können seinen Inhalt in einer Timeline sehen, obwohl er technisch gesehen in einem Projekt ist.

Zusammengesetzte Clips im Ereignis-Browser:

- **Clips bearbeiten**: All diese Werkzeuge, die normalerweise nicht für Ereignisclips verfügbar sind (wie z.B. Video- und Audio-Effekte hinzufügen, Keyframe-Automationen etc.) können jetzt auf den zusammengesetzten Clip angewendet werden.

- **Clips entfernen**: Selbstverständlich können Sie ebenso Clips aus der Timeline des zusammengesetzten Clips entfernen. Nachdem Sie einen Ereignisclip in einen zusammengesetzten Clip gepackt haben, können Sie diesen sogar aus dem Ereignis-Browser löschen, ohne den zusammengesetzten Clip zu berühren. Alle diese verschachtelten Clips sind Kopien (neue Einträge in der Ereignis-Datenbank), die alle Eigenschaften beinhalten und sich nicht mehr auf die ursprünglichen Ereignisclips stützen.

- **Clips hinzufügen**: Sie können weitere Clips zu der Timeline eines zusammengesetzten Clips hinzufügen. Die Quelle für diese Clips ist immer der Ereignis-Browser (außer beim Duplizieren vorhandener Clips). Das ermöglicht Ihnen, einen Clip aus Ereignis B zu einem zusammengesetzten Clip in Ereignis A zu packen. Wenn ein zusammengesetzter Clip in der Timeline geöffnet ist, können Sie ein anderes Ereignis im Ereignis-Browser auswählen.

  Ein zusammengesetzter Clip auf Ebene 1 hat Einschränkungen bezüglich der Bearbeitung seines Inhalts. ❶ Der Versuch, ihn zu verlängern oder einen weiteren Clip hinzuzufügen, der die rechte Grenze des zusammengesetzten Clips überschreitet, wird ignoriert (angezeigt durch eine graue Schraffur). ❷ Das Kürzen der beinhalteten Clips behält die Dauer des zusammengesetzten Clips bei. Jedoch wird an der rechten Grenze des gekürzten verschachtelten Clips der Ton stumm und das Video transparent.

Timeline Ebene 0

In der Timeline öffnen

Timeline Ebene 1

Original ❶ Verlängerter Inhalt ❷ Verkürzter Inhalt

Aufheben / Zurücksetzen eines zusammengesetzten Clips

Ebenso gibt es einen Befehl, um den zusammengesetzten Clip wieder in seine Einzelteile zu zerlegen. Das ist nur möglich, wenn sich die Timeline auf Ebene 1 oder tiefer, aber nicht auf Ebene 0 befindet. Der Befehl lautet: Clip-Objekte teilen.

- Hauptmenü **Clip > Clip-Objekte teilen**
- Kontextmenü des zusammengesetzten Clips **Clip > Clip-Objekte teilen**
- Shortcut **sh+cmd+G**

Erstelle zusammengesetzten Clip

Teile Clip-Objekte

Standardclip

Eine der neuen Haupteigenschaften in FCPx: Es ist nicht notwendig, den Video- und Audio-Inhalt einer Videodatei (Quelldatei) beim Importieren in zwei Clips zu teilen. FCPx erstellt automatisch einen Ereignisclip. Dies ist ein verschachtelter Clip, der den Videoinhalt als einen Videoclip und den Audioinhalt als einen Audioclip zusammenpackt. Wenn Sie den importierten Clip in die Projekt-Timeline ziehen oder ihn darin herumbewegen wollen, sollten Video und Audio zusammen bleiben. Das ist sicherlich ein wichtiger Vorteil. Sie arbeiten mit nur einem Clip, der die Video-Datei repräsentiert, die Sie importiert haben. Obwohl er sich wie ein zusammengesetzter Clip verhält, bezeichnet FCPx ihn als Standardclip.

Ereignis *In der Timeline öffnen*

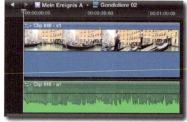

Hier zeigt der Ereignis-Browser den Ereignisclip „Gondoliere 02". An der Waveform-Darstellung können Sie erkennen, dass der Clip Audio-Informationen enthält. Nutzen Sie den „Öffnen in der Timeline"-Befehl, um hineinzuschauen.

Die Timeline zeigt den Inhalt des Clips „Gondoliere 02". Er enthält einen Videoclip (blau) und einen Audioclip (grün). Bitte beachten Sie, dass die einzelnen Clips „v1" und „a1" als Bezeichnung tragen, um zu zeigen, was für eine Art Clip das ist.

Projekt *In der Timeline öffnen*

Der gleiche Clip „Gondoliere 02" wurde in eine Projekt-Timeline gezogen. Wir können erkennen, dass er Video- und Audio-Inhalt trägt. Deshalb sind wir in der Lage, mit dem Befehl „In der Timeline öffnen" hineinzuschauen. Noch sind wir in der Timeline auf Ebene 0.

Den gleichen Clip in der Timeline zu öffnen bedeutet, auf Ebene 1 hinunterzugehen. Das Ergebnis ist das gleiche wie beim Ereignisclip. Wir sehen einen blauen Videoclip und einen grünen Audioclip.

FCPx kann einen Standardclip automatisch in einen zusammengesetzten Clip umwandeln, ohne den Befehl zu nutzen.

Der Clip „Gondoliere 02" im Ereignis-Browser ist ein Standardclip ❶. Wenn Sie den Clip in der Timeline öffnen, offenbart er seinen separaten Video- und Audio-Inhalt. An der oberen Kante der Timeline wird das Symbol für einen zusammengesetzten Clip gezeigt ❷. Das Trimmen solcher Clips wird den Clip-Typ nicht verändern. Das Entfernen des Inhalts oder Hinzufügen weiterer Clips ❸ wird ihn in einen zusammengesetzten Clip umwandeln. Der Ereignis-Browser wird nun das neue Symbol zeigen ❹.

Audio / Video erweitern (nur in der Timeline verfügbar)

Wenn ein Clip Video- und Audio-Inhalt trägt, dann kann er in der Timeline erweitert werden, um den Video- und Audio-Inhalt separat zu betrachten, obwohl er weiterhin als ein Clip vorliegt. Diese Methode funktioniert mit importierten Dateien, die einen Video- und einen Audioclip enthalten, kann aber genauso für komplexe zusammengesetzte Clips mit mehreren Video- und Audioclips verwendet werden. Hauptsächlich wird diese Eigenschaft benutzt, um Video und Audio separat zu trimmen (Split-Edit) während Sie mit einem Clip arbeiten.

Nutzen Sie folgende Befehle, um zwischen Erweitern / Reduzieren zu wechseln:

- **Doppelklick** auf die Audiospur des Clips
- Hauptmenü **Clip > Audio / Video erweitern** oder **Clip > Audio / Video reduzieren**
- Kontextmenü **Clip > Audio / Video erweitern** oder **Clip > Audio / Video reduzieren**
- Shortcut **ctrl+S**

Ein Clip trägt Video- und Audio-Inhalt

Erweitert: Video und Audio werden getrennt angezeigt, sind aber verbunden.

Erweitert: Video und Audio können separat bearbeitet werden.

Verbunden: Der Schatten in der Waveform-Darstellung zeigt, dass der Audio-Part kürzer ist.

In der unteren Sequenz von vier Screenshots können Sie ein Beispiel sehen, wie dieses Feature eingesetzt wird. Zwei benachbarte Clips sind hart aneinander geschnitten, aber Sie wollen, dass der Ton sich überschneidet. Erweitern Sie den Ton in beiden Clips und ziehen Sie die Audiospuren übereinander. Die Spuren rutschen elegant übereinander. Und hier ist der echte Zeitsparer. Mit den Fade-Reglern können Sie den Ton ohne die Benutzung von Keyframes ein-und ausblenden.

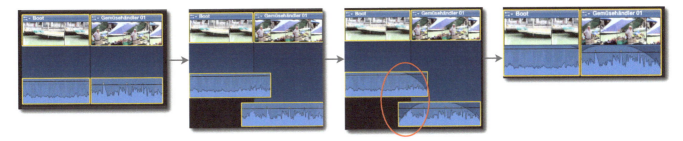

Die einzige Einschränkung hierbei ist, dass Sie im reduzierten Clip nicht sehen können, wie sich die beiden Audiospuren überlappen. Um Clips mit Audio-Überlappungen zu erweitern, können Sie einen eigenen Befehl verwenden.

- Hauptmenü **Darstellung > Audio / Video erweitern > Für Teile** (auch über einen Shortcut erreichbar).

Oder Sie können alle Clips in der Timeline erweitern:

- Hauptmenü **Darstellung > Audio / Video erweitern > Für alle** (auch über einen Shortcut erreichbar).

Um alle Clips in der Timeline auf einen Streich zu reduzieren:

- Hauptmenü **Clips > Alle Clips einklappen** (auch über einen Shortcut erreichbar).

Es gibt einen weiteren Befehl. Er setzt alle separaten Schnitte im Audio-Part eines Clips zurück und bringt diesen wieder auf die gleiche Länge wie den Video-Part.

- Hauptmenü **Clip > Audio / Videoteil löschen.**

Audio trennen (Nur in der Timeline verfügbar)

Der Audio/Video erweitern-Vorgang ermöglicht es Ihnen, die Video- und Audiospuren eines Clips getrennt zu trimmen, und sie dabei synchron zu behalten. Um Audio und Video getrennt zu verschieben, müssen Sie auf den nächsten Level gehen und den Audio-Part erst einmal abtrennen.

Der Audio-trennen-Befehl sucht im ausgewählten Clip nach Audio-Inhalt, extrahiert diesen vom Clip und zeigt ihn als eigenen verbundenen Clip an. Der ursprüngliche Clip wird zum reinen Video-Clip (zu erkennen an der leeren Audiospur). Diese Aktion kann nicht rückgängig gemacht werden, außer Sie machen diesen Schritt mit dem Widerrufen-Befehl sofort rückgängig. Um die Clips später zusammenzufügen erstellen Sie einen zusammengesetzten Clip. Wenn der ursprüngliche Clip allerdings ein verbundener Clip ist, dann wird der getrennte Clip nur ein weiterer verbundener Clip, der mit der gleichen Position in der primären Handlung verkettet ist.

Vorher:

Ein Standardclip mit Video- und Audio-inhalt.

Nachher:

Zwei Standardclips, ein reiner Audio- und ein reiner Videoclip.

Wählen Sie einen oder mehrere Clips aus und nutzen Sie die Befehle:

- Hauptmenü **Clip > Audio trennen**
- Kontextmenü: **Audio trennen**
- Shortcut **sh+ctr+S**

Was ist nun der Unterschied zwischen den Befehlen Audio trennen und Clip-Objekte teilen?

Audio trennen extrahiert den eingeschlossenen Audio-Inhalt eines Clips und packt ihn in einen eigenen verbundenen reinen Audio-Clip. Der *Clip-Objekte teilen*-Befehl extrahiert ebenfalls alle Audio-Clips (und auch Video-Clips), die er in einem zusammengesetzten Clip findet.

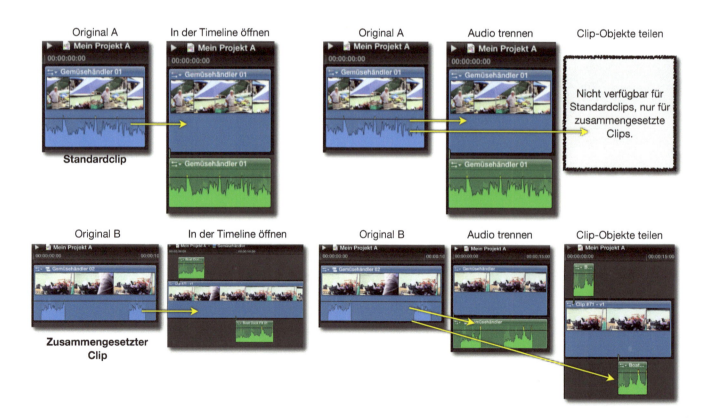

Sekundäre Handlung

Bevor ich auf diese Funktion eingehe, lassen Sie uns sicherstellen, dass wir wissen, wie die neue Timeline ohne Spuren in FCPx funktioniert. Grundsätzlich gibt es zwei Fragen:

Timeline

❶ Jedes Element kann in der primären Handlung platziert werden, nicht aber in einer sekundären Handlung (siehe unten).

❷ Jedes Element kann außerhalb der primären Handlung als verbundener Clip an der primären Handlung platziert sein.

❸ Jedes Element kann in einer sekundären Handlung platziert sein, die ihrerseits ein verbundener Clip der primären Handlung ist.

Die Funktion der sekundären Handlung kann mit dem zusammengesetzten Clip verwechselt werden. Hier die Unterschiede:

- In einer sekundären Handlung können mehrere Clips gruppiert sein. Die Clips müssen nicht direkt nebeneinander liegen (Lücken dazwischen), können sich jedoch **nicht** überlappen. Lücken werden mit Gap-Clips (Platzhalter) aufgefüllt.

- Sie können keine Clips in der primären Handlung auswählen, um eine sekundäre Handlung daraus zu erstellen.

- Die sekundäre Handlung ist kein verschachtelter Clip. Anstatt Clips in etwas hineinzupacken (eine Ebene tiefer zu bewegen), bleiben sie auf der gleichen Timeline-Ebene, nur verbunden mit einem durchsichtigen Rahmen. Dafür hat die sekundäre Handlung keine Eigenschaften und kann nicht in einer eigenen Timeline geöffnet werden. Clips innerhalb der sekundären Handlung können aber geöffnet werden.

- Alle Bearbeitungsmöglichkeiten in der primären Handlung können auch auf die sekundäre Handlung angewandt werden. Beachten Sie, dass Effekte zwar nicht auf die sekundäre Handlung, aber auf einzelne Clips in ihr hinzugefügt werden können. Sie ist nur ein Rahmen, nicht aber ein Clip selber, wie z.B. der zusammengesetzte Clip.

- Sie können jeden Clip hinzufügen, aber nur in dieser einen Spur. Gestapelte zusammengesetzte Clips wie in der primären Handlung sind nicht möglich.

- Wenn Sie eine sekundäre Handlung (a) auf eine andere sekundäre Handlung (b) ziehen, werden die Clips aus Handlung a in die Sequenz b gepackt.

- Übergänge funktionieren auf allen In- und Out-Punkten. Beachten Sie, dass das Anwenden eines Übergangs auf einen zusammengesetzten Clip diesen erstmal automatisch in eine sekundäre Handlung verpackt, da zusammengesetzte Clips keine Übergänge haben können.

Sekundäre Handlung

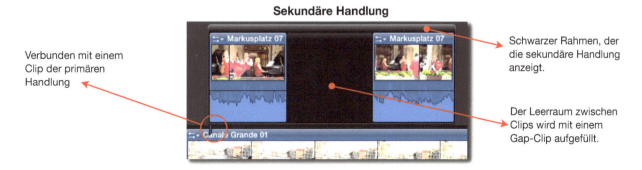

Verbunden mit einem Clip der primären Handlung

Schwarzer Rahmen, der die sekundäre Handlung anzeigt.

Der Leerraum zwischen Clips wird mit einem Gap-Clip aufgefüllt.

Grundlegend ist eine sekundäre Handlung eine Clip-Sequenz. Diese Clips können wie ein zusammengesetzter Clip als ein Ganzes behandelt werden, aber auch, wie in der primären Handlung, einzeln bearbeitet werden.

Lassen Sie sich nicht von dem Ausdruck „sekundäre Handlung" verwirren. Es bedeutet nicht, dass es eine erste und eine zweite Handlung gibt. Es gibt eine primäre Handlung und es kann mehrere sekundäre Handlungen geben.

Hier ist ein Vergleich zwischen einem zusammengesetztem Clip und einer sekundären Handlung:

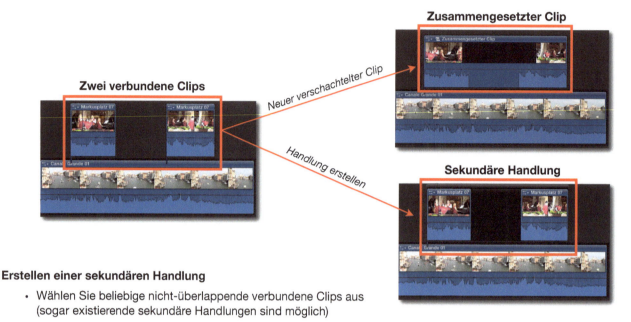

Erstellen einer sekundären Handlung

- Wählen Sie beliebige nicht-überlappende verbundene Clips aus (sogar existierende sekundäre Handlungen sind möglich)
- Wählen Sie aus dem Hauptmenü **Clip > Handlung erzeugen**
- Wählen Sie bei einem der ausgewählten Clips im Kontextmenü **Handlung erzeugen**
- Benutzen Sie den Shortcut **cmd+G**

Hinzufügen/Entfernen von Clips in der sekundären Handlung

Es gelten die gleichen Bearbeitungs-Regeln wie in der primären Handlung (aber es sind keine verbunden Clips erlaubt).

Auflösen einer sekundären Handlung

Es gibt viele unterschiedliche Wege, um Clips aus einer sekundären Handlung zu extrahieren.

- **Hinausziehen**: Ziehen Sie den Clip aus der sekundären Handlung auf die primäre Handlung oder als zusammengesetzten Clip hinaus.
- **Audio trennen**: Natürlich funktioniert dieser Befehl auch bei Clips in sekundären Handlungen. Er extrahiert den Audio-Part des ausgewählten Clips, packt ihn als reinen Audio-Clip als verbundenen Clip an die primäre Handlung und belässt den reinen Video-Clip in der sekundären Handlung.
- **Clip-Objekte teilen**: Es ist der gleiche Befehl wie bei zusammengesetzten Clips. Er löst die sekundäre Handlung komplett in ihre einzelnen Clips auf. Wenn die sekundäre Handlung Übergänge beinhaltet, erscheint ein Warnhinweis, das verbundene Clips keine Überblendungen haben können. Stellen Sie sicher, dass Sie den Rahmen der sekundären Handlung und nicht die Clips darin ausgewählt haben, wenn Sie diesen Befehl anwenden.
- **Mit primärer Handlung überschreiben**: Das Ziehen der sekundären Handlung in die primäre Handlung funktioniert genauso, als wenn Sie einen Clip hineinziehen (magnetische Timeline!). Der Rahmen der sekundären Handlung verschwindet.
- **Von primärer Handlung extrahieren**: Der Befehl heißt zwar „von primärer Handlung extrahieren", kann aber auch auf sekundäre Handlungen angewendet werden. Benutzen Sie ihn auf irgendeinem ausgewählten Clip in einer Handlung, hebt es den Clip hinaus und verwandelt ihn in einen verbundenen Clip, der an der gleichen Position in der Timeline bleibt. Überblendungen dieses Clips bleiben in der Handlung und werden nicht mit dem Clip bewegt! Nutzen Sie den Shortcut **alt+cmd+Pfeil nach oben** oder den Befehl **Von primärer Handlung extrahieren** aus dem Kontextmenü oder dem Hauptmenü, Menüpunkt „Bearbeiten".

Hörprobe (Audition)

Die Hörprobe ist eine neue, sinnvolle und sehr mächtige Funktion. Mit diesem Werkzeug gruppieren Sie existierende Clips zu einer „Hörprobe". Verwechseln Sie das nicht mit einem zusammengesetzten Clip, der zu einem weiteren Clip mit anderen darin verschachtelten Clips in einer Timeline wird. Eine Hörprobe ist eigentlich kein Clip, denn sie hat keine Eigenschaften, die im Inspektor angezeigt werden. Sie ist nur ein Hinweis, dass sie den derzeitigen Clip durch andere alternative Clips in dieser Gruppe ersetzen können. Mit anderen Worten, wenn Sie sich einen Hörprobe-Clip anschauen, erscheint er als besonderer Clip mit einem Hörprobe-Symbol. Dadurch können Sie erkennen, dass weitere alternative Clips in dieser Hörprobe zur Verfügung stehen und anstelle des aktuellen Clips verwendet werden können.

Ereignis-Browser

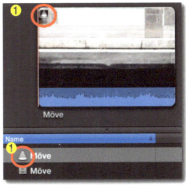

▲ Eine Hörprobe ist kein Clip sondern ein Werkzeug zum Organisieren.

▲ Sie können mehrere Clips in einer Hörprobe gruppieren.

▲ Hörproben können im Ereignis-Browser und in der Timeline erstellt werden.

▲ Das Hörproben-Symbol ❶ zeigt an, dass Sie auf einen bestimmten Clip schauen, der gegen andere Clips in dieser Hörprobe ausgetauscht werden kann.

▲ Ein Clip mit einem Hörproben-Symbol kann ganz normal bearbeitet werden (Trimmen, Schlagworte, Marker, Effekte hinzufügen etc.).

▲ Sie können jeden Clip zur Hörprobe hinzufügen: Standardclip, zusammengesetzter Clip, Titel, Generatoren, etc).

▲ Hörproben können bei folgenden Dingen helfen:

Timeline

- Gruppieren verschiedener Takes der selben Szene, um schnell zu entscheiden, welcher am besten passt.
- Mit Duplikaten des gleichen Clips verschiedene Effekte ausprobieren.
- Zwischen Titelkarten in unterschiedlichen Sprachen wechseln.
- Zwischen unterschiedlichen Audio-Clips für Hintergrundmusik wechseln.

▲ Eine Hörprobe kann in einer primären oder sekundären Handlung oder als verbundener Clip einer Handlung eingesetzt werden. Sie können sogar mehrere Hörproben-Clips in einen zusammengesetzten Clip, der in einer Hörprobe liegt, einbinden. Habe ich nicht gesagt, dass die Hörprobe eine mächtige Funktion ist?

▲ Beachten Sie, dass, wenn Sie einen Hörproben-Clip in der Timeline nutzen und zwischen den verschiedenen Clips der Hörproben hin- und herschalten, der Rest der Sequenz sich auf der rechten Seite verschieben kann. Das geschieht, wenn die Hörproben-Clips unterschiedliche Längen haben (magnetische Timeline).

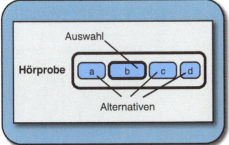

Eine Hörprobe ist eine Gruppe von Clips. Der sichtbare Clip wird „Auswahl" genannt, die anderen „Alternativen".

In der Timeline kann eine Auswahl, die zu einer Hörprobe gehört, gegen eine Alternative in dieser Hörprobe ausgetauscht werden.

Ein Clip, der zu einer Hörprobe gehört, trägt das Hörproben-Symbol.

Achtung: Die Hörprobe repräsentiert keine Timeline, sondern nur eine Gruppe von Clips. Jedoch können diese Clips eine Timeline haben, wie z.B. zusammengesetzte Clips.

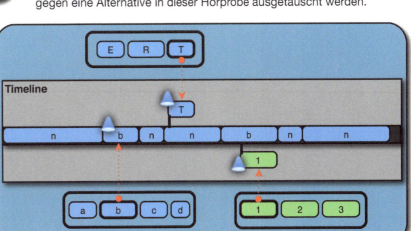

Workflow

Das Arbeiten mit Hörproben ist sehr einfach, behalten Sie dabei aber ein paar Regeln im Kopf.

☑ **Erstellen** einer Hörprobe

- Im Ereignis-Browser können Sie zur Vorbereitung Ihres Projekts Hörproben erstellen, um sie später der Projekt-Timeline hinzuzufügen.
- In der Timeline können Sie jederzeit während des Bearbeitungsprozesses Hörproben hinzufügen.

☑ **Wechseln** des Inhalts einer Hörprobe

Sie können jederzeit Clips zu einer Hörprobe hinzufügen oder auch wieder löschen. Clips können nur aus dem Ereignis-Browser, nicht aber aus der Timeline, hinzugefügt werden.

☑ **Bearbeiten** wie gewohnt

Jede Bearbeitung des aktuellen Clips in der Hörprobe (Auswahl) bezieht sich auf diesen Clip. Sie können zu einem anderen Clip wechseln und dann diesen bearbeiten.

☑ **Fertigstellen**

Sie können die Hörprobe solange Sie wollen in ihrem Projekt lassen (Optionen offenhalten), oder aber eine Hörprobe fertigstellen, wenn Sie die Alternativen nicht mehr benötigen. Dabei werden alle Alternativen entfernt und die Auswahl als regulärer Clip gespeichert. Sie können nicht alle Alternativen der Hörprobe exportieren. Hierzu müssen Sie die Hörprobe duplizieren und Sie mit einer anderen Auswahl fertigstellen.

Hörproben-Fenster

Sie können eine Hörprobe direkt im Ereignis-Browser oder in der Timeline mit Befehlen und Shortcuts bearbeiten. Jedoch bietet das Hörproben-Fenster (ein gleitendes Fenster) eine nette Oberfläche, um die Gruppe der Clips in der Hörprobe zu bearbeiten.

Öffnen Sie das Fenster, indem Sie auf das Hörproben-Symbol eines Clips klicken. Es kann immer nur ein Hörproben-Fenster geöffnet sein. Schließen Sie also ein vorheriges Hörproben-Fenster, bevor Sie ein neues öffnen.

Das Fenster zeigt maximal drei Clips. Sie können nach links oder rechts schrittweise durch die Clips gehen, indem Sie auf die Clips klicken oder die Shortcuts **ctr+Pfeil nach rechts** oder **ctr+Pfeil nach links** verwenden.

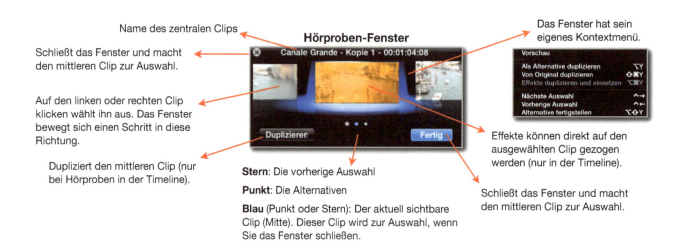

Name des zentralen Clips

Schließt das Fenster und macht den mittleren Clip zur Auswahl.

Auf den linken oder rechten Clip klicken wählt ihn aus. Das Fenster bewegt sich einen Schritt in diese Richtung.

Dupliziert den mittleren Clip (nur bei Hörproben in der Timeline).

Stern: Die vorherige Auswahl

Punkt: Die Alternativen

Blau (Punkt oder Stern): Der aktuell sichtbare Clip (Mitte). Dieser Clip wird zur Auswahl, wenn Sie das Fenster schließen.

Das Fenster hat sein eigenes Kontextmenü.

Effekte können direkt auf den ausgewählten Clip gezogen werden (nur in der Timeline).

Schließt das Fenster und macht den mittleren Clip zur Auswahl.

Das Hörproben-Fenster ist nur ein Darstellungswerkzeug, das für Hörproben im Ereignis-Browser oder in der Timeline verwendet werden kann. Genauso, wie sich Ereignisclips und Timelineclips in ihrem Zweck und der Art, sie zu benutzen, unterscheiden, sind auch Hörproben im Ereignis-Browser und in der Timeline unterschiedlich. Das bedeutet, dass verschiedene Funktionen im Hörproben-Fenster eventuell nicht für Ereignis-Browser-Hörproben oder Timeline-Hörproben verfügbar sind.

Sie können Hörproben in drei Bereichen bearbeiten:

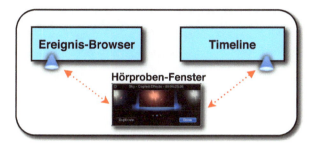

- Im **Ereignis-Browser** für Hörproben der Ereignisclips
- In der **Timeline** für Hörproben der Timelineclips
- Im **Hörproben-Fenster** um Hörproben in Ereignis- und Timelineclips zu organisieren.

➡ **Hörprobe im Ereignis-Browser**

Die folgenden Aktionen sind verfügbar, wenn die Hörprobe im Ereignis-Browser liegt.

Hörprobe erstellen

Wählen Sie mindestens zwei Clips, die Sie in einer Hörprobe gruppieren wollen und nutzen Sie einen der folgenden Befehle:

- Hauptmenü **Clip > Alternativen > Erstellen**
- Kontextmenü **Alternative erstellen**
- Shortcut **cmd+Y**

Zu einer Hörprobe hinzufügen

Sie können im Ereignis-Browser zu einer existierenden Hörprobe keinen neuen Clip hinzufügen. Wenn Sie eine Hörprobe mit Clip a+b+c haben, dann können Sie diese Hörprobe und den neuen Clip (Clip d) auswählen und den Befehl „Hörprobe erstellen" erneut verwenden. Dadurch wird eine neue Hörprobe mit den Clips a+b+c+d erstellt. Entfernen Sie die alte Hörprobe (a+b+c). Beachten Sie, dass Sie keine Ereignisclips löschen, wenn Sie eine Hörprobe aus dem Ereignis-Browser entfernen. (Eine andere Sache ist es in der Timeline, siehe weiter unten.)

> Achtung:
> Wenn Sie einen Hörproben-Clip in der Timeline selektiert haben (gelber Rahmen), ist die Timeline aktiv. Wenn Sie anschließend einen Hörproben-Clip im Ereignis-Browser auswählen, ist dieser aktiv. Der Clip in der Timeline bekommt einen grauen Rahmen und das Hörproben-Menü zeigt zwei Befehle, die sich auf den Timelineclip und nicht auf den ausgewählten Ereignisclip beziehen:
>
> Ersetzen und zur Hörprobe hinzufügen   ⇧Y
> Zu Hörprobe hinzufügen   ⌃⇧Y

Eine andere Auswahl festlegen

Wählen Sie den Hörproben-Clip aus und nutzen Sie einen der folgenden Befehle:

- Hauptmenü **Clip > Alternativen > Nächste Auswahl** oder **Vorherige Auswahl**
- Kontextmenü **Alternativen > Nächste Auswahl** oder **Vorherige Auswahl**
- Shortcut **ctr+Rechtspfeil** oder **ctr+Linkspfeil**

Hörproben-Fenster öffnen

Wählen Sie den Hörproben-Clip aus und nutzen Sie einen der folgenden Befehle:

- Hauptmenü **Clip > Alternativen > Öffnen**
- Kontextmenü **Alternativen > Alternative öffnen**
- Shortcut **Y**
- **Klicken** Sie auf das Hörproben-Symbol in der Filmstreifen-Darstellung (nicht das Symbol in der Listen-Darstellung).

➡ **Hörprobe in der Timeline**

Ziehen

Ziehen Sie eine vorhandene Hörprobe aus dem Ereignis-Browser in die Timeline. Auf diese Art und Weise haben Sie die gesamte Gruppe von Clips zur Verfügung, können vergleichen und den besten auswählen. Oder behalten Sie die Hörprobe, um sich später zu entscheiden.

Timeline

Hörprobe erstellen

- Timeline zu Timeline:
Hier können Sie die Hörprobe aus mehreren Clips nicht auf dem Weg erstellen wie im Ereignis-Browser. Der einzige Weg, eine Hörprobe direkt in der Timeline zu erstellen, geht nur über das Duplizieren von Clips innerhalb der Hörprobe um daraus eine Hörprobe aus identischen Clips zu erstellen (z.B. um unterschiedliche Effekte auszuprobieren). Sie haben drei Befehle zur Auswahl. Einer erstellt ein Duplikat samt aller Effekte, die mit dem Clip zusammenhängen. Die zweite Option ist, eine Alternative zu erstellen, ohne dass Effekte berücksichtigt werden. Mit der dritten Möglichkeit wird der Clip dupliziert und Effekte, die mit **cmd+C** in die Zwischenablage kopiert worden sind, werden auf ihn angewendet.

  - Hauptmenü **Clip > Alternative > Als Alternative duplizieren / Von Original duplizieren / Effekte duplizieren und einsetzen**
  - Kontextmenü **Als Alternative duplizieren** (für eine neue Hörprobe) **Alternativen > Als Alternative duplizieren** (für eine vorhandene Hörprobe)
  - Shortcut **cmd+Y** (als Hörprobe), **opt+Y** (als Original) **opt+cmd+Y** (und Effekte einsetzen)

- Ereignis-Browser zu Timeline:
Der andere Weg besteht darin, dass Sie einen Ereignisclip aus dem Ereignis-Browser auf einen Timelineclip in der Timeline ziehen. Es ist die gleiche Aktion, als wenn Sie einen Timelineclip durch einen anderen Ereignisclip ersetzen. Wenn Sie das tun, wird der Ereignisclip der Timeline nicht sofort hinzugefügt. Stattdessen färbt sich der Timelineclip grau und der Cursor verwandelt sich in ein grünes Plus-Symbol. Dieses zeigt an, dass der Clip, den Sie mit der Maus „halten", dem ausgegrauten Clip hinzugefügt wird. Wenn Sie die Maus loslassen, erscheint ein Popup-Menü mit folgenden Auswahlmöglichkeiten:

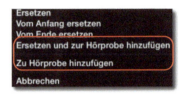

  - Zur Hörprobe hinzufügen: Wenn der aktuelle Clip schon Teil einer Hörprobe ist, dann wird der neue Clip als weitere Alternative hinzugefügt. Wenn der aktuelle Clip ein regulärer Clip ist, dann wird eine Hörprobe erstellt. Der in der Timeline vorhandene Clip ist ausgewählt, der neue Clip wird zur Alternative .
  - Ersetzen und zur Hörprobe hinzufügen: Das ist der gleiche Vorgang, nur, dass der neue Clip zur Auswahl wird und der in der Timeline vorhandene zur Alternative.

Zu einer Hörprobe hinzufügen

Es ist nicht möglich, einen Timelineclip zu einer vorhandenen Hörprobe in der Timeline hinzuzufügen. Nur Ereignisclips (oder ganze Hörproben) aus dem Ereignis-Browser können auf eine Hörprobe in der Timeline gezogen werden.

Die Auswahl (Clip) bearbeiten

Sie können die Auswahl wie jeden anderen eigenständigen Clip bearbeiten.

Vorschau

Dieser Befehl öffnet das Hörproben-Fenster und spielt die Hörprobe mit zwei Sekunden Vorlauf von dem vorherigen Clip in der Timeline ab.

  - Hauptmenü **Clip > Alternativen > Vorschau**
  - Kontextmenü **Alternativen > Vorschau**
  - Shortcut **ctr+cmd+Y**

Eine andere Auswahl festlegen

Es ist der gleiche Weg wie im Ereignis-Browser: Wählen Sie den Clip aus und nutzen Sie einen der folgenden Befehle:

  - Hauptmenü **Clip > Alternativen > Nächste Auswahl** oder **Vorherige Auswahl**
  - Kontextmenü **Alternativen > Nächste Auswahl** oder **Vorherige Auswahl**
  - Shortcut **ctr+Rechtspfeil** oder **ctr+Linkspfeil**

Clips und Handlungen

Hörprobe fertigstellen

Sie können die Hörprobe solange Sie wollen in ihrem Projekt lassen (Optionen offenhalten). Sie können aber auch eine Hörprobe fertigstellen, wenn Sie die Alternativen nicht mehr benötigen. Dabei werden alle Alternativen entfernt und die Auswahl als regulärer Clip gespeichert. Wählen Sie den Hörproben-Clip aus und nutzen Sie einen der folgenden Befehle:

- Hauptmenü **Clip > Alternativen > Alternative fertigstellen**
- Kontextmenü **Alternativen > Alternative fertigstellen**
- Shortcut **sh+alt+Y**

Hörproben-Fenster öffnen

Wählen Sie den Hörproben-Clip aus und nutzen Sie einen der folgenden Befehle:

- Hauptmenü **Clip > Alternativen > Öffnen** oder **Clip > Alternativen > Vorschau**, um das Fenster zu öffnen und den Clip gleichzeitig in der Vorschau abzuspielen.
- Kontextmenü **Alternativen > Alternative öffnen** oder **Clip > Alternativen > Vorschau**, um das Fenster zu öffnen und den Clip gleichzeitig in der Vorschau abzuspielen.
- Shortcut **Y** oder **ctr+cmd+Y**, um das Fenster zu öffnen und den Clip gleichzeitig in der Vorschau abzuspielen.
- **Klicken** Sie auf das Hörproben-Symbol in der Filmstreifen-Darstellung.

➡ **Hörprobe im Hörproben-Fenster**

Die meisten Befehle bezüglich der Hörproben können auch ohne das Hörproben-Fenster ausgeführt werden. Jedoch haben Sie in diesem Fenster eine bessere (toll aussehende) Rückmeldung. Beachten Sie, dass die folgenden Befehle nur verfügbar sind, wenn das Hörproben-Fenster aktiviert ist (dargestellt durch einen grauen Rand).

Hörproben-Fenster

Wiedergabe

Der Clip ist sichtbar und spielt in der mittleren Vorschau des Hörproben-Fensters und im Viewer ab.

Überfliegen

Das Überfliegen/Skimming ist automatisch für den mittleren Clip im Hörproben-Fenster aktiviert, wenn Sie den Cursor über die Vorschau bewegen. Zusätzlich können Sie noch die **Leertaste** zum Abspielen/Stoppen und die Shortcuts **J** für einen Frame zurück und **L** für einen Frame vorwärts benutzen.

Vorschau

Die **Leertaste** startet eine Vorschau mit zwei Sekunden Vorlauf (Preroll). Das Hörproben-Fenster zeigt den Begriff "Auditioning" in der Kopfzeile des Fensters.

Bearbeiten

Sie können Effekte hinzufügen, indem Sie sie direkt auf den mittleren Clip ziehen.

Duplizieren

Die *Duplizieren*-Taste funktioniert wie „Als Alternative duplizieren", also mit allen Effekten.

Wechseln

Klicken Sie auf den linken oder rechten Clip, um sich dorthin zu bewegen oder nutzen Sie die Shortcuts **Linkspfeil** und **Rechtspfeil**.

Entfernen

Wählen Sie das mittlere Vorschaufenster und drücken Sie die **Entfernen** - Taste.

Die meisten Befehle sind ebenfalls über das Kontextmenü des Hörproben-Fensters zu erreichen.

Präzisions-Editor

Der Präzisions-Editor ist kein eigenständiges Trimmen-Fenster, es ist einfach eine erweiterte Darstellung der Timeline, um das Trimmen direkt in der primären Handlung zu visualisieren. Diese Ansicht ist nicht für sekundäre Handlungen verfügbar.

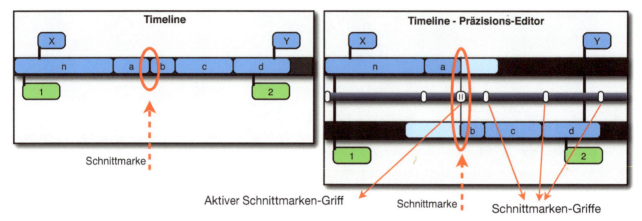

Aktiver Schnittmarken-Griff   Schnittmarke   Schnittmarken-Griffe

Präzisions-Editor öffnen:

- **Doppelklick** auf eine Schnittmarke zwischen zwei Clips in der primären Handlung (Auswahl- oder Trimmen-Werkzeug).
- Wählen Sie eine Schnittmarke (nicht den gesamten Clip) und benutzen Sie den Befehl **Clip > Präzisions-Editor einblenden** oder den Shortcut **ctr+E**.

Der Präzisions-Editor spaltet die primäre Handlung in zwei Spuren. Alle Clips bis zur Schnittmarke liegen auf der oberen Spur und die restlichen auf der unteren Spur. Der getrimmte ("nicht benutzte") Bereich der Eingangs- und Ausgangs-Clips ist etwas blasser dargestellt. Zwischen den beiden Spuren liegt eine zentrale Linie, in der der Schnittmarken-Griff an jeder Schnittmarke von zwei benachbarten Clips liegt. Der Griff für die aktuelle Schnittmarke ist dicker und hat eine vertikale Linie, um die Bearbeitungsposition zu markieren.

Nun können Sie Ripple-Edits (FCP7: Schnittmarke verschieben) und Roll-Edits (FCP7: Länge ändern) durchführen, und dabei den gesamten Eingangs- und Ausgangsclip sehen. Der Viewer zeigt in einem geteilten Fenster den letzen Frame des Ausgangsclips und den ersten Frame des Eingangsclips des Schnitts.

Andere Schnittmarke auswählen:

- Klicken Sie auf einen der anderen Schnittmarken-Griffe im mittleren Bereich, um dort mit dem Präzisions-Editor die Spuren zu teilen oder nutzen Sie die Shortcuts **Pfeil nach oben** und **Pfeil nach unten.**

Präzisions-Editor schließen:

- **Doppelklick** auf den Schnitt

- Hauptmenü **Clip > Präzisions-Editor ausblenden** oder Shortcuts **ctr+E** oder **esc**.
- Klicken Sie die blaue "Präzisions-Editor schließen"-Taste unten an der Timeline.

Der Präzisions-Editor unterstützt einige einheitliche Trimming-Techniken. Ich möchte Ihnen mit den Diagrammen demonstrieren, wie sie funktionieren.

- Der obere Clip ist der Ausgangsclip mit abgedunkeltem Material auf der rechten Seite.
- Der untere Clip ist der Eingangsclip mit abgedunkeltem Material auf der linken Seite.
- Die Klammern sind die Schnittmarken (in FCPx sind sie, wenn ausgewählt, gelb).
- In der Mitte ist der aktive Schnittmarken-Griff und die vertikale Linie markiert den Schnitt.
- Alle grauen Elemente werden von der Schieben-Aktion nicht berührt, sie bewegen sich nicht.
- Alle roten Elemente werden mit dem blauen Pfeil, der Ihre Mausaktion symbolisiert, bewegt.

Schnittmarke verschieben

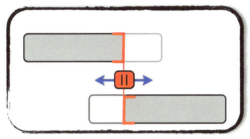

Ziehen des Griffs in der Mitte bewegt beide Schnittpunkte in entgegengesetzte Richtungen.
Nur diese beiden Schnittpunkte verändern ihre Position, aber nicht die Position des Clips.

Länge des Ausgangsclips ändern

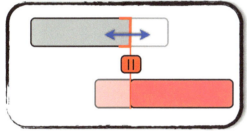

Sie bewegen den Schnittpunkt des Ausgangsclips (oben). Der Clip selber bewegt sich nicht. Der untere Clip bleibt jedoch mit dem sich bewegenden Schnittpunkt verbunden, und deshalb verschiebt sich der rechte Clip (und der Rest der Sequenz).

Länge des Eingangsclips ändern

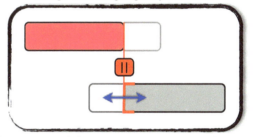

Sie bewegen den Schnittpunkt des Eingangsclips (unten). Der Clip selber bewegt sich nicht. Der obere Clip bleibt jedoch mit dem sich bewegenden Schnittpunkt verbunden, und deshalb verschiebt sich der linke Clip (und alles links von dem Clip).

Länge des Ausgangsclips ändern

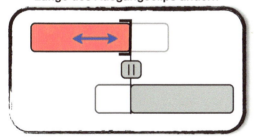

Sie wählen den hinteren Schnittpunkt des Ausgangsclips (Out-Point), aber dieses Mal ziehen Sie nicht den Schnittpunkt gegen den Clip. Stattdessen ziehen Sie den Clip gegen den Schnittpunkt (und bewegen damit auch alle Clips auf der linken Seite).

Länge des Eingangsclips ändern

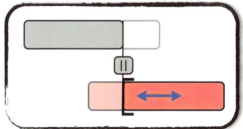

Sie wählen den vorderen Schnittpunkt des Eingangsclips (In-Point), aber dieses Mal ziehen Sie nicht den Schnittpunkt gegen den Clip. Stattdessen ziehen Sie den Clip gegen den Schnittpunkt (und bewegen damit auch alle Clips auf der rechten Seite).

Überblendungen: Der Präzisions-Editor unterstützt zusätzliche Editing-Funktionen, wenn Überblendungen bearbeitet werden (siehe nächstes Kapitel).

Skim Edits: Mit dem Skimmer können Sie das benutzte und unbenutzte Material überfliegen, um den richtigen In- oder Out-Point zu finden. Wenn Sie den richtigen Punkt gefunden haben, klicken Sie die Maus, und der Schnittpunkt springt auf diese Position.

Numerische Eingabe: Sie können alle Eingabemöglichkeiten von Timecode-Werten in das Timecode-Fenster (SMPTE-Reader) nutzen, um den ausgewählten Schnittpunkt präzise zu bewegen.

Weitere Clips

Bisher haben wir angenommen, dass Standardclips Video und/oder Audio enthalten. Ebenso gibt es Besonderheiten wie zusammengesetzte Clips und Hörproben. Sie sind alle im Ereignis-Browser verfügbar. Wenn wir uns jedoch über die Timeline bewegen, finden wir drei weitere Clip-Arten: **Übergänge - Titel - Generatoren**.

Hier ist eine Galerie von verschiedenen Timelineclips. Beachten Sie die schwarzen Gap-Clips dazwischen, die die Clip-Arten voneinander trennen. (Platzhalter-Clips sind Generator-Clips)

Übergänge

Sie können einen Übergang zwischen zwei Clips (Crossfade) oder am Anfang des ersten Clips (Fade in) oder am Ende des letzten Clips (Fade out) in der Timeline setzen.

Übergänge-Browser

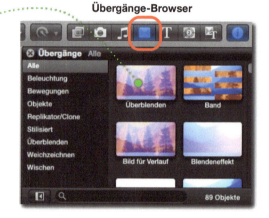

▸ Regeln

- Übergänge können nur auf einer Handlung (primär oder sekundär) platziert werden. Wenn Sie auf einem verbundenen Clip angewendet wird, verwandelt sich dieser erst automatisch in eine sekundäre Handlung.

- Übergänge werden zum Video- und Audio-Inhalt gleichzeitig hinzugefügt, außer der Audio-Part ist über „Audio erweitern" oder „Audio trennen" separiert.

- Übergänge können wie Clips behandelt werden (Trimmen der Schnittmarken, Dauer ändern, Auswählen zum Entfernen, **alt+Ziehen** zum Kopieren, im Inspektor ansehen).

▸ Verfügbare Übergänge

Der Übergänge-Browser als Teil des Medien-Browsers enthält alle verfügbaren Übergänge. Sie können sie nach Kategorien in der Seitenleiste auswählen, oder den Namen in das Suchfeld an der unteren Kante dieses Fensters eingeben.

Wenn Sie über die Vorschau skimmen, wird der Übergang im Viewer gezeigt, damit Sie sehen können, wie die Überblendung wirkt.

▸ Weitere Übergänge

Bei manchen Übergängen können Sie mit **ctr+Klick** das Kontextmenü öffnen. Hier finden Sie einen einzelnen Befehl, mit dem Sie den Übergang für weitere Justierungen in Motion öffnen können.

Kopie öffnen in „Motion"

▸ Hinzufügen / Ersetzen von Übergängen

Fügen Sie einen Übergang einem ausgewählten Schnittpunkt auf einer Seite des Clips hinzu. Wenn Sie den Übergang auf beiden Seiten des Clips haben wollen, dann wählen Sie den gesamten Clip (oder mehrere Clips) in der Timeline aus. Wenn schon Übergänge vorhanden sind, werden diese ersetzt:

- **Doppelklick** auf einen Übergang im Übergänge-Browser

- **Ziehen** eines Übergangs aus dem Übergänge-Browser auf einen Clip

- Fügen Sie einen normalen Standard-Übergang (Cross Dissolve) hinzu:

  - Aus dem Kontextmenü des Clips oder dem Bearbeiten-Menü wählen Sie den Befehl **Überblenden hinzufügen** oder nutzen Sie den Shortcut **cmd+T**. Verwenden Sie ihn auch für schnelle Überblendungen bei reinen Audioclips.

▸ Eigenschaften von Übergängen bearbeiten:

Im Inspektor können Sie sich die Eigenschaften des Übergangs ansehen und den Übergangs-Effekt steuern. Die Übergangs-Ansicht hat einen Bereich für Video-Einstellungen und einen für Audio-Einstellungen, um den Blendentyp auszuwählen.

Manche Übergänge unterstützen sogar die Bearbeitung direkt im Viewer.

Inspektor

Name des Übergangs

Video-Eigenschaften

Audio-Eigenschaften

Länge des Übergangs

Jeder Übergang unterstützt verschiedene Parameter, die auf den Effekt angewendet werden können.

▸ Medien-Griffe

Im Hauptmenü unter dem Punkt Einstellungen gibt es eine Auswahl von bestimmten Standardlängen und ein Popup-Menü, in dem Sie entscheiden können, was passieren soll, wenn der Clip nicht genug Material für die Blende hat.

Einstellungen

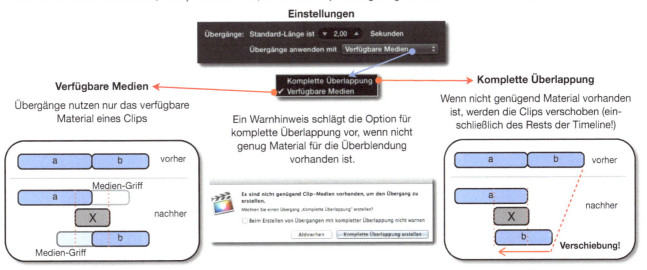

Verfügbare Medien

Übergänge nutzen nur das verfügbare Material eines Clips

Ein Warnhinweis schlägt die Option für komplette Überlappung vor, wenn nicht genug Material für die Überblendung vorhanden ist.

Komplette Überlappung

Wenn nicht genügend Material vorhanden ist, werden die Clips verschoben (einschließlich des Rests der Timeline!)

▸ Übergänge trimmen

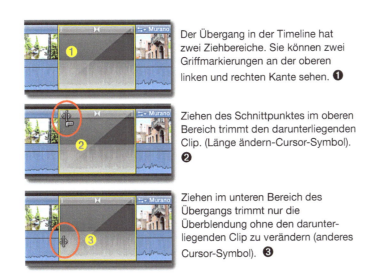

Der Übergang in der Timeline hat zwei Ziehbereiche. Sie können zwei Griffmarkierungen an der oberen linken und rechten Kante sehen. ❶

Ziehen des Schnittpunktes im oberen Bereich trimmt den darunterliegenden Clip. (Länge ändern-Cursor-Symbol). ❷

Ziehen im unteren Bereich des Übergangs trimmt nur die Überblendung ohne den darunterliegenden Clip zu verändern (anderes Cursor-Symbol). ❸

Präzisions-Editor

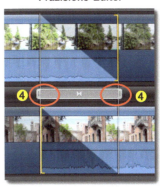

Der Präzisions-Editor unterstützt zusätzliche Griffe für das Trimmen der Überblendung. Ziehen Sie den linken oder rechten Griff am mittleren Schnittpunkt. ❹

Titel

Titel-Clips werden von FCPx für alles, was mit angepasstem Text zu tun hat (z.B. Titel, Abspann, Bauchbinden etc.), generiert. Sie beziehen sich nicht auf Mediendateien. Die meisten der Titel sind halbtransparent und legen den Text über andere Videoclips, ohne den Rest des Bildes zu verdecken. Manche Titel haben Vollbild-Grafiken ohne Transparenz.

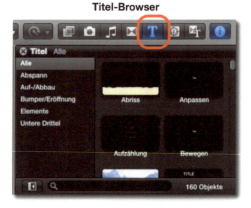

Titel-Browser

▸ Verfügbare Titel

Der Titel-Browser als Teil des Medien-Browsers enthält alle verfügbaren Titel-Clips. Sie können Sie sich nach Kategorien in der Seitenleiste auswählen oder im Suchfeld an der unteren Kante nach dem Namen suchen. Der Browser gruppiert die Titel auch nach Art (Sports, Cinema, Bulletin Board, etc).

Das Skimmen über eine Vorschau simuliert den Titel im Viewer, um Ihnen zu zeigen, wie er wirkt.

Mit **ctr+Klick** können Sie die Titel im Motion öffnen, um dort weitere Anpassungen vorzunehmen. (Wird in meinem Manual "*Motion 5 - So funktioniert´s*" behandelt)

Kopie öffnen in „Motion"

▸ Titel anwenden

Titel können benutzt werden als:

- Hauptclip in einer primären Handlung. Der transparente Hintergrund wird schwarz.
- Als ein überlagerter Clip (verbundener Clip oder sekundäre Handlung). Der darunterliegende Videoclip wird als Hintergrund dargestellt.
- Gestapelte Titel-Clips. Alles außer dem Text und die von ihm im Clip benutzten Objekte ist transparent, also können Sie mehrere Titel-Clips übereinander legen. Achten Sie dabei auf die Rangordnung der Clips von oben nach unten.

▸ Titel hinzufügen

- **Doppelklick** auf einen Titel im Browser.
    - Fügt den Titel als verbundenen Clip an der Playhead-Position hinzu.
    - Wenn ein Titel in der Timeline ausgewählt ist, dann wird dieser durch den neuen Titel aus dem Browser ersetzt.
- **Ziehen** eines Titels aus dem Browser über den Timelineclip.
    - Außerhalb einer Handlung: Platzierung als verbundener Clip.
    - Zwischen zwei Clips in einer Handlung: Fügt den Titel ein (und bewegt die anderen Clips weiter nach rechts).
    - Auf einen existierenden Clip: Wird den vorhandenen Clip, abhängig von der Auswahl im Popup-Menüs, ersetzen. Sie können sogar Hörproben mit Titeln erstellen. Auf diese Weise können Sie unterschiedliche Titel erstellen und später entscheiden, welchen Sie nehmen. Oder Sie erstellen Titel in unterschiedlichen Sprachen und wählen vor dem Export den gewünschten aus.

▸ Titel entfernen

Wählen Sie den Titel und drücken Sie die **Entfernen**-Taste.

▸ Titel bearbeiten

Die meisten Bearbeitungstechniken können auch auf Titelclips angewendet werden:

- Trimmen (die Standardlänge eines Titelclips beträgt zehn Sekunden)
- Übergänge hinzufügen, wenn der Titelclip in einer Handlung liegt
- Dauer ändern mit den normalen Menübefehlen oder Shortcuts. Wenn der Titelclip statischen Text enthält, wird nur die Länge des Bildes geändert. Wenn der Titel, wie die meisten davon, Bewegung beinhaltet, dann bewirkt das Verkürzen oder Verlängern des Clips eine Geschwindigkeitsveränderung der integrierten Bewegung.

‣ Titel modifizieren

Jeder Titel lässt sich einfach verändern. Ich möchte diese Veränderungen in vier Kategorien einteilen:

- Natürlich, eigenen Text eingeben.
- Ändern des Erscheinungsbildes des Textes (Schrift, Größe, Farbe etc.).
- Ändern des Aufbaus: Position und Bewegung des Objektes.
- Motion öffnen und „kreativ werden".

Der Ort, wo Sie den Text modifizieren können, ist der Inspektor. Die Texteingabe und Platzierung des Objektes kann auch direkt im Viewer vorgenommen werden, hier teilweise sogar mit der Unterstützung von Steuerelementen. Wenn verfügbar, können auch Keyframes für die Anpassung der eingebauten Bewegung benutzt werden.

Der Inspektor hat vier Register für den Text: **Titel - Text - Video - Info**

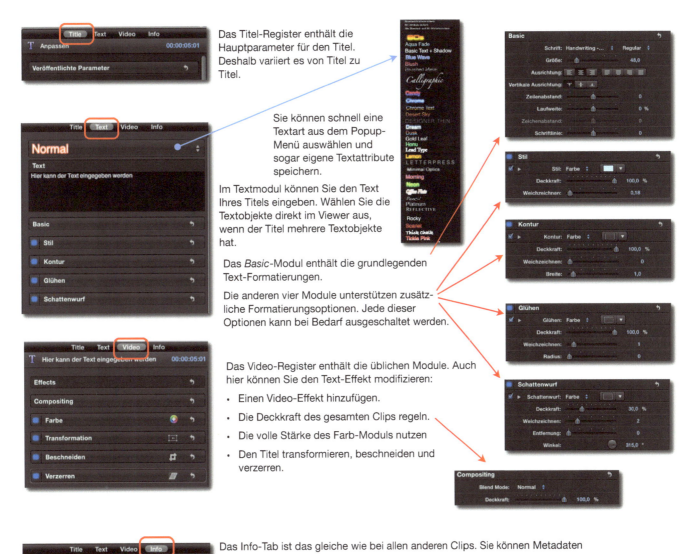

Das Titel-Register enthält die Hauptparameter für den Titel. Deshalb variiert es von Titel zu Titel.

Sie können schnell eine Textart aus dem Popup-Menü auswählen und sogar eigene Textattribute speichern.

Im Textmodul können Sie den Text Ihres Titels eingeben. Wählen Sie die Textobjekte direkt im Viewer aus, wenn der Titel mehrere Textobjekte hat.

Das *Basic*-Modul enthält die grundlegenden Text-Formatierungen.

Die anderen vier Module unterstützen zusätzliche Formatierungsoptionen. Jede dieser Optionen kann bei Bedarf ausgeschaltet werden.

Das Video-Register enthält die üblichen Module. Auch hier können Sie den Text-Effekt modifizieren:

- Einen Video-Effekt hinzufügen.
- Die Deckkraft des gesamten Clips regeln.
- Die volle Stärke des Farb-Moduls nutzen
- Den Titel transformieren, beschneiden und verzerren.

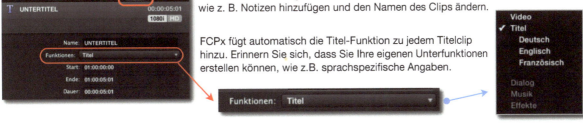

Das Info-Tab ist das gleiche wie bei allen anderen Clips. Sie können Metadaten wie z. B. Notizen hinzufügen und den Namen des Clips ändern.

FCPx fügt automatisch die Titel-Funktion zu jedem Titelclip hinzu. Erinnern Sie sich, dass Sie Ihre eigenen Unterfunktionen erstellen können, wie z.B. sprachspezifische Angaben.

Generatoren

Generatoren werden von FCPx für Dinge wie z. B. Hintergründe oder Timecode-Anzeige generiert. Sie beziehen sich nicht auf Mediendateien. Generatoren, die Objekte enthalten, sind semitransparent und spielen die Objekte auf anderen Videoclips ab, ohne den Rest des Hintergrundes zu verdecken. Hintergrund-Generatoren haben keine Transparenz. Normalerweise werden Sie andere semitransparente Clips (z.B. Titel) auf diese Generatoren legen.

Generatoren-Browser

▸ Verfügbare Generatoren

Der Generatoren-Browser im Medien-Browser enthält alle verfügbaren Generator-Clips. Sie können sie nach Kategorien in der Seitenleiste auswählen oder im Suchfeld an der unteren Kante nach dem Namen suchen.

Das Skimmen über eine Vorschau simuliert den Titel im Viewer, um Ihnen zu zeigen, wie er wirkt.

Mit **ctr+Klick** können Sie die Generatoren im Motion öffnen, um dort weitere Anpassungen vorzunehmen.

> Kopie öffnen in „Motion"

▸ Generatoren nutzen

Generatoren können genutzt werden als:

- Hauptclip in der primären Handlung, speziell als Hintergrund.
- Als überlagernder Clip (verbundener Clip oder sekundäre Handlung). Der darunterliegende Clip wird als Hintergrund dargestellt.
- Gestapelte Generator-Clips. Alles außer dem Generator und die von ihm im Clip benutzten Objekte ist transparent, also können Sie mehrere Generator-Clips übereinander legen. Achten Sie dabei auf die Rangordnung der Clips von oben nach unten.

▸ Generatoren hinzufügen

- **Doppelklick** auf einen Generator im Browser.
  - Fügt den Generator der primären Handlung als eine Einfügung an der Playhead-Position hinzu und bewegt die anderen Clips weiter nach rechts.
- **Ziehen** eines Generators aus dem Browser über den Timelineclip.
  - Außerhalb einer Handlung: Platzierung als verbundener Clip.
  - Zwischen zwei Clips in einer Handlung: Fügt den Generator ein und bewegt die anderen Clips weiter nach rechts.
  - Auf einen existierenden Clip: Wird den vorhandenen Clip, abhängig von der Auswahl im Popup-Menüs, ersetzen. Sie können sogar Hörproben mit Generatoren erstellen. Auf diese Weise können Sie unterschiedliche Hintergründe erstellen und später entscheiden, welchen Sie nehmen.

▸ Generatoren entfernen

Wählen Sie den Titel und drücken Sie die **Entfernen**-Taste.

▸ Generatoren bearbeiten

Die meisten Bearbeitungstechniken können auch auf Generator-Clips angewendet werden:

- Trimmen
- Übergänge hinzufügen, wenn der Titelclip in einer Handlung liegt.
- Dauer ändern mit den normalen Menübefehlen oder Shortcuts. Wenn der Generator-Clip statisch ist, wird nur die Länge des Bildes geändert. Wenn der Generator, wie die meisten, Bewegung beinhaltet, dann bewirkt das Verkürzen oder Verlängern des Clips eine Geschwindigkeitsveränderung der integrierten Bewegung (außer beim Timecode-Generator).

▸ Generatoren modifizieren

Der Inspektor hat drei Register für Generatoren:
Generator - Video - Info

Video- und Info-Register unterstützen die gleichen Funktionalitäten wie bei anderen Clips.

Das Generator-Register enthält alle Parameter für diesen Effekt. Die meisten Generatoren haben nur ein paar Parameter. Der Screenshot auf der rechten Seite zeigt den Timecode-Generator, bei dem ein paar mehr Einstellungsmöglichkeiten zur Verfügung stehen.

Themen

Themen sind der letzte Punkt im Medien-Browser. Es ist keine zusätzliche Sorte von Clips in FCPx, sondern nur eine Browser-Ansicht, die ähnliche Übergänge und Titel zu Themen organisiert, damit das Video einen einheitlichen Stil hat.

Anstatt Übergänge im Übergänge-Browser und Titel im Titel-Browser auszuwählen, gehen Sie in den Themen-Browser, wählen ein Thema aus der linken Seitenleiste aus und alle Übergänge, und Titel, die zu diesem Stil passen, sind im Browserfenster gruppiert.

Das Skimmen über eine Vorschau simuliert den Titel im Viewer, um Ihnen zu zeigen, wie er wirkt.

Ctr+Klick öffnet den Titel in Motion, um ihn dort weiterzubearbeiten.

Kopie öffnen in „Motion"

Ansonsten gelten alle Regeln, die sonst auch bei Übergängen und Titeln gelten. Beachten Sie, dass die Übergänge in der Gruppe „Videoübergänge" liegen, weil diese Übergänge sich, anders als die sonstigen, nur auf Video, jedoch nicht auf Audio beziehen.

Themen-Browser

Viewer

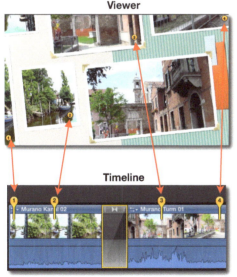

Timeline

Übergänge mit Stecknadeln

Manche Übergänge haben „Stecknadeln". Wenn Sie einen solchen Übergang in die Timeline bewegen, erscheinen zwei oder mehr Nadeln, die mit den Timelineclips verbunden sind. Sie können diese Nadeln verschieben, um einen bestimmten Frame in diesem Clip auszuwählen. Dieser Frame wird als Bild im Übergangseffekt verwendet. Wenn Sie mit dem Playhead schrittweise durch die Überblendung gehen, zeigt der Viewer die dazugehörige Nummer der Nadel an.

Animation (Automation)

Grundlagen

Obwohl FCPx eine Video-Applikation zu sein scheint, ist es technisch gesehen eine riesen Datenbank bzw. eine Sammlung vieler zusammenhängenden Datenbanken. Die Ereignisse sind Datenbanken mit den verfügbaren Clips. Die Projekte sind Datenbanken der in der Timeline benutzten Clips. Zusätzlich sind die auf die Clips angewendeten Effekte samt all ihren Parameter in Datenbanken gespeichert. Es ist eine Sammlung von zusammenhängenden Daten, organisiert in verbundenen Datenbanken.

Es hilft, über diesen Hintergrund nachzudenken, wenn man die Mechanismen der Keyframes und den Animationsprozess vollständig verstehen will.

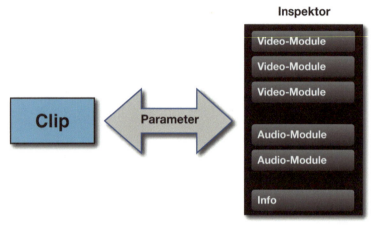

Jeder Clip in FCPx (Ereignis- oder Projektclip) hat individuelle Eigenschaften, obwohl sich alle auf die gleiche Quelldatei beziehen. Selbst eine Kopie des Clips in der Ereignis- oder Projekt-Mediathek ist ein individueller Clip mit seinen eigenen Eigenschaften.

Wenn Sie einen Clip auswählen, dann zeigt der Inspektor dessen Eigenschaften in den Registern Video, Audio und Info an. Alle verfügbaren Parameter können verändert werden. Sie können zusätzliche Module (Effekte) hinzufügen und auch hier die entsprechenden Parameter manipulieren.

Das Konzept ist nicht neu und auch nichts Besonderes. Sollten Sie es noch nicht erkannt haben, es ist - **eine Datenbank.**

Schauen Sie auf die folgende Tabelle (die Darstellung einer Datenbank) und denken Sie über den Inspektor in Begriffen einer Datenbank nach. Jeder Wert eines Parameters in einem Modul bezüglich eines Clips ist ein einzelner Eintrag in eine Datenbank. Jeder aktuelle Wert des Clips (Lautstärke, Balance, Skalierung, Beschnitt) ist ein einzelner Eintrag in die Datenbank. Effekte, die einem Clip hinzugefügt werden, sind nichts anderes als weitere, der Datenbank hinzugefügt Einträge.

❶ Die Tabelle auf der linken Seite beinhaltet ein paar Parameter. Sie sind konstant, was bedeutet, sie bleiben für die gesamte Dauer des Clip unverändert. Deshalb ist kein Eintrag in dem „Adresse"-Feld (Zeit- oder Ort-Information).

❷ Die Tabelle auf der rechten Seite hat Werte im „Adresse"-Feld. Das bedeutet in diesem Fall, dass der Limiter keinen konstanten Wert für die Lautstärke hat. Dieses Paar nennt sich **Keyframe.** Wie Sie sehen können, hat jeder Keyframe (als einzelner Eintag in diese Datenbank) einen Bezug zu einem Parameter eines Moduls, der mit einem bestimmten Clip verbunden ist.

❶ Eigenschaften
Konstant (keine Veränderung)

Clip	Modul	Parameter	Wert	Adresse
Beach	Limiter	Gain	-3dB	-
Beach	Transform	Rotation	180	-
Beach	Transform	Skalieren	50%	-
Beach	Gaussian	Stärke	80%	-

❷ Eigenschaften
Konstant & variabel (mit Veränderung)

Clip	Modul	Parameter	Wert	Adresse
Beach	Limiter	Gain	-3dB	0:00
Beach	Limiter	Gain	-6dB	0:05
Beach	Limiter	Gain	-20dB	0:15
Beach	Transform	Rotation	180	-
Beach	Transform	Skalieren	50%	0:00
Beach	Transform	Skalieren	10%	0:30
Beach	Gaussian	Stärke	80%	-

Nun, anstatt die Parameter im Kontext zu Datenbanken zu betrachten, tauchen wir ein wenig in Mathematik ein.

"***Animation*** *is the rapid display of a sequence of images of 2-D or 3-D artwork or model positions in order to create an illusion of movement.*" Das ist die Definition von Wikipedia. Also was meint FCPx mit "Video Animation" und "Audio Animation"?

Ich denke, es ist eine schlechte Wortwahl. Warum etwas beschreiben, das bewährte Begriffe hat ("Keyframe", "Automation") und einen anderen Begriff ("Animation") verwenden, der normalerweise in einem anderen Zusammenhang verwendet wird (wie z.B. für *Toy Story* oder *South Park)*.

Worüber sprechen wir hier? Als erstes fügen wir einem Clip einen Parameter (z.B. Lautstärke-Anpassung, Weichzeichnen, Skalierung etc.) hinzu. Schauen wir uns wieder zwei Szenarien an.:

❶ Einen festen Wert (y) für einen Parameter (**konstanter** Wert) hinzufügen: Dieser Wert ändert sich über die gesamte Dauer des Clips nicht und ist deshalb zeitunabhängig. Es ist keine Zeitinformation (x) notwendig.

❷ Unterschiedliche Werte (y) für diesen Wert über die Zeit (**variable** Werte) hinzufügen: Nun gibt es für jeden Parameter-Wert, den wir benötigen, unterschiedliche Werte, je nach Zeitpunkt (x). "Welcher Parameter-Wert zu welcher Zeit?"

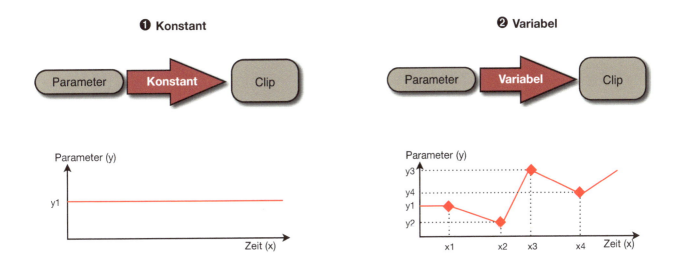

Was wir hier sehen, ist eine mathematische Funktion (x-Achse und y-Achse), wo die x-Achse die Timeline eines Clips repräsentiert und die y-Achse den Wert des Parameters über die Zeit. Die rote Linie (die Funktion) resultiert aus den verbundenen x/y-Koordinaten.

❶ Die x/y-Koordinate ist speziell, da für jeden x-Wert der y-Wert gleichbleibend ist. Dadurch wird eine gerade Linie parallel zur x-Achse dargestellt.

❷ Hier ändert sich der Parameter-Wert über die Zeit. Der Graph zeigt vier unterschiedliche x/y-Koordinaten (x1/y1, x2/y2, x3/y3, x4/y4). Wenn diese Koordinaten verbunden sind, entsteht eine Funktion.

Ihr Mathe-Lehrer nennt die roten Punkte ...

In Video-Applikationen sind sie bekannt als ...

In Audio-Applikationen kennt man sie als ...

Keyframes - Interpolation

Ein Keyframe ist einfach nur eine x/y-Koordinate mit zwei Werten (das Werte-Paar, das in der Datenbank eingetragen wird):

- **Zeitmarke:** Die Zeitmarke (x-Wert), Zeit-Adresse des Clips
- **Parameterwert:** der spezifische Parameterwert (y) an dieser Zeitmarke (x)

Jedoch gibt es ein weiteres technisches Detail: **Interpolation**

❸ Unser Graph hat vier Keyframes (a, b, c, d). Stellen Sie sich vor, der Clip wird abgespielt (bewegt sich entlang der x-Achse von links nach rechts) und der Keyframe repräsentiert die Lautstärke eines Dialogs. Der Pegel ist auf 0dB (a) gesetzt, bis der Keyframe b erreicht wird, welcher den Wert von -6dB trägt. Der Pegel fällt ab. Wenn der Clip Keyframe c mit dem Wert +5dB erreicht, springt der Pegel auf +5dB, bis der Clip den Keyframe d mit der Anordnung, die Lautstärke auf -5dB abzusenken, erreicht.

Das wäre ein Beispiel für das Umschalten. Der Wert des ersten Keyframes bleibt bis zum Erreichen des nächsten Keyframes konstant, wo dann auf den neuen Wert umgeschaltet wird. Das ist jedoch nicht die Funktion, die entsteht, wenn wir die Keyframes verbinden. Anstatt eines abrupten Wechsels der Werte an jedem Keyframe, ändert sich der Wert gleichmäßig, um auf den Wert des nächsten Keyframes zu gelangen.

❹ Das bedeutet, dass nicht nur vier Keyframes vorhanden sind, sondern eine unbegrenzte Anzahl von Keyframes, wobei jeder einen eigenen Wert (x/y-Koordinate) darstellt. Das System erstellt diese unsichtbaren Keyframes automatisch. Dieser Vorgang wird „Interpolation" genannt.

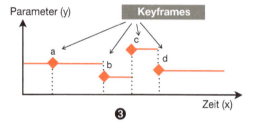

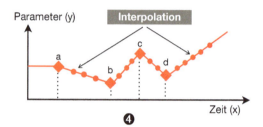

Hier ein Ausschnitt aus dem offiziellen FCPx-Handbuch über Keyframes: *„Der Begriff Keyframe stammt aus dem traditionellen Workflow in der Animationsindustrie. Dort wurden nur Schlüsselbilder, oder Keyframes, einer animierten Sequenz gezeichnet, um die Bewegung einer Figur im Zeitverlauf darzustellen. Sobald diese Keyframes festgelegt waren, erstellte ein professioneller Zeichner alle Bilder zwischen den Keyframes."*

Die Bilder zwischen den Keyframes werden durch „Interpolation" erstellt. Vielleicht kam Apple deshalb auf die fraglichen Begriffe „Audio-Animation" und „Video-Animation" in FCPx, anstatt das Wechseln der Parameter-Werte über die Zeit „Automation" zu nennen.

Zusammenfassung: Ein Keyframe ist immer ein Werte-Paar von Zeit-Adresse (x) und Parameter-Wert (y), das sich auf einen Clip in der Timeline bezieht. Die Serie von Keyframes eines einzelnen Parameters erstellt durch Interpolation zwischen den einzelnen Keyframes einen automatischen Graph.

Automation für einen speziellen Parameter eines bestimmten Clips

Grafische Darstellung

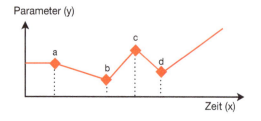

Listenansicht

	x (Zeitmarke)	y (Parameter-Wert)
	0:00	0dB (nimmt den Wert von Keyframe a)
Keyframe **a**	0:02	0 dB
Keyframe **b**	0:06	-6 dB
Keyframe **c**	0:11	+6 dB
Keyframe **d**	0:13	-5 dB

Animation (Automation)

Keyframes erstellen

Mit dem Verständnis des zugrundeliegenden Konzepts der Datenbank und dem mathematischen Verstehen einer Funktion, wissen wir nun, was passiert, wenn wir Keyframes anwenden.

Wenn Sie an einen Keyframe denken, stellen Sie sich den Clip vor. Jeder hat eine Liste von Parametern (Eigenschaften), die verschiedene Keyframes (Werte-Paare mit SMPTE-Timecode und Parameter-Wert) enthalten können:

- An der Spitze steht der ausgewählte Clip ❶. Was Sie im nächsten Schritt tun, betrifft nur diesen Clip.

- Die nächste Ebene ist der ausgewählte Parameter ❷ für diesen Clip. Was Sie im nächsten Schritt tun, betrifft nur den ausgewählten Parameter des ausgewählten Clips.

- Ein Parameter hat anfangs einen Wert. Ein fester Wert verändert sich im Verlauf des Clips nicht und hat deshalb keinen Zeit-Wert. Wenn Sie nur einen vorhandenen Wert ändern, dann ist das der konstante Wert für den Parameter des ausgewählten Clips. Es sind keine Keyframes nötig.

- Um einen Parameter an einem bestimmten Zeitpunkt (x) ❸ zu einem anderen Wert zu ändern, bewegen Sie den Playhead zu dieser Position auf dem ausgewählten Clip, erstellen einen Keyframe ❹ und ändern seinen Parameter-Wert (y) ❺. Dieser Keyframe enthält jetzt das Werte-Paar (x/y). Natürlich können Sie seinen x- und y-Wert jederzeit ändern oder den Keyframe löschen.

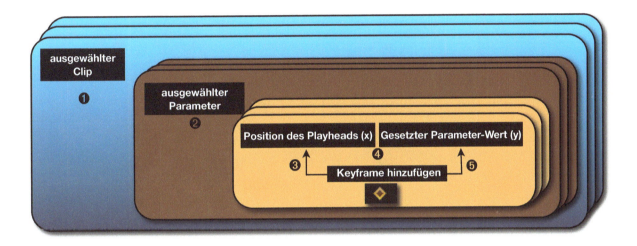

Dies sind die Schritte, mit denen Keyframes gesetzt werden:

❶ **Clip** auswählen, ❷ **Parameter** auswählen, ❸ **Playhead** platzieren, ❹ **Keyframe** hinzufügen, ❺ **Parameter-Wert** setzen

❸ **Playhead** auf die nächste Position, ❹ weiteren **Keyframe** hinzufügen, ❺ **Parameter-Wert** setzen

Und dies sind die Schritte, um einen vorhandenen Keyframe zu bearbeiten;

❶ **Clip** auswählen, ❷ **Parameter** auswählen, ❹ **Keyframe** auswählen, (❸ Position verändern), ❺ **Werte** ändern

FCPx hat drei Bereiche, wo Sie Keyframes erstellen und bearbeiten können. Jetzt, wo Sie das Gerüst verstehen, können Sie erkennen, dass es nur unterschiedliche Benutzeroberflächen (grafische Darstellung, Listendarstellung) sind, die mit der gleichen Datenbank in Verbindung stehen. Diese Benutzeroberflächen sind:

Inspektor	Animationseditor	Steuerelemente im Viewer

Inspektor

Der Inspektor unterstützt keinen Automations-Graphen wie wir ihn zuvor gesehen haben. Stattdessen bearbeiten Sie die Keyframes einzeln.

- Die Position des Keyframes (x-Achse) ist von der Playhead-Position abhängig.
- Die Position eines Keyframes zu verändern ist im Inspektor nicht möglich.
- Die Parameter eines bestehenden Keyframes können hier direkt mit der Steuerung im Inspektor vorgenommen werden.

Dynamischer Keyframe-Bereich

Schauen wir uns kurz die Benutzeroberfläche an. Audio- und Videobereich sind kontext-sensitiv, was bedeutet, dass manche Bereiche unter bestimmten Bedingungen erscheinen und manche nur, wenn man mit der Maus darüberfährt. Der Keyframe-Bereich ist eines dieser „sensitiven" Elemente. Er liegt rechts neben den Parameter-Werten. Wenn keine Keyframes vorhanden sind und Sie nicht mit der Maus über diesen Bereich gehen, ist er leer. Sie erkennen noch nicht einmal, dass er da ist. Sie müssen die Maus über diesen Bereich bewegen, damit verschiedene Symbole erscheinen, die den Status der Keyframes anzeigen.

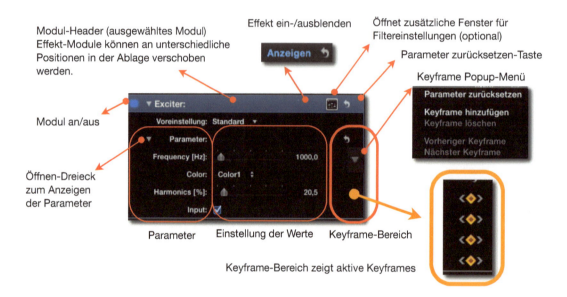

Hier die Schritte für das Hinzufügen von Keyframes:

1. Wählen Sie einen Clip in der Timeline.
2. Wählen Sie im Inspektor den Parameter eines Moduls.
3. Platzieren Sie den Playhead auf die Stelle, wo Sie den neuen Parameter-Wert setzen wollen.
4. Fügen Sie einen neuen Keyframe zu diesem Parameter (an der Playhead-Position) hinzu.
5. Ändern Sie den Parameter-Wert für diesen Keyframe.

Wie fügt man einen Keyframe in Schritt vier hinzu, wenn alles ausgewählt und positioniert ist.

- Fügen Sie einen Keyframe mit dem Shortcut **alt+K** hinzu.
- Bewegen Sie die Maus nach rechts neben den Parameter, dem Sie einen Keyframe hinzufügen wollen. Dadurch erscheint das Dreieck, mit dem Sie das Popup-Menü öffnen können. Klicken Sie darauf, um das Keyframe-Menü zu öffnen und wählen Sie "**Keyframe hinzufügen**".
- **Klicken** Sie auf den Keyframe-Bereich rechts neben dem Parameter. Aber warten Sie, wenn Sie die Maus darüber bewegen, sie wird Ihnen unterschiedliche Keyframe-Symbole anzeigen. Die Form und Farbe dieser Symbole zeigt Ihnen, was passiert, wenn Sie darauf klicken.

Keyframe-Symbole

Der Keyframe-Bereich im Inspektor basiert auf zwei Zuständen:

- Stehen Keyframes für diesen Parameter zur Verfügung?
- Bewegt sich die Maus über den Keyframe-Bereich oder nicht?

➡ Der Cursor WIRD NICHT über den Keyframe-Bereich bewegt

 Der ausgewählte Clip hat keine verfügbaren Keyframes für diesen Parameter, also wird im Keyframe-Bereich neben dem Parameter nichts angezeigt. (Sie müssen mit der Maus über diesen Bereich fahren, um einen Keyframe zu setzen.)

 Die graue Raute deutet darauf hin, dass Keyframes für diesen Parameter vorhanden sind, aber der Playhead nicht auf einem Keyframe im Clip platziert ist. Die Pfeile zeigen, dass einer oder mehrere Keyframes links und/oder rechts der aktuellen Position des Playheads liegen. Das Klicken auf einen der Pfeile bewirkt, dass der Playhead zu der Position des Keyframes springt (oder nutzen Sie die Befehle **vorheriger Keyframe** oder **nächster Keyframe** im Kontextmenü rechts).

 Die gelbe Raute deutet darauf hin, dass Keyframes für diesen Parameter vorhanden sind und der Playhead auf einem Keyframe im Clip platziert ist. Die Pfeile zeigen, dass einer oder mehrere Keyframes links und/oder rechts der aktuellen Position des Playheads liegen. Das Klicken auf einen der Pfeile bewirkt, dass der Playhead zu der Position des nächsten Keyframes springt (oder nutzen Sie die Befehle **vorheriger Keyframe** oder **nächster Keyframe** im Kontextmenü rechts).

➡ Der Cursor WIRD über den Keyframe-Bereich bewegt

 Bewegen Sie den Cursor über den leeren Keyframe-Bereich (wenn noch keine Keyframes gesetzt worden sind), und es erscheint eine graue Raute mit einem Plus-Symbol. **Klicken** Sie mit der Maus darauf und ein neuer Keyframe entsteht an der aktuellen Position des Playheads (oder nutzen Sie die Befehle **vorheriger Keyframe** oder **nächster Keyframe** im Kontextmenü rechts).

 Wenn Sie den Cursor über eine graue Raute bewegen (Keyframe ist vorhanden, aber nicht an der aktuellen Position des Playheads), wird sie golb mit einem Plus-Symbol. **Klicken** mit der Maus bewirkt nun, dass ein neuer Keyframe hinzugefügt wird (oder nutzen Sie den **Keyframe hinzufügen**-Befehl aus dem Popup-Menü rechts daneben). Die Raute bekommt jetzt ein X-Zeichen.

 Bewegen Sie den Cursor über eine gelbe Raute (ein Keyframe ist an der aktuellen Playhead-Position vorhanden), verändert sich das Symbol in der Raute zu einem X. Mit einem Mausklick können Sie den Keyframe entfernen (oder mit dem Befehl **Keyframe entfernen** aus dem Popup-Menü rechts davon).

 Das Bewegen des Cursors über einen Pfeil verändert dessen Farbe. Wenn er blau ist, können Sie darauf klicken und dadurch den Playhead zum vorherigen oder nächsten Keyframe bewegen.

Es gibt verschiedene Arten, einen Parameter zurückzusetzen (Reset):

Reset-Button   **Keyframe-Menü**

- **Parameter zurücksetzen** (im Keyframe-Menü): Das betrifft nur diesen speziellen Parameter. Der Befehl entfernt alle Keyframes für diesen Parameter und setzt ihn auf seine Ausgangswerte zurück
- Reset Button (neben einem Parameter): Das ist der gleiche Befehl wie der Menübefehl „Parameter zurücksetzen" aus dem Keyframe-Menü.
- Reset Button (in der Modul-Kopfzeile): Das setzt ALLE Parameter eines Moduls auf die Ausgangswerte zurück und entfernt alle Keyframes in diesem Modul.

Animations-Editor

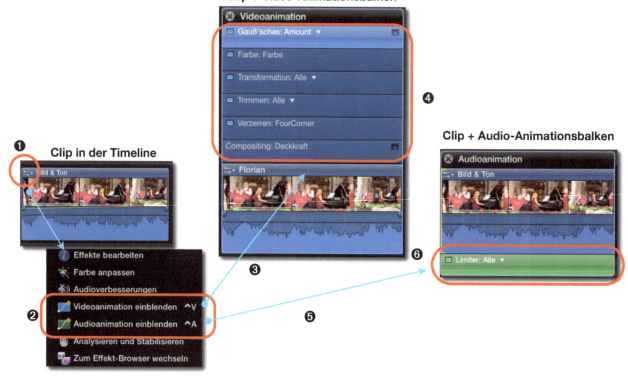

Clip + Video-Animationsbalken

Clip in der Timeline

Clip + Audio-Animationsbalken

Der Inspektor unterstützt eine einfache Dateneingabe. Das ist ausreichend, wenn Sie einen konstanten Wert für einen Parameter brauchen. Der Animations-Editor unterstützt eine grafische Ansicht. Diese ist viel hilfreicher, wenn Sie unterschiedliche Parameterwerte über die Dauer des Clips benötigen. Schauen wir uns die Funktion seiner Oberfläche an.

❶ Ein Timelineclip hat etwas, was der Ereignisclip nicht hat: Das *Einstellungen*-Popup-Menü. Das ist das kleine Symbol in der linken oberen Ecke des Clips zum Öffnen und Schließen des Menüs. Das Menü wird durch Klicken geöffnet.

❷ Das Einstellungen-Menü enthält alle Befehle um an dem Clip „herumzubasteln", einschließlich der beiden Befehle "**Videoanimation einblenden**" und "**Audioanimationen einblenden**".

❸ Der *Videoanimationen einblenden*-Befehl erweitert den Clip nach oben, um alle Video-Steuerungselemente als eigene Balken an der Oberkante des Clips darzustellen.

- Dieser Video-Animations-Editor kann auch mit dem Shortcut **ctr+V** oder aus dem Hauptmenü mit **Clip > Videoanimationen einblenden** aufgerufen werden.
- Über das Einstellungen-Menü lässt sich die Videoanimationen nur für einen Clip gleichzeitig öffnen. Mit dem Shortcut oder dem Menübefehl können Sie die Videoanimationen für alle ausgewählten Clips gleichzeitig ein- und ausschalten.
- Der Befehl ändert sich zu "**Videoanimation ausblenden**" wenn es geöffnet ist.

❹ Jeder Einstellungs-Balken (blau für Video) repräsentiert ein Modul, das im Inspektor für diesen Clip vorhanden ist.

❺ Der *Audioanimationen einblenden*-Befehl erweitert den Clip nach unten, um alle Audio-Steuerungselemente als eigene Balken an der Unterkante des Clips darzustellen.

- Dieser Audio-Animations-Editor kann auch mit dem Shortcut **ctr+A** oder aus dem Hauptmenü mit **Clip > Audioanimationen einblenden** aufgerufen werden.
- Über das Einstellungen-Menü lässt sich die Audioanimationen nur für einen Clip gleichzeitig öffnen. Mit dem Shortcut oder dem Menübefehl können Sie die Videoanimationen für alle ausgewählten Clips gleichzeitig ein- und ausschalten.
- Der Befehl ändert sich zu "**Audioanimation ausblenden**" wenn es geöffnet ist.

❻ Jeder Einstellungs-Balken (grün für Audio) repräsentiert ein Modul, das im Inspektor für diesen Clip vorhanden ist.

Ein Clip kann entweder die Videoanimationen oder die Audioanimationen anzeigen, aber nicht beide zur gleichen Zeit. Die x-Taste in der oberen linken Ecke schaltet die Animationen-Fenster aus.

Lassen Sie uns nun den Animations-Editor anschauen:

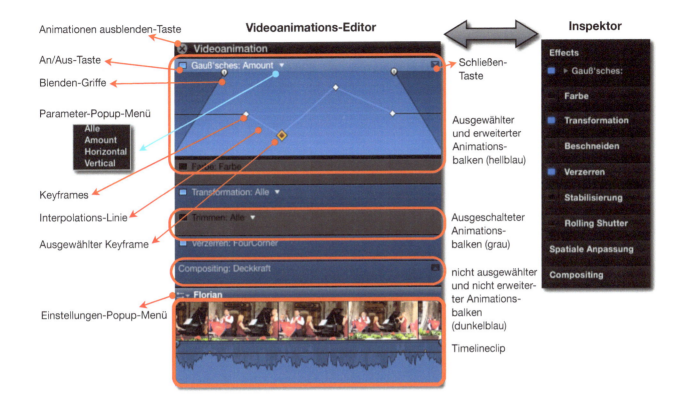

Auswahl der Animationsspuren:

Die Reihenfolge der Animationsbalken korrespondiert mit der Reihenfolge der Module im Inspektor. Das Auswählen eines Moduls in den Animationsbalken wählt das Modul im Inspektor aus und umgekehrt. Das Gleiche gilt für die blaue Modul an/aus-Taste. Manche Module (z.B. Spatiale Anpassung , Rolling Shutter) besitzen keine dazugehörige Animationsbalken.

- Hellblauer Balken: Modul ist ausgewählt (jeweils nur ein Modul zur gleichen Zeit)
- Dunkelblauer Balken: Modul ist nicht ausgewählt
- Grauer Balken: Modul ist ausgeschaltet (die blaue Taste ist ausgeschaltet)

Parameter-Menü:

Ein Modul kann nur einen Animationsbalken haben. Wenn ein Modul mehr als einen Parameter hat (z.B. Position, Rotation, Skalierung, Ankerpunkt), dann kann man mit dem Öffnen-Dreieck ein Popup-Menü öffnen, um den gewünschten Parameter in dem Balken zu sehen.

Videoanimationen einblenden/ausblenden:

Manche Balken haben eine einblenden/ausblenden-Taste in der oberen rechten Ecke, mit dem man diesen Balken für weitere Funktionalitäten vertikal erweitern kann. Ebenso können sie mit einem Doppelklick auf den oberen Bereich ein- und ausgeblendet werden.

- Ausgeblendet: Sie können Keyframes hinzufügen und entfernen. Die Keyframes können nur in horizontaler Richtung auf eine andere Zeitposition verschoben werden. Der Parameterwert (vertikale Richtung) kann im Inspektor bearbeitet werden.
- Eingeblendet: Neben dem Hinzufügen und Entfernen von Keyframes funktioniert das horizontale Verschieben auf der Zeit-Achse und das vertikale Verschieben auf der Parameterwert-Achse, jedoch nur in eine Richtung zur selben Zeit. Der Balken zeigt für manche Parameter jetzt auch Blenden-Griffe.

Keyframes bearbeiten

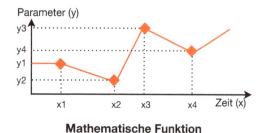

Mathematische Funktion

Animationsansicht

Letztendlich sehen Sie den Vergleich zwischen der mathematischen Funktion mit ihren x/y-Koordinaten und der Darstellung in einer Animation in FCPx. Beachten Sie die Details von Form und Farbe der Objekte:

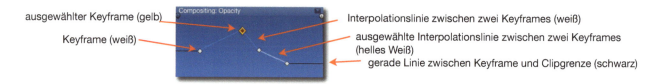

ausgewählter Keyframe (gelb)

Keyframe (weiß)

Interpolationslinie zwischen zwei Keyframes (weiß)

ausgewählte Interpolationslinie zwischen zwei Keyframes (helles Weiß)

gerade Linie zwischen Keyframe und Clipgrenze (schwarz)

➡ Ein fester Wert

Technisch gesehen gibt es keinen Unterschied zwischen einer Animation ohne Keyframe und einer Animation mit nur einem Keyframe für einen Parameter. Es ist ein Parameter mit nur einem festgelegten Wert.

- Der Wert lässt sich durch das **Ziehen** der geraden Linie nach oben oder unter ändern.

- Wenn ein Keyframe vorhanden ist, lässt sich dieser nach oben oder unten **ziehen**.

- Der Cursor verändert sich in zu einem Doppelpfeil, wenn er über die Linie bewegt wird.

- Ein kleines schwarzes Fenster zeigt während des Ziehens den Wert an.

Kein Keyframe

Ein Keyframe

➡ Einen Keyframe hinzufügen

Wenn die Animationslinie ausgewählt ist, gibt es mehrere Befehle, um einen Keyframe hinzuzufügen.

- **Alt+Klick** an der Stelle auf die Animationslinie, wo Sie den Keyframe haben möchten.

- Der Shortcut **alt+K** fügt der Animationslinie einen Keyframe an der Position des Playheads hinzu.

- Wählen Sie aus dem Hauptmenü **Ändern > Keyframe zum ausgewählten Effekt im Animations-Editor hinzufügen**.

➡ Einen Keyframe entfernen

Klicken Sie auf einen Keyframe um ihn auszuwählen (er wird gelb). Nun drücken Sie die **Entfernen**-Taste.

Diese Funktion ist ausgeschaltet, wenn die "*Solo Animation*" aktiviert ist!

ausgewählter Keyframe

➡ Zu Keyframes navigieren

Sie können den Playhead zu einem bestimmten Keyframe bewegen. Die Navigationsbefehle beziehen sich auf die Keyframes in dem ausgewählten Animationsbalken. Sie funktionieren nicht, wenn der Playhead außerhalb des ausgewählten Clips liegt oder der Parameter auf „Alle" gesetzt ist.

- Der Shortcut **alt+;** bewegt den Playhead auf den nächsten linken Keyframe. Gleiches gilt für "**Vorherigen Keyframe**".

- Der Shortcut **alt+'** bewegt den Playhead auf den nächsten rechten Keyframe. Gleiches gilt für "**Nächster Keyframe**".

➡ **Keyframes bewegen**

Sie können Keyframes bewegen, indem Sie sie einfach verschieben.

- Die Bewegung ist limitiert auf eine Richtung zur gleichen Zeit.

- Der Cursor verändert seine Form und zeigt die Zieh-Richtung.

- Der Keyframe wird während des Ziehens gelb und bleibt dann gelb (ausgewählt).

- Weiterhin können Sie den ausgewählten Keyframe mit **alt+Pfeil nach oben** und **alt+Pfeil nach unten** bewegen.

- Ein kleines schwarzes Fenster zeigt während des Ziehens den Keyframe-Wert. Bei vertikaler Bewegung wird der Parameterwert angezeigt, bei horizontaler Bewegung die Timecode-Position.

- Wenn die Maus über einen nicht ausgewählten Keyframe gezogen wird, erscheint am Cursor eine kleine Raute, die symbolisiert, dass das kleine schwarze Infofenster den Parameterwert des Keyframes zeigt.

Animationslinien bearbeiten

Anstatt Keyframes direkt durch horizontale und vertikale Bewegung zu bearbeiten (jeweils nur einen Keyframe), können Sie ebenso auch die Linien zwischen den Keyframes verändern (nur vertikal). Erinnern Sie sich, dass die Linie „unsichtbare Keyframes" mit weiteren Parameterwerten beinhaltet, die die Berechnung der Interpolation, also der stetigen Veränderung zwischen Keyframe A (Wert A) und Keyframe B (Wert B) enthält. Die einzige Ausnahme ist eine gerade Linie parallel zur Timeline. Diese zeigt einen konstanten Wert an, wo sich der Parameterwert nicht ändert.

➡ **Animationslinie bewegen**

Das **Ziehen** der Linie zwischen zwei Keyframes nach oben oder unten bewegt die Linie vertikal und damit die beiden Keyframes links und rechts ebenso. Achten Sie auf folgendes Detail: Wir sahen, dass, wenn Sie einen Keyframe vertikal bewegt haben, dessen Parameterwert angezeigt wurde. Wenn Sie jetzt eine nicht parallele Linie bewegen, zeigt das Infofenster exakt den Parameterwert der Position der angeklickten Linie (den unsichtbaren Keyframe).

➡ **Einen ausgewählten Bereich verschieben**

Es gibt eine weitere Option, einen Bereich einer Animation zu bewegen, ohne vorher Keyframes zu erstellen:

❶ **Klicken+Ziehen** Sie eine Auswahl in der Animationslinie. Dieser Bereich muss zwischen zwei Keyframes liegen und kann nicht über einen bestehenden Keyframe hinausragen. Der Bereich wird als gelbes Rechteck dargestellt. (Sie müssen das Bereichsauswahl-Werkzeug **R** benutzen, um es in der Audiospur anwenden zu können.)

❷ Wenn Sie einen Bereich erstellt haben, können Sie mit **Klicken+Ziehen** die linke oder rechte Grenze verändern. Der Cursor verändert sich zu einem doppelten Pfeil um die aktuelle Mausfunktion zu zeigen. Denken Sie daran, dass Sie keinen Bereich über einen Keyframe aufziehen können.

❸ Wenn Sie einen Bereich ausgewählt haben, können Sie die Animationslinie innerhalb des Bereiches nach oben oder unten **ziehen**. Folgendes geschieht:

- FCPx erstellt vier Keyframes: Zwei Keyframes an der linken Grenze und zwei Keyframes an der rechten Grenze.

- Die beiden Keyframes an einer Grenze liegen nur einen Frame auseinander.

- Das Bewegen der Linie innerhalb der Auswahl verschiebt die beiden inneren Keyframes des Bereiches und stellt sicher, dass die Animationslinie außerhalb des ausgewählten Bereiches nicht berührt wird (nur vertikale Bewegung).

- Das kleine schwarze Fenster zeigt den Parameterwert an der aktuell geklickten Position der Linie.

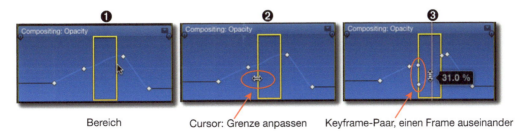

Bereich   Cursor: Grenze anpassen   Keyframe-Paar, einen Frame auseinander

➡ **Animationslinie formen**

Normalerweise ist die Animationslinie (die Interpolation zwischen Keyframes) gerade. Es gibt jedoch zwei Methoden, um diese Linie zu krümmen.

- **Ctr+Klick** auf eine Animationslinie (nicht die schwarze parallele Linie) öffnet ein Menü mit vier Kurven-Einstellungen. Dieses Menü ist nur für Video-Effekte, nicht aber für Audio-Effekte zugänglich. Es bestimmt die Grundform der Kurve zwischen zwei Keyframes. Zusätzlich können Sie durch das horizontale Ziehen der Kurve einstellen, wie stark die Linie gekrümmt werden soll.

- **Linie horizontal verschieben** zwischen zwei Keyframes lässt ein kleines Kurvensymbol am Cursor erscheinen. Wenn Sie jetzt die Maus nach links oder rechts bewegen, wird sie in eine S-Form umgewandelt. es gibt zwei verschiedene Anwendungen.

  - Wenn keine Form aus dem Menü ausgewählt ist (Standard = linear), dann krümmt das Kurven-Werkzeug die gerade Linie in eine S-förmige Linie. Das entspricht der ersten Beschleunigen-Auswahl im Menü.

  - Wenn eine Form im Menü ausgewählt wurde, dann kann man mit dem Krümmen-Werkzeug, abhängig von der horizontalen Position des Cursors, die Krümmung stärker oder schwächer gestalten. Wenn es scheint, als hätte die aus dem Menü ausgewählte Form eine Krümmung von 50%, dann erlaubt das Krümmen-Werkzeug eine Krümmung von 100% (= max) bis 0% (= linear).

Kurvenwerkzeug

Hier sind die vier unterschiedlichen Formen, eingestellt auf 100%. Bitte beachten Sie, dass sich der dritte Auswahlpunkt „Beschleunigen" auf den rechten Keyframe und der vierte Auswahlpunkt „verlangsamen" auf den linken Keyframe beziehen. Die zweite Auswahlmöglichkeit „Beschleunigen" bezieht sich auf beide Punkte. *(Leider wird der Begriff „Beschleunigen" in der deutschen Programmversion doppelt benutzt.)*

Blenden-Griffe

Blenden-Griffe sind die beiden kleinen Punkte an der oberen linken und rechten Grenze von manchen erweiterten Animationsspuren.

- Audio-Spur: Hier sind die Blenden-Griffe am hilfreichsten. Sie können horizontal verschoben werden, um eine schnelle Audio-Blende ohne irgendwelche Keyframes und gekrümmten Linien zu erstellen. Sie haben zwei Kontrollmöglichkeiten:

  - **Ziehen** Sie den Griff, um die Länge der Blende zu setzen. Das Infofenster zeigt den Timecode als Referenz.

  - **Ctr+Klick** auf einen Anfasser, um das Menü für die unterschiedlichen Krümmungen zu öffnen.

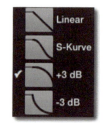

- Andere Video- oder Audio-Effekt-Spuren: Nicht alle Effekt-Spuren haben Blenden-Griffe. Wenn sie verfügbar sind, dann funktionieren sie wie eine Ebene über der Animationslinie mit ihren Keyframes, um den programmierten Effekt ein- und auszublenden.

Einblenden-Griff   Ausblenden-Griff

Einblenden-Kurve   Ausblenden-Kurve

Solo-Animation

Wenn Sie viele Video- oder Audio-Effekte in Ihrem Clip ausgewählt haben, dann kann sich der Audio-Animations-Editor sehr hoch aufstapeln und eine Menge Platz im Timeline-Fenster in Besitz nehmen. Für diese Situation unterstützt FCPx einen einfachen Befehl, um im Animations-Editor nur einen Balken zu zeigen. Diese Funktion nennt sich „Solo-Animation".

- Wählen Sie den Animationsbalken, den Sie einzeln darstellen möchten.
- Schalten Sie die Solo-Animation im Hauptmenü mit **Clip > Nur Animationen darstellen** ein oder nutzen Sie den Shortcut **sh+ctr+V**

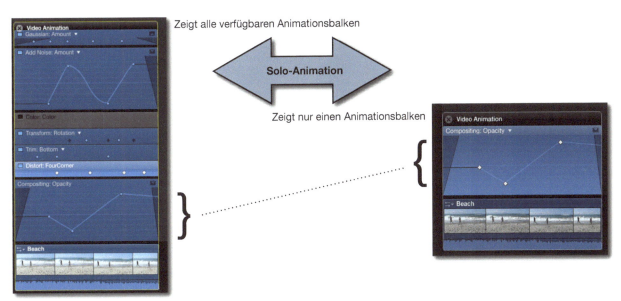

Zeigt alle verfügbaren Animationsbalken

Solo-Animation

Zeigt nur einen Animationsbalken

Werfen wir einen Blick auf den Animations-Editor und fassen ein paar Benutzeroberflächen-Eigenschaften zusammen:

Animationsbalken werden anfangs in ihrer eingeschränkten Ansicht dargestellt und haben eine Taste zum Öffnen ❶, womit sie in der erweiterten Ansicht dargestellt werden. Nicht alle Parameter haben die Öffnen-Taste ❷.

➡ Erweiterte Ansicht:

- Keyframes können erstellt, vertikal und horizontal bewegt werden. Auch die Linien können verschoben werden.
- Sie können mehr als einen Animationsbalken (Effekt) erweitern, aber es kann nur ein Effekt-Parameter pro Balken dargestellt werden.

➡ Reduzierte Ansicht:

- Keyframes können erstellt, aber nur horizontal bewegt werden. Jede Veränderung eines Parameters muss im Inspektor gemacht werden.
- Wenn der Effekt mehr als einen Parameter hat, lassen sich diese mit der Öffnen-Taste neben seinem Namen ❸ in einem Popup-Menü auswählen. Es kann jeweils nur ein Parameter zur gleichen Zeit angezeigt werden.
- Keyframes des aktiven Parameters sind hellblau ❹ und können bearbeitet werden. Keyframes von anderen Parametern (nicht sichtbar) werden als schwarze Punkte dargestellt ❺ und können erst durch das Wechseln des Parameters bearbeitet werden.
- Eine ausgewählte Spur zeigt eine gepunktete Linie ❻, die die Zeit-Achse (x-Achse) ohne Parameterwerte (y-Achse) repräsentiert.

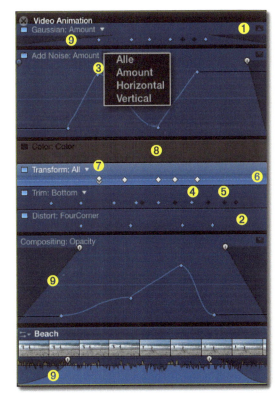

- Wenn "Alle" Parameter in dem Balken ausgewählt ist, werden alle Keyframes von allen Parametern als weiße Rauten sichtbar, wobei zwei Keyframes von unterschiedlichen Parametern an einer Stelle als doppelte Raute dargestellt werden ❼. Es ist möglich, die Keyframes zu verschieben, aber schwierig zu wissen, um welchen Parameter es sich hierbei handelt.
- Ausgeschaltete Effekte werden als grauer Animationsbalken dargestellt. ❽
- Blenden-Bereiche sind in der erweiterten und reduzierten Ansicht sichtbar. ❾

Steuerelemente auf dem Bildschirm (Onscreen Controls)

Steuerelemente direkt im Viewer sind der dritte Weg, um Keyframes zu erstellen.

❶ Wir haben den **Inspektor**, der die einfache numerische Eingabe von Keyframe-Werten unterstützt.

❷ Der **Animations-Editor** nutzt die grafische Benutzeroberfläche in Form einer x/y-Funktion für die Keyframe-Bearbeitung.

❸ Mit **Steuerelementen im Viewer** lassen sich Keyframes und andere Daten als Überlagerung über das Video im Viewer „zeichnen". Die meisten Steuerelemente sind, wie auch beim Animations-Editor, ebenso über den Inspektor erreichbar. Manche Parameter lassen sich allerdings nur über die Steuerelemente im Viewer einstellen.

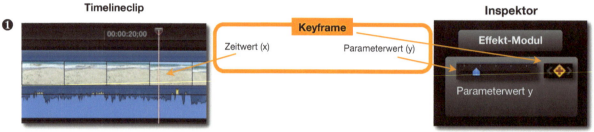

Der Zeitwert (x) wird durch die Position des Playheads auf dem Clip gesetzt. Der Parameterwert (y) wird im Inspektor gesetzt. Das Wertepaar ist als Keyframe im Inspektor abgespeichert.

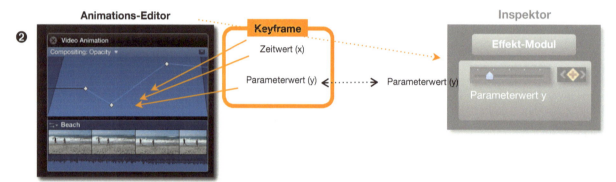

Zeitwert (x) und Parameterwert (y) können durch die Bedienung der Keyframes im Animations-Editor, der parallel zum Clip liegt, grafisch bearbeitet werden. Der Keyframe wird direkt auf der Animationslinie erstellt. Der Parameterwert (y) und die Keyframes hängen mit den Einstellungen im Inspektor zusammen und können auch hier bearbeitet werden.

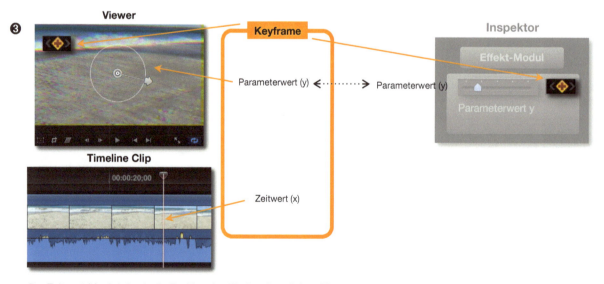

Der Zeitwert (x) wird durch die Position des Playheads auf dem Clip gesetzt. Der Parameterwert (y) wird mit den Steuerelementen im Viewer gesetzt und hängt mit den Einstellungen im Inspektor zusammen. Das Wertepaar wird in einem Keyframe im Inspektor gespeichert. Manche Steuerelemente haben auch Keyframe-Tasten im Viewer.

Mechanismen

Steuerelemente auf dem Bildschirm sind sehr hilfreich, wenn es um Parameter geht, die eine bestimmte Position auf dem Bildschirm brauchen. Das kann ein Objekt (Text, Bild) oder ein Effekt (Überblendung, Transformation usw.) sein.

Wenn Sie ein Objekt in der oberen rechten Ecke platzieren wollen, geben Sie die x- und y-Koordinaten dieser Position im Parameterwerte-Feld im Inspektor ein. Aber was sind die exakten Werte für x und y? Es ist viel einfacher, das Objekt im Viewer direkt dort zu platzieren, wo es hin soll. Hierfür sind die Steuerelemente im Viewer: Eine intuitiv zu bedienende grafische Benutzeroberfläche nach dem Motto „WhatYouSeeIsWhatYouGet"

Die Steuerelemente in Form von Kreisen, Pfeilen oder Linien weisen auf die Funktion, die mit den Parameterwerten im Inspektor zusammenhängt, hin. Ein Steuerelement zu bewegen bedeutet, den Parameterwert im Inspektor zu ändern und umgekehrt.

- **Feste Werte**: Nutzen Sie die Steuerelemente im Viewer, um einen oder mehrere Werte zu verändern. Diese Werte verändern sich über die Dauer des Clips oder der Überblendung nicht.
- **Variable Werte**: Sie können die Einstellungen mit den Steuerelementen im Viewer direkt vornehmen und Werte einem Zeitwert zuordnen, um sie in einem Keyframe zu speichern. Bewegen Sie den Playhead dann auf die nächste Zeitposition und stellen Sie die Werte für diese Position ein. Es ist der gleiche Keyframe-Prozess, den wir zuvor gesehen haben. Manchmal speichern Keyframes mehrere Parameterwerte, in anderen Fällen brauchen Sie für komplexe Animationen viele Keyframes. Und auch hier gilt wieder, dass die **Interpolation** all diese unsichtbaren „Zwischenwerte" zwischen zwei Keyframes erstellt, um eine flüssige Animation mit ein paar Klicks zu erstellen.

Hier drei Beispiele:

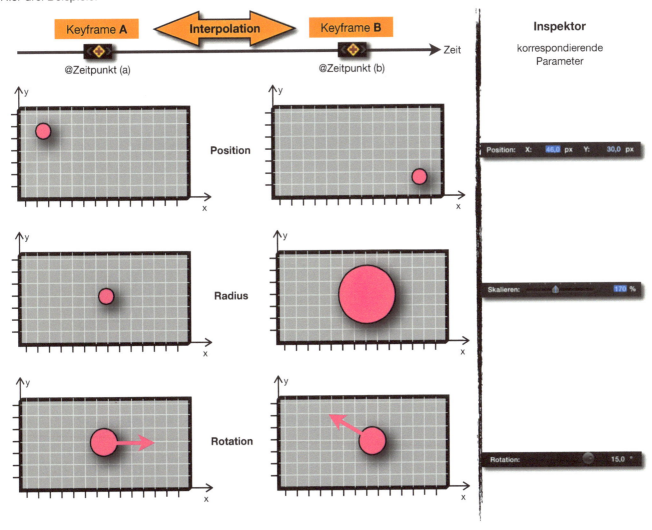

Bei der Wiedergabe bewirkt die Interpolation, dass die Position oder Form A des Objektes sich zu Position oder Form B des Objektes ändert. Die Form oder Position des Objektes wird durch die im Inspektor gezeigten Werte repräsentiert.

Module mit Steuerelementen im Viewer

Schauen wir uns ein paar Module an, die unterschiedliche Steuerelemente im Viewer haben. Ich habe sie in drei Abschnitte unterteilt:

❶ Standard-Video-Module für einen Clip

> Dies sind die Module, die jeder Timelineclip (Video) standardmäßig besitzt
>
> - Transformation
> - Beschneiden
> - Verzerren
> - Farbe

❷ Zusätzliche Video-Effekte eines Clips

> Das sind die vom Anwender hinzugefügten Module, die in der Gruppe „Effects" oben im Inspektor zusammengefasst sind. Jeder Video-Effekt, der zu einem Clip hinzugefügt wurde, erscheint für die weitergehende Bearbeitung an dieser Stelle.

❸ Übergang-Module

> Diese Inspektor-Ansicht zeigt nicht die Einstellungen eines regulären Clips. Es zeigt die Eigenschaften eines Übergang-Clips, der zwischen zwei Clips in der Timeline liegt. Wenn Sie einen Übergang auswählen, zeigt der Inspektor diese Ansicht für die weitergehende Bearbeitung. Beachten Sie das „Übergang"-Register oben im Inspektor-Fenster.

Übergang:

Um mit Parametern den Effekt anzupassen, haben einige Übergänge Steuerelemente im Viewer.

Hier werden selten Keyframes benötigt, da sie eine Art Animation eingebaut haben. Obwohl der Inspektor das Hinzufügen von Keyframes zu manchen Parametern unterstützt, scheinen sie ignoriert zu werden (vielleicht fehlerhaft).

Video-Effekte:

Einige Video-Effekt-Module unterstützen Steuerelemente im Viewer für schnelle Parameter-Anpassungen. Das Hinzufügen von Keyframes für einen animierten Effekt geht sehr schnell und intuitiv.

Transformation

Die Transformations-Parameter (Position, Rotation, Skalierung und Anker) können visuell gesetzt werden, ohne dass aktuelle Pixel- und Prozentwerte im Inspektor eingetragen werden müssen.

Damit animierte Effekte schneller erstellt werden können, hat der Viewer seine eigenen Keyframe-Schalter in der oberen linken Ecke.

Beschneiden

Das Beschneiden-Modul beinhaltet momentan drei Arten von Modulen:

Trimmen und Beschneiden unterstützt die Steuerelemente im Viewer und Ken Burns macht das Erstellen des typischen Ken-Burns-Effektes mit den intuitiven Steuerelementen sehr einfach.

Verzerren

Das Verzerren-Modul unterstützt hauptsächlich das Verzerren der Form des Bildes.

Dieses Modul hat ebenso seine eigenen Steuerelemente im Viewer.

Farbe

Ich behandele das Farbe-Modul in einem eigenen Kapitel. Hier ist ein Beispiel für die Steuerelemente zum Erstellen einer Maske im Viewer.

Ein neues Konzept

In diesem Bereich gibt es eine Menge tolle Features und neuer Ideen, aber ebenso einige wichtige Versäumnisse, die den Eindruck hinterlassen, dass manche Bereiche in der Audio-Implementierung fehlen und in Version 1.0. nicht fertiggestellt sind. Vielleicht werden manche dieser Dinge im neuen, in FCPx eingeführten Workflow nicht mehr gebraucht werden.

Apple machte einen gewagten Schritt und eliminierte das Konzept mit Spuren in FCPx und ersetzte es durch die primäre Handlung. Dabei brachte es manche grundlegenden Workflows von Cuttern durcheinander. Diese Änderungen im Audio-Bereich bereitete vielen Cuttern große Kopfschmerzen. In der Audio-Welt (Pro Tools, Logic Pro) basiert alles auf Spuren und es war ein üblicher „Handschlag" zwischen der Video- und der Audio-Welt mit den etablierten Datenaustauschformaten.

- Audioclips wurden im Videoschnittprogramm in Audiospuren angelegt. Hierbei wurde ein einfacher Kanalmix im Schnittprogramm erledigt und grundlegende Tonbearbeitung gemacht.

- Um einen besseren Überblick zu behalten, konnten die unterschiedlichen Audioclips in vorbestimmten Spuren (Dialog, Atmo, Geräusche, Musik etc.) platziert werden. Diese Spuren konnten an ProTools übergeben werden, um dort abgemischt zu werden, oder direkt an das zu FCP7 gehörige Programm Soundtrack gesendet werden.

Das ist jetzt alles vorbei. FCPx führte jedoch ein neues beeindruckendes Werkzeug in der Version 1.01 ein, die „Funktionen (Roles)". Es benötigt ein Umdenken weg von konventionellen Workflows hin zu einer neuen Funktionalität, die vorher nicht möglich war. Ein Hinweis in eine neue Richtung?

Objektbasiertes Audio

Um das neue Audiokonzept in FCPx zu verstehen, denken Sie an den Übergang von der analogen zur digitalen Denkweise. Die analoge Welt basierte auf Spuren und ihrem Ablageort (analoger Videoschnittplatz oder mehrspurige Bandmaschine), die das Signal trug. Das Signal aus der Maschine wurde durch einen Mixer geleitet, in dem das Signal für weitere Prozesse ausbalanciert und mit Effekten belegt wurde. Das fertig abgemischte Endsignal wurde an Lautsprecher oder Aufnahmegeräte geschickt.

Dieses Konzept entspricht in virtueller Form allen DAWs (Digital Audio Workstations). Unter der Motorhaube jedoch gibt es kein Signal, das von einem Output zum anderen Output übergeben wird. Alles basiert auf Computercode mit Nullen und Einsen, Objekten, Adressen etc.. Das „Digitale Denken" scheint sich in den Audiobereich von FCPx eingeschlichen zu haben und, wenn Sie es noch nicht bemerkt haben, kann es auch als Datenbank betrachtet werden. Die Objekte (Clips) sind Einträge in der Datenbank und ihre Felder entsprechen den Attributen dieser Objekte. Parameter, die im Inspektor oder Viewer betrachtet und eingestellt werden können, gewähren den Einblick in das Objekt - Ihr neues Mischpult.

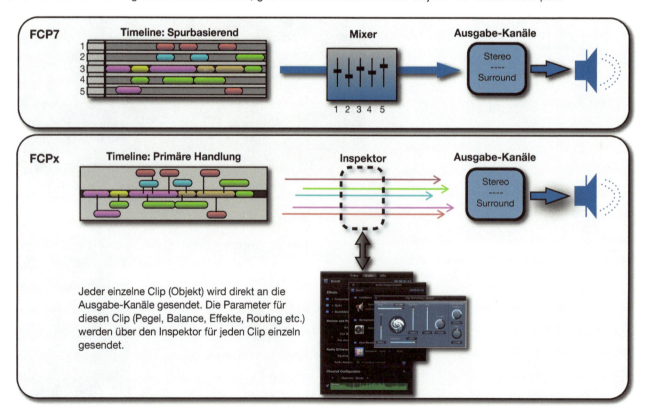

Jeder einzelne Clip (Objekt) wird direkt an die Ausgabe-Kanäle gesendet. Die Parameter für diesen Clip (Pegel, Balance, Effekte, Routing etc.) werden über den Inspektor für jeden Clip einzeln gesendet.

Audio hinzufügen

Bevor wir uns anschauen, *wie* wir Ton mit dem Inspektor mischen, befassen wir uns näher damit, *was* wir mischen, nämlich die einzelnen Clips.

Audioclip

Nachstehend finden Sie einen Überblick über verschiedene Clips mit dem Augenmerk auf Ton:

- **Ereignis-Browser**: Das Symbol oder der Dateityp ist der erste Hinweis darauf, ob ein Clip Ton enthält.

  ❶ Audioclip: Diese Art von Clip enthält definitiv Audio.

  ❷ Bildclip: Er besteht technisch gesehen nur aus einem Frame und enthält keine Ton-Information.

  ❸ Videoclip: Ein Videoclip kann Video- und Audioinformationen beinhalten.

- **Inspektor**: Die Kopfzeile des Inspektors zeigt das Audio-Register nur, wenn Audioinhalt vorhanden ist. Neben dem Clipnamen findet sich ebenso ein Symbol, welches darauf hinweist, welcher Dateityp vorliegt.

- **Timeline**: Die Timeline zeigt direkt in der Vorschau an, ob der Clip Audioinformationen enthält. Denken Sie daran, dass über die Darstellungsoptionen der Audiobereich ausgeblendet sein kann.
  Die letzten beiden Clips in der Timeline sind Sonderfälle. Sie stammen beide vom gleichen Ereignisclip ❸, jedoch:

  ❹ Videoclip (nur Video): In diesem Fall wurde der Clip mit der „nur Video"-Option in die Timeline gezogen. Der Audio-Bereich der Vorschau ist leer.

  ❺ Audioclip (nur Audio): In diesem Fall wurde der Clip mit der „nur Audio"-Option in die Timeline gezogen. Der Video-Bereich der Vorschau ist leer. Beachten Sie, dass die Vorschau bei reinen Audioclips grün ist.

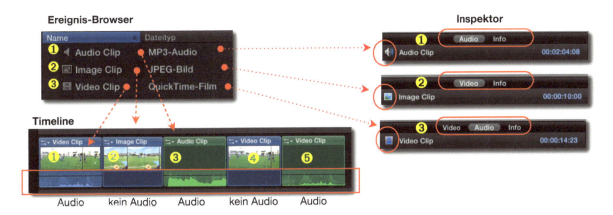

Nur zur Erinnerung: Ein Videoclip, der Ton enthält, ist technisch gesehen ein zusammengesetzter Clip, also Teil eines gruppierten Clips, der mehr als einen Clip enthält. Ein regulärer Videoclip, der Audio enthält, ist deshalb ein zusammengesetzter Clip, der einen Video- und einen Audioclip enthält. Schauen Sie auf die drei unterschiedlichen Clip-Befehle und was dadurch mit dem Audiopart des Clips passiert:

➡ **Audio/Video erweitern**
Dies ist eine erweiterte Darstellung, der Clip ist weiterhin ein zusammengesetzer Clip.

➡ **Audio trennen**
Der Audioclip wird zu einem separaten verbundenen Clip (grün).

➡ **Clip-Objekte teilen**
Der Audioclip wird zu einem separaten verbundenen Clip (grün). Der Clip übernimmt den Namen des Quellclips und zeigt die Spur an (-v1, -a1).

Medien-Browser

Jede Mediendatei, die in FCPx importiert wurde, kann Ton enthalten. Der Ereignisclip wird als reiner Audioclip oder als Video-/Audioclip angezeigt.

Es gibt jedoch eine spezielle Import-Option für reine Audioclips: Ziehen Sie Dateien aus dem Medienbrowser aus dem "Musik und Ton"-Bereich heraus. Der Vorgang ist sehr einfach:

Medien-Browser

❶ Wählen Sie das "Musik und Ton"-Register aus dem Dashboard. Dadurch wird der Medien-Browser geöffnet.

❷ Das Popupmenü zeigt die aktuelle iTunes-Mediathek und weitere installierte Sound-Mediatheken, die von FCPx unterstützt werden.

❸ Sie können alle verfügbaren Dateien durchsuchen und mit der Play-Taste vor dem Importieren durchhören.

❹ Ziehen Sie die ausgewählte(n) Datei(en) entweder in ein Ereignis in der Ereignis-Mediathek oder direkt in die aktuelle Timeline.

Audio aufzeichnen

Sie können den Ton auch direkt mit FCPx aufzeichnen. Das ist sehr praktisch, wenn Sie ein paar schnelle Audiokommentare während des Schneidens einsprechen wollen. Der Vorgang ist sehr einfach:

➡ Öffnen Sie das Record-Fenster aus dem Hauptmenü **Fenster > Audio aufnehmen** (Sie können auch einen Shortcut dafür festlegen).

➡ Treffen Sie eine Auswahl und nehmen Sie auf:

☑ **Aufnahmetaste klicken** oder die **Leertaste** benutzen, um zwischen Start und Stopp zu wechseln (oder Play-Taste im Viewer nutzen).

☑ Die **Audiometer** zeigen den Eingangspegel an, um Übersteuerungen zu vermeiden.

☑ **Ziel**: Das Popupmenü zeigt alle verfügbaren Ereignisse an. Wählen Sie das Ereignis, dem Sie die Aufnahme zuweisen wollen.

☑ **Input-Gerät**: Das Popupmenü zeigt alle am Computer angeschlossenen Eingabe-Möglichkeiten. Das Menü unterstützt ein Untermenü, um bestimmte Kanäle auszuwählen.

☑ **Pegel**: Mit dem Schieberegler können Sie die Empfindlichkeit des Eingabegerätes steuern.

☑ **Monitor**: Das Popup-Menü zeigt alle am Computer angeschlossenen Ausgabemöglichkeiten an. Auch dieses Menü unterstützt Untermenüs, um bestimmte Kanalkonfigurationen für die Ausgabe vorzunehmen. Setzen Sie kein Häkchen in der Checkbox, um das Ausgabegeräte stummzuschalten und eine mögliche Rückkopplung zu vermeiden.

☑ **Pegel**: Setzt den Monitor-Pegel.

➡ Folgendes wird geschehen, wenn Sie die Aufnahmetaste drücken:

• Die Wiedergabe startet an der Position des Playheads.

• Der Ton des ausgewählten Eingabegerätes wird als *AIFF* in den *Original Media*-Ordner des ausgewählten Ereignisses gespeichert. Die Benennung der Dateien beginnt mit „*VoiceOver-0*" und wird mit jeder neuen Aufnahme hochgezählt.

• Im ausgewählten Ereignis wird ein Ereignisclip mit dem Namen „Voiceover 1" erstellt. Bemerkenswert ist, dass Ereignisclips von 1 hochnummeriert werden, die Quelldateien aber bei 0 starten.

• Dieser Ereignisclip wird immer als verbundener Timelineclip, der an der Position des Playheads beginnt, platziert. Wenn in der primären Handlung kein Clip liegt, wird ein Platzhalterclip erstellt, an den sich der Voiceoverclip heftet.

• Der Clip bekommt die Funktion (Role) „*Dialog*" zugewiesen.

Audio anpassen

Wenn wir nun einige Clips mit Audioinhalt in FCPx importiert haben, wie mischen wir sie nun, passen sie an und spielen mit ihnen herum? Wie wir am Anfang gesehen haben, ist der Inspektor unser Audiomischer. Jede Audio-Anpassung, außer die Änderung der Position in der Timeline, wird im Inspektor vorgenommen. Das bedeutet, wenn Sie irgendetwas mit der Audiodatei machen wollen, tun Sie es im Inspektor.

Das klingt nicht so kompliziert: "Alle Audio-Anpassungen werden im Inspektor vorgenommen". Das könnte Alles für das Audiokapitel sein. Jedoch gibt es ein paar Details, die zu beachten sind und ich möchte sie hier erklären. Je besser Sie das zugrundeliegende Konzept verstehen, desto einfacher können Sie begreifen, was passiert, und dieses Wissen auf diese bemerkenswerte Werkzeuge anwenden.

Ich erwähnte schon zuvor, dass wir in ein „digitales Denken" einsteigen müssen. Das passiert auch hier. Der Computer „sieht" keinen Videoclip, stattdessen behandelt er Clips als *„Objekte"*, die aus Einsen und Nullen bestehen. Das gesamte Bearbeiten besteht letztendlich aus zwei Elementen.

- Das **Objekt**: Dies ist der ausgewählte Clip, den Sie bearbeiten möchten. Wählen Sie (sagen Sie dem Computer), was Sie bearbeiten möchten.

- Der **Inspektor**: Er stellt die Werkzeuge (GUI) zur Verfügung, um den Clip zu verändern.

   - *Anzeigen* der Elemente des Objekts - dessen Parameter (Eigenschaften, Attribute, wie immer Sie es nennen).

   - *Anpassen* der Parameter des Objektes

Der Ton in einem Ereignis- oder Timelineclip ist das Objekt, das wir anpassen. Das Konzept des „Audio mischen/anpassen", (das Bearbeiten von Clips in FCPx), entspricht der Bearbeitung in anderen Programmen, in denen Sie Objekte (Bilder, Text etc.) bearbeiten. Sie wählen die Objekte aus, sehen deren Parameter im Inspektor und passen die Parameter an.

Hier ist ein kleines, aber wichtiges Detail über diese Objekte. FCPx unterscheidet zwischen zwei Objekten, die geringfügig unterschiedlich bezüglich des Inspektors und der Bearbeitungsparameter sind: Ereignisclips und Timelineclips.

Ereignisclip

Die Audio-Parameter eines ausgewählten Ereignisclips können im Audio-Register im Inspektors gesehen und bearbeitet werden ❶. Er zeigt drei Module:

▸ Lautstärke und Panorama

▸ Audioverbesserungen

▸ Kanalkonfiguration

Timelineclip

Die Audio-Parameter eines ausgewählten Timelineclips können im Audio-Register im Inspektors gesehen und bearbeitet werden ❶. Aber hier werden vier Module gezeigt:

▸ Effects

▸ Lautstärke und Panorama

▸ Audioverbesserungen

▸ Kanalkonfiguration

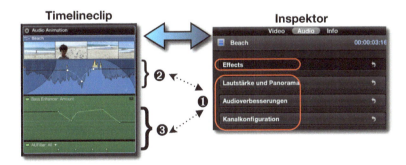

Als Ergänzung zu meinen früheren Angaben, dass Parameter im Inspektor gesehen und bearbeitet werden können, gibt es hier zwei Ausnahmen. Der Timelineclip hat zwei Bereiche, in denen Sie ebenfalls die Parameter sehen und bearbeiten können. Sie korrespondieren mit den Parametern im Inspektor und werden an beiden Stellen aktualisiert:

❷ Lautstärke-Anpassung: Diese Spur zeigt den Pegel für die Clip-Lautstärke inklusive Keyframes und Fade-Griffen. Beachten Sie eine weitere Ausnahme: Die Fade-Griffe gibt es nur in der Timeline, aber nicht im Inspektor.

❸ Audioanimation: Audiobalken zeigen jegliche Parameter als Funktion über die Zeitachse und vorhandene Keyframes.

Bedenken Sie zwei Dinge, wenn Sie sich die Parameter im Inspektor ansehen oder sie bearbeiten:

1. Welches Objekt ist ausgewählt?
2. Ist das ausgewählte Objekt ein Ereignisclip oder ein Timelineclip?

Das klingt einfach, aber beachten Sie Folgendes:

- Natürlich wollen Sie keine Werte im Inspektor verändern und später feststellen, dass Sie den falschen Clip bearbeitet haben. Behalten Sie immer im Blick, welcher Clip ausgewählt ist.

- Häufig können Sie mehrere Clips auswählen und deren Werte gleichzeitig verändern.

- Ein ausgewählter Clip hat einen gelben Rahmen (anders als der abgerundete gelbe Rahmen, der einen ausgewählten Bereich innerhalb eines Clips anzeigt). Jetzt wissen Sie, dass er ausgewählt ist und der eingeblendete Inspektor dessen Parameter anzeigt. Wenn Sie jedoch in den Inspektor klicken, um die Parameter zu bearbeiten, wechselt der Focus von der Timeline (oder dem Ereignis-Browser) zum Inspektor. Der gelbe Rahmen, der den ausgewählten Clip markiert, wird grau. Achten Sie auf diesen feinen Unterschied im visuellen Feedback.

 Der Timelineclip ist ausgewählt während die Timeline aktiv ist - gelber Rahmen

 Der Timelineclip ist ausgewählt während die Timeline nicht aktiv ist - grauer Rahmen

Erinnern Sie sich auch an Folgendes: Ereignisclips und Timelineclips haben ihre eigenen Eigenschaften (unterschiedliche Datenbankeinträge). Einen Ereignisclip in die Timeline zu bewegen bedeutet, einen unabhängigen Timelineclip mit den Ereignisclip-Eigenschaften zu erstellen. Alle nachträglichen Veränderungen des Timelineclips haben keine Auswirkung auf den Ereignisclip. Das Gleiche geschieht auch, wenn Sie einen Timelineclip direkt in der Timeline kopieren (duplizieren). Auch hier wird ein neuer unabhängiger Timelineclip erstellt. Achten Sie also darauf, wo und warum Sie Audioanpassungen vornehmen. Wenn der Ereignisclip zum Beispiel eine grundlegende Bearbeitung benötigt (Kanalzuweisung, Pegel zu niedrig oder zu hoch etc.), dann kann das auf dem Ereignisclip stattfinden, damit die angepassten Parameter von dem, durch Ziehen des Clips in die Timeline entstehenden Timelineclip übernommen werden.

> Tipp: Obwohl Sie keine Effekte zu einem Ereignisclip hinzufügen können, da der Inspektor hier kein Effektmodul anzeigt, gibt es über den Befehl "**In der Timeline öffnen**" die Möglichkeit, den Ereignisclip in der Timeline zu öffnen und zu bearbeiten. Dies eröffnet ungeahnte Möglichkeiten in FCPx.

Lassen Sie uns die vier Module im Inspektor genauer betrachten und sehen, welche Audioparameter bearbeitet werden können:

- **Effects**: Dieses Modul entspricht einem Effekte-Container, der mit Effekt-Plugins beladen werden kann.

- **Lautstärke und Panorama**: Hier werden der Pegel und Panorama-Einstellungen für Stereo und Surround vorgenommen.

- **Audioverbesserungen**: Hier finden Sie ein paar eingebaute Effekte für schnelle Audioanpassungen.

- **Kanalkonfiguration**: Das ist das Output-Routing-Modul

Unten sehen Sie eine Darstellung eines Audio-Signalflusses vom Clip durch die Module zum Lautsprecher. Es repräsentiert das „analoge Denken" (es ist nur ein Modell ohne Kenntnis des aktuellen FCPx-Codes). Obwohl dies in der Computersprache Objekte, Adressen und Spuren sind, ist es wichtig, eine Vorstellung vom Audio-Signalfluss zu haben, weil die Reihenfolge der Module, durch die der Ton geht, manchmal entscheidend ist.

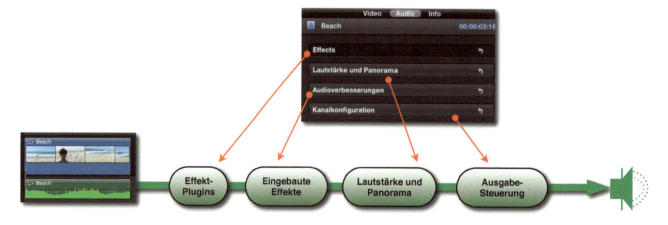

Kanalkonfiguration

Obwohl es das letzte Modul ist, könnte es als wichtigstes bezeichnet werden, da es den Audioclip beschreibt (ist es ein Stereo- oder Surroundclip etc.). Es ist sehr leicht, die Wichtigkeit und das enorme Potential dieses kleine Moduls zu erkennen, da es nur ein Popup-Menü und ein Öffnen-Dreieck zum Anzeigen der Waveform-Darstellung hat. Was wir hier sehen, hat seinen Ursprung im konventionellen Signalrouting in FCP7. Dort wurden Audioclips in Audiospuren abgelegt, die an individuelle Fader im Mixer gesendet wurden und dann als Mastermix ausgegeben wurden. FCPx hat keinen Mixer (in Version 1.0.1), stattdessen haben wir Folgendes:

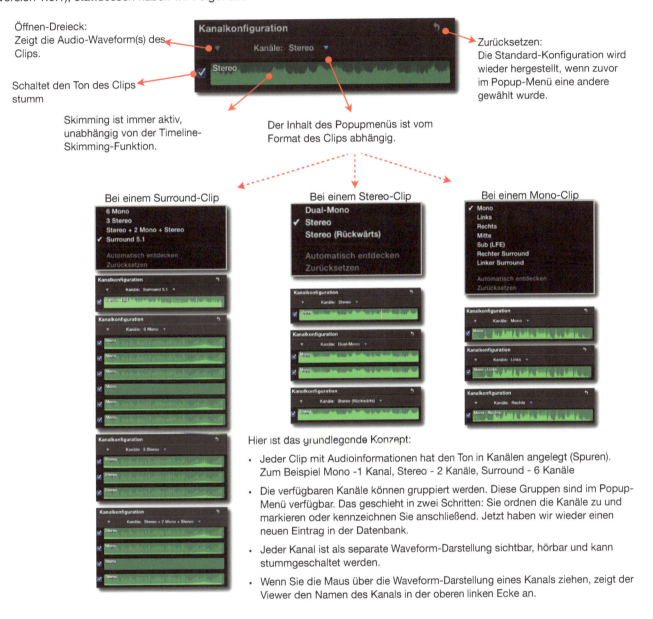

Hier ist das grundlegende Konzept:

- Jeder Clip mit Audioinformationen hat den Ton in Kanälen angelegt (Spuren). Zum Beispiel Mono -1 Kanal, Stereo - 2 Kanäle, Surround - 6 Kanäle

- Die verfügbaren Kanäle können gruppiert werden. Diese Gruppen sind im Popup-Menü verfügbar. Das geschieht in zwei Schritten: Sie ordnen die Kanäle zu und markieren oder kennzeichnen Sie anschließend. Jetzt haben wir wieder einen neuen Eintrag in der Datenbank.

- Jeder Kanal ist als separate Waveform-Darstellung sichtbar, hörbar und kann stummgeschaltet werden.

- Wenn Sie die Maus über die Waveform-Darstellung eines Kanals ziehen, zeigt der Viewer den Namen des Kanals in der oberen linken Ecke an.

Das sind die Grundlagen. Hier ein paar zusätzliche Informationen:

- Jeder Kanal kann einzeln stummgeschaltet werden, z. B. um nur den linken Kanal einer Stereospur als eine Monospur zu nutzen.

- Sie können den Clip in der Timeline öffnen und jeden einzelnen Kanal als Clip bearbeiten, einen Zeitversatz erstellen, Effekte zu einzelnen Kanälen hinzufügen, den Equalizer nur auf einem Kanal anwenden etc.. Zusätzlich können Sie Effekte mit Keyframes in den einzelnen Kanälen bearbeiten.

- Erinnern Sie sich, dass Keyframes nur auf Timelineclips angewendet werden können. Jedoch können Sie den Befehl "**in der Timeline öffnen**" aus dem Kontextmenü eines Ereignisclips nutzen und dann all dies auch mit einem Ereignisclip machen (z.B. einen Teil der Vorbereitung und Bereinigung der Audio-Dateien, bevor Sie das Projekt beginnen).

Dieses gesamte kreative Potential ist im einfachen Kanalkonfigurations-Modul versteckt.

Es gibt drei Arten von Kanalkonfigurationen:

1. Original: Das ist das ursprüngliche Audioformat des Tons oder der Datei.

2. Benutzerdefiniert: Das ausgewählte Format aus dem Popupmenü.

3. Automatisch entdecken: Diese Konfiguration entsteht durch den "*Analysieren und Beheben*"-Prozess während des Imports (oder später über das Kontext-Menü ausgeführt) in FCPx.

Wenn der Clip analysiert wurde, ist die „Automatisch entdecken"-Funktion im Popup-Menü verfügbar (nicht mehr ausgegraut). Zum Beispiel eine Surrounddatei, die einen leeren LFE-Kanal enthält, aber die restlichen Kanäle sind sauber gruppiert und benannt. Wenn Sie nun die vorderen L/R-Kanäle stummschalten wollen, wissen Sie, welche es sind. Sie können das "Automatisch entdecken" ausschalten, um zur ursprünglichen Kanalkonfiguration zurückzukehren. Die Datei muss jetzt für das automatische Erkennen nicht erneut analysiert werden. Klicken Sie nur auf den „Automatisch entdecken"-Befehl.

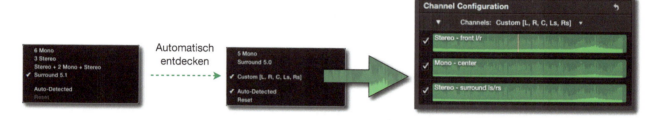

Kanalzuweisung (Output Routing)

Es gibt noch einen weiteren Aspekt zu beachten beim Setzen der Kanalkonfiguration eines Clips. Wo geht der Ton hin, nachdem er den Clip „verlässt". Noch wichtiger ist, wie die Kanalkonfiguration mit den verfügbaren Ausgabegeräten, den Lautsprechern, zusammenpasst. Und welche Kanalkonfiguration wird die exportierte Datei haben?

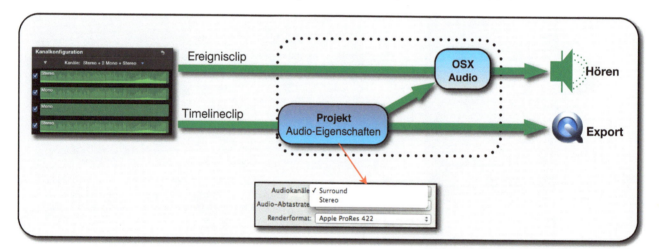

- Der Ereignisclip kann nur im Vorschaumodus gehört werden. Das bedeutet, dass er direkt an den Lautsprecher geht. Wenn Sie einen 5.1 Surroundclip abspielen und Sie haben am Computer nur zwei Lautsprecher, wird OSX (das Programm *Audio MIDI Setup*) die Entscheidung treffen, wie die Ausgabekanäle des Clips auf die verfügbaren Hardware-Ausgabekanäle verteilt werden (Center nach links und rechts etc.).

- Die Timelineclips eines Projektes haben eine weitere Option, die Projekt-Eigenschaften. Sie müssen ein Projekt auf Stereo oder Surround setzen, wenn Sie es erstellen (es kann später geändert werden). Auch wenn Sie Surround gewählt haben und einen Surround-Clip abspielen, dann werden Sie kein Surround hören, wenn Sie nur Stereo-Lautsprecher haben. Die Ausgabe-Anpassung für die Lautsprecher wird durch OSX festgelegt. Wenn Sie jedoch das Projekt exportieren, wird die Surround-Einstellung wichtig, da Sie hier eine Surround-Datei erstellen. Nur ihr Monitor (die Lautsprecher) ist momentan stereo.

- Es gibt eine „intelligente" Kanalanpassung im Zusammenhang mit der Kanalkonfiguration des Timelineclips und der des Projektes. Wenn Sie zum Beispiel einen Stereo-Clip haben, werden dessen Kanäle auf vorne links und vorne rechts gelegt. Bei einem Monokanal wird dieser auf vorne Mitte gesetzt.

Lautstärke und Panorama

Das Lautstärke und Panorama-Modul sieht sehr einfach aus. Wie der Name schon sagt, hat es nur zwei Parameter, Lautstärke und Panorama (Balance).

➡ Lautstärke

Der Lautstärke-Parameter hat nur einen Schieberegler mit einem Wert anzeigen/eingeben-Kästchen. Bei Timelineclips korrespondiert der Schieberegler mit der Pegellinie im Pegelbalken des Clips. Das Modul zeigt vorhandene Keyframes an. Denken Sie daran, dass die angezeigte Waveform-Darstellung das Resultat nach der Änderung der Einstellungen ist. So können Sie sehen, ob der Pegel zu niedrig oder zu hoch ist (blau-gelb-rot-Anzeige).

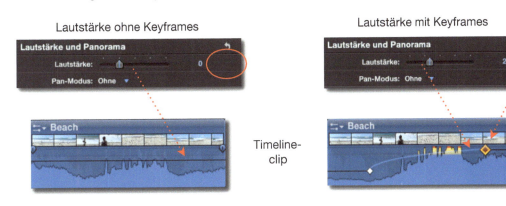

Lautstärke ohne Keyframes   Lautstärke mit Keyframes

Timeline-clip

Technisch gesehen können Sie auch Keyframes im Inspektor für einen Ereignisclip setzen, aber wenn Sie den Clip dann in die Timeline ziehen, wird nur die Position der Keyframes, aber nicht deren Wert hierhin übernommen. Ich weiß nicht, ob das beabsichtigt ist oder ein Fehler im Programm ist. Vielleicht soll man vorerst keine Keyframes auf Ereignisclips setzen.

Lautstärke anpassen

Es gibt mehrere Wege, die Lautstärke eines ausgewählten Timelineclips zu verändern (nur die ersten beiden Wege sind auch für Ereignisclips verfügbar):

- Bewegen Sie den Lautstärke-Schieberegler im Inspektor.

- Tragen Sie im Inspektor einen dB-Wert in das Kästchen neben dem Schieberegler ein.

- Verschieben Sie die Pegellinie in der Waveform-Darstellung des Timelineclips. Wenn sich die Maus auf der Linie befindet, verändert der Cursor seine Form zu einem Doppelpfeil. Ein kleines schwarzes Fenster zeigt den dB-Wert der Pegellinie an.

- Aus dem Hauptmenü **Ändern > Lautstärke > Auf** oder **Ändern > Lautstärke > Ab**. Hierdurch wird der Pegel um +/- 1dB verschoben. Das kann auf mehrere Clips gleichzeitig angewendet werden.

- Benutzen Sie die Shortcuts **ctr+=** oder **ctr+-**. Hierdurch wird der Pegel um +/- 1dB verschoben. Das kann auf mehrere Clips gleichzeitig angewendet werden.

- Fade-Griffe: Technisch gesehen handelt es sich hierbei auch um eine Veränderung des Pegels. Erinnern Sie sich daran, dass die Waveform-Darstellung nicht mit den Fade-Einstellungen zusammenhängt. Die Details über die Fade-Griffe habe ich im Kapitel „Animation" behandelt.

Audioüberblendungen

Eine Überblendung ist eine weitere Art der Pegelanpassung des Clips. In FCP7 war ein Audioclip eigenständig und jede Überblendung musste separat für Video und Audio erstellt werden. In FCPx kann ein Videoclip Ton enthalten und eine Überblendung im Videobereich setzt gleichzeitig auch eine im Ton. Sie können jedoch die Parameter der Überblendungen im Inspektor einzeln durch das Auswählen des Übergangs bearbeiten.

Den Überblendungstyp können Sie im Popupmenü für das Ein- und Ausblenden separat festlegen.

➡ Panorama

Der zweite Bereich dieses Moduls, die Panorama-Einstellungen, sieht noch einfacher aus und hat nur ein Popup-Menü, welches aber sehr umfangreich ist:

Panorama-Modus

Das Popup-Menü ist sehr komplex, da das Ergebnis jedes Auswahlpunktes von den Einstellungen im Kanal-Konfigurations-Modul abhängt, welches ich zuvor schon beschrieben habe. Zusätzlich dazu funktioniert das Panorama-Modul unterschiedlich, je nachdem, welche Audio-Eigenschaften das Projekt hat. Wie Sie sehen können, habe ich das Kanal-Konfigurations-Modul vor das Panorama-Modul gestellt.

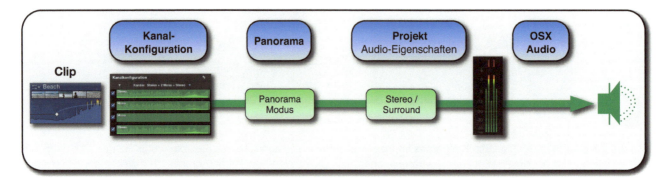

Immer, wenn die Kanäle der verschiedenen Komponenten nicht zusammenpassen (z.B. hat der Ausgang nur zwei Kanäle und der Eingang sechs Kanäle), muss FCPx eine intelligente Kanalzuweisung vornehmen, um die Kanäle passend umzubauen.

Beispiel:

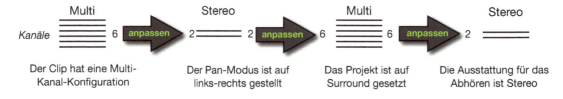

Multi	Stereo	Multi	Stereo
Der Clip hat eine Multi-Kanal-Konfiguration	Der Pan-Modus ist auf links-rechts gestellt	Das Projekt ist auf Surround gesetzt	Die Ausstattung für das Abhören ist Stereo

All die verschiedenen Panorama-Voreinstellungen im Menü können in drei Arten zusammengefasst werden. Sie können die Art daran erkennen, welche Steuerungen unterstützt werden.

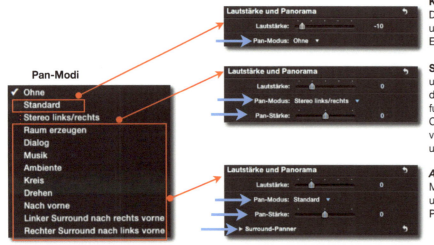

Keine: Es gibt keine Panorama-Kontrolle. Das Panorama-Modul ist ausgeschaltet und die Kanäle werden 1:1 zwischen Eingang und Ausgang weitergegeben.

Stereo Links/Rechts: Dieser Modus unterstützt nur einen „Pan-Stärke"-Regler, der wie eine typische Stereobalance funktioniert. Wenn die Konfiguration des Clips aber Multikanal ist, werden nur die vorne-links-Kanäle weitergegeben (siehe unteres Beispiel).

Andere: Alle anderen Pan-Modi im Popup-Menü unterstützen den Pan-Stärke-Regler und ein Öffnen-Dreieck für den Surround-Panner.

Surround-Panner:

Die Menge der Regler, die in FCPx für die Surround-Abmischung zur Verfügung stehen, ist enorm. Jedoch die Kunst, Surround zu mischen, könnte ein eigenes Manual füllen, weswegen ich mich hier auf eine grundlegende Erklärung mit ein paar Beispielen beschränke. Nur zwei Tipps: Denken Sie an das zugrundeliegende Konzept und die Konsequenzen (besonders bei der Kanalkonfiguration). Und der zweite Tipp: Spielen Sie mit den Reglern herum. Das Layout ist überschaubar und intuitiv, und wenn Sie gleichzeitig Ihre Audiometer im Blick haben, verstehen Sie, was gerade passiert.

Pan-Stärke:
Der Schieberegler ist ein „Macro"-Regler, der für verschiedene Pan-Modi unterschiedlich programmiert ist (z.B. das Schieben des Reglers nach links oder rechts dreht die „Sound-Quelle" in dem Sound-Feld oder bewegt die Steuerungselemente im Sound-Feld nach vorne oder hinten).

Surround-Panner:
Das Öffnen-Dreieck öffnet das Surround-Panner-Fenster.

Tonquellen-Steuerung:
Anstatt den Pegel von jeder Tonquelle einzeln zu verändern, hebt die Steuerung den Pegel der Klangquelle (Lautsprecher) an, dem er am nächsten ist.

Tonquelle
Der Lautsprecher symbolisiert eine Tonquelle in dem Surround-Aufbau. Zum An-und Ausschalten klicken Sie auf ihn. Die Punkte zeigen an, wieviel Klang aus ihm kommt.

Erweitert:
Das Öffnen-Dreieck öffnet weitere Steuerungselemente für den Surround-Panner.

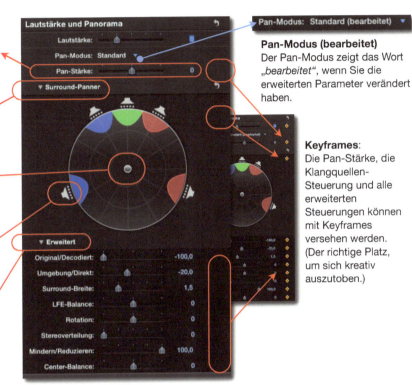

Pan-Modus (bearbeitet)
Der Pan-Modus zeigt das Wort *„bearbeitet"*, wenn Sie die erweiterten Parameter verändert haben.

Keyframes:
Die Pan-Stärke, die Klangquellen-Steuerung und alle erweiterten Steuerungen können mit Keyframes versehen werden. (Der richtige Platz, um sich kreativ auszutoben.)

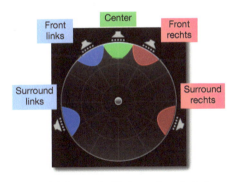

- **Klangfeld:** Der große Kreis repräsentiert das Klangfeld, die Hörumgebung.
- **Eingabe:** Die farbigen Bereiche geben die Eingabe-Quellen an. Achten Sie darauf, wie FCPx die Kanäle des Clips auf die Eingabequellen verteilt.
- **Ausgabe:** Die Lautsprecher sind in einer typischen Surround-Anordnung platziert. Sie stellen das Ausgabemodul des Panoramas dar.
- **Klangquellen-Steuerung**: Dieser kleine graue Knopf ist der Regler, der entscheidet, wie viel von der jeweiligen Eingabequelle jeder Ausgabequelle zugewiesen wird. Wenn sie z.B. den Knopf nach links verschieben, wird von jedem Eingabesignal mehr zum linken Ausgabequelle (Lautsprecher) gesendet.

Beschreibung der verschiedenen Panorama-Einstellungen (aus dem Handbuch)

Raum erzeugen: Verteilt das Klangsignal über das Surround-Spektrum, wobei das Signal stärker auf die Mitten- und die beiden vorderen linken und rechten Kanäle gelegt wird. Diese Einstellung ist sinnvoll für die Erstellung eines "Allzweck"-Surround-Mix aus einer beliebigen Stereoquelle. Die Anpassung durch den Regler "Pan-Stärke" reicht von 0 (kein Effekt) bis 100 (gesamtes Surround-Feld).

Dialog: Legt mehr Signal auf den Mittenkanal des Surround-Spektrums, sodass der direkte Klang im Zentrum liegt, der Umgebungsklang dagegen mehr auf die anderen Kanäle verteilt wird. Diese Einstellung eignet sich besonders für Voiceover und andere dialoghaltige Clips. Die Anpassung durch den Regler "Pan-Stärke" reicht von 0 (kein Effekt) bis 100 (gesamter Ton auf den Mittenkanal).

Musik: Verteilt das Signal eines Stereomix gleichmäßig über das Surround-Spektrum. Diese Einstellung eignet sich am besten für das Umwandeln von Stereomusik in einen Surround-Mix. Die Anpassung durch den Regler "Pan-Stärke" reicht von 0 (kein Effekt) bis 100 (gesamtes Surround-Feld).

Umgebung: Verteilt die Balance über das Surround-Spektrum, wobei das Signal stärker auf die Surround-Kanäle und weniger auf die vorderen und seitlichen Kanäle gelegt wird. Diese Einstellung ist nützlich für Effekte wie Geräusche von Menschenmengen oder andere Klangumgebungen im Freien. Die Anpassung durch den Regler "Pan-Stärke" reicht von 0 (kein Effekt) bis 100 (gesamtes Surround-Feld).

Kreis: Der Klang bewegt sich kreisförmig um das gesamte Surround-Spektrum, vergleichbar dem Summen einer Biene, die um den Kopf des Zuhörers kreist. Die Anpassung durch den Regler "Pan-Stärke" beschreibt den Winkel zum Zuhörer in Grad (-180 bis 180).

Drehen: Der Schwenk erfolgt kreisförmig im Surround-Spektrum, so als würde sich der Hörer selbst im Kreis drehen. Die Anpassung durch den Regler "Pan-Stärke" beschreibt die Drehung des Zuhörers in Grad (-180 bis 180).

Von hinten nach vorne: Schwenkt von hinten nach vorne im gesamten Surround-Spektrum. Die Anpassung durch den Regler "Pan-Stärke" reicht von -100 (hinten) bis 100 (vorne).

Links Surround nach rechts vorne: Schwenkt von hinten links nach vorne rechts im gesamten Surround-Spektrum. Die Anpassung durch den Regler "Pan-Stärke" reicht von -100 (links hinten) bis 100 (rechts vorne).

Rechts Surround nach links vorne: Schwenkt von hinten rechts nach vorne links im gesamten Surround-Spektrum. Die Anpassung durch den Regler "Pan-Stärke" reicht von -100 (rechts Surround) bis 100 (links vorne).

Beispiel:

Unterschiedliche Kanalkonfigurationen des gleichen Clips liefern komplett andere Ergebnisse in unterschiedlichen Pan-Modi:

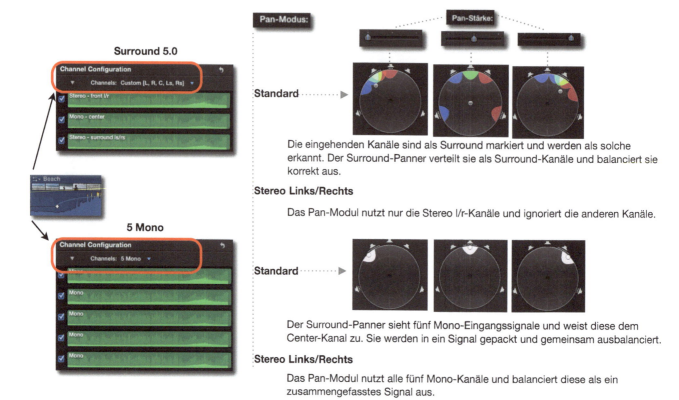

Pan-Modus: **Pan-Stärke:**

Surround 5.0

5 Mono

Standard

Die eingehenden Kanäle sind als Surround markiert und werden als solche erkannt. Der Surround-Panner verteilt sie als Surround-Kanäle und balanciert sie korrekt aus.

Stereo Links/Rechts

Das Pan-Modul nutzt nur die Stereo l/r-Kanäle und ignoriert die anderen Kanäle.

Standard

Der Surround-Panner sieht fünf Mono-Eingangssignale und weist diese dem Center-Kanal zu. Sie werden in ein Signal gepackt und gemeinsam ausbalanciert.

Stereo Links/Rechts

Das Pan-Modul nutzt alle fünf Mono-Kanäle und balanciert diese als ein zusammengefasstes Signal aus.

Ausgangspegel-Messung

Zwei Arten von Audiometern sind verfügbar: Stereo und Surround. Sie ändern sich automatisch, je nachdem, ob das Projekt auf Stereo oder Surround eingestellt ist. Die Audiometer werden in zwei Bereichen gezeigt:

- Im mittleren Bereich des Dashboards. Dieser sehr kleine Audiometer ist immer sichtbar. Durch einen **Klick** darauf kann das zweite Audiometer ein- und ausgeschaltet werden.

- Das Audiometer-Fenster. Dieses Fenster schiebt sich rechts aus dem Timeline-Fenster hinaus und kann proportional zum Rest der Fenster angepasst werden. Mit dem Shortcut **sh+cmd+8** oder über das Hauptmenü **Fenster > Audiometer ein-/ausblenden** kann es ein- bzw. ausgeschaltet werden.

Die Audiometer haben einen zwei-Sekunden „Peak hold" und eine rote LED, wenn der Level über 0dB geht. Diese Anzeige kann durch ein Klicken darauf zurückgesetzt werden.

Stereo Metering

Surround Metering

Audioverbesserungen

Nachdem Sie die Kanalkonfiguration festgelegt haben, richtig balanciert und den Grundpegel gesetzt haben, möchten Sie vielleicht ein paar weitere Verbesserungen vornehmen, ohne Effekt-Module zu laden. FCPx beinhaltet für diesen Zweck das Standard-Modul „Audioverbesserungen" mit den folgenden vier Bereichen:

- **Grafischer Equalizer:** Nutzen Sie den Equalizer, um den Frequenzbereich anzupassen.
- **Loudness:** Stellt die Gesamtlautstärke ein (das ist eigentlich eine Compressor-Funktion).
- **Hintergrundgeräusche entfernen:** Entfernt manche Hintergrundgeräusche (eigentlich eine Expander/Gate-Funktion).
- **Brummen entfernen:** Entfernt 50Hz oder 60Hz Brummgeräusche, die durch Brummschleifen entstehen können (es entspricht einem Kerbfilter).

Das *Audioverbesserungen*-Modul hat drei Bereiche:

❶ **Kopfzeile**: Mit der Anzeigen/Ausblenden-Taste, der Zurücksetzen-Taste und der Keyframe-Menü-Taste.

❷ **Entzerrung**: Mit dem Voreinstellungen-Popup-Menü und der EQ-Taste, die den Equalizer in einem separaten Fenster öffnet.

❸ **Audioanalyse:** Zeigt den Status der Audio-Analyse (siehe unten) und eine Taste (Rechtspfeil), die vom Inspektor-Fenster in das Audioverbesserungen-Fenster wechselt, das jetzt drei Module anzeigt. Das Audioverbesserungen-Fenster hat oben links eine Taste mit einem Linkspfeil, mit dem man wieder zum Inspektor gelangen kann.

Sie können das Audioverbesserungen-Fenster für den ausgewählten Clip mit den folgenden Befehlen ein- und ausschalten:

- Mit dem Befehl **Audioverbesserungen einblenden** aus dem Verbesserungen-Popup-Menü (Zauberstab). Der gezeigte Befehl ändert sich zu **Audioverbesserungen ausblenden**.
- Nutzen Sie den Shortcut **cmd+8**.
- Wählen Sie **Audioverbesserungen** aus dem Anpassen-Popup-Menü, dem kleinen Symbol in der linken oberen Ecke eines Timelineclips.

➡ Equalizer

Der Entzerrungsbereich im Modul Audioverbesserungen hat nur zwei Einstellungsmöglichkeiten, das Equalizer-Popup-Menü und die Taste zum Öffnen des Equalizers. Das Popupmenü zeigt verschiedene Einstellungsmöglichkeiten:

❶ **Einfach**: Hierbei wird der Equalizer umgangen.

❷ *"EQ Voreinstellungen"*: Hier finden Sie acht Voreinstellungen für bestimmte Situationen. Wenn Sie den Equalizer geöffnet haben, können Sie die Anpassungen sehen.

❸ **Angepasst:** Dieser Punkt wird ausgewählt, wenn Sie eigene Einstellungen im Equalizer vornehmen wollen.

❹ **Entspricht:** Mit dieser speziellen Eigenschaft können Sie die Sound-Charakteristik (EQ) eines bestimmten Clips auf einen anderen übertragen.

Das EQ-Fenster kann zwischen einem 10-Band-EQ (Standard) und einem 31-Band EQ wechseln ❶. Schieben Sie den individuellen Regler nach oben oder unten, um den Pegel eines Bandes zu setzen ❷ oder geben Sie den numerischen Wert für den ausgewählten Frequenzbereich in der unteren rechten Ecke des Fensters ein ❸.

Die *"EQ glätten"* Taste ❹ setzt alle Regler auf 0dB zurück.

Um Anpassungen für mehrere Clips während des Abspielens gleichzeitig vornehmen zu können, ist es möglich, verschiedene EQ-Fenster geöffnet zu haben. Die Kopfzeile des Fensters zeigt den Namen des dazugehörigen Clips ❺.

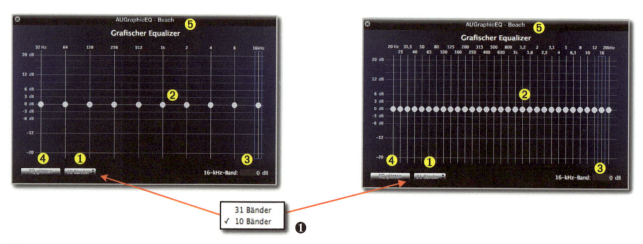

Audio anpassen

Manchmal möchten Sie den Klang eines Audioclips an den eines anderen Clips anpassen. Sie haben zum Beispiel einen schlecht klingenden Musikclip, der wie ein großartiger Clip klingen soll. Oder Sie haben zwei Videoclips, die an unterschiedlichen Tagen aufgenommen wurden und sie klingen anders, weil das Mikrofon an einer anderen Stelle platziert war - oder es waren sogar unterschiedliche Mikrofone. In diesen Fällen haben Sie zwei Optionen: Entweder haben Sie viel Erfahrung und kennen sich mit Frequenz-Bändern aus, oder Sie probieren es aus. FCPx gibt noch eine dritte Möglichkeit vor: Audio anpassen.

Hier sehen Sie die einfachen Schritte (der Vorgang basiert auf der Computer-Analyse, deshalb können die Ergebnisse unterschiedlich ausfallen).

Verbesserungen-Menü

1. Wählen Sie den Zielclip, den Sie verändern möchten.

2. „Audio anpassen" kann auf verschiedenen Wegen gestartet werden:

   ▸ Wählen Sie „Anpassen" aus dem EQ-Voreinstellungs-Menü.

   ▸ Wählen Sie *„Audio anpassen..."* aus dem Verbesserungen-Menü.

   ▸ Wählen Sie aus dem Hauptmenü **Ändern > Audio anpassen...**.

   ▸ Benutzen Sie den Shortcut **sh+cmd+M**.

   • Eine *„Auswählen..."*-Taste und ein drehendes Zahnrad erscheinen.

   • Der Viewer teilt sich in zwei Fenster (entsprechend „Farbe anpassen" und zeigt die Aufforderung: „Wählen Sie einen Clip, dessen Audio angepasst werden soll" und eine Abbrechen-Taste.

3. Bewegen Sie die Maus über den Quell-Audioclip, den Sie als Grundlage nutzen wollen.

   - Der Maus-Cursor bekommt das Symbol eines kleinen Equalizers und eine Skimming-Linie.

4. Klicken Sie auf den Quell-Audioclip.

   - Der Text unter dem Viewer zeigt jetzt die blaue Anpassen anwenden-Taste.

5. Klicken Sie die „Anpassen anwenden"-Taste.

   - Der angepasste Ton wurde jetzt dem Audio-Zielclip hinzugefügt.

   - Die Titelzeile des Moduls zeigt jetzt eine aktive „Auswählen..."-Taste

   - Die Titelzeile des Moduls zeigt nun die EQ-Taste erneut. Diesmal wird jedoch der Anpassen-Equalizer (Plugin) anstatt des grafischen EQ geöffnet. Hier können weitere Anpassungen vorgenommen werden.

➡ **Audioverbesserungen**

Bevor ich die Einzelheiten der drei weiteren Bereiche des Audioverbesserungen-Moduls erklären möchte, lassen Sie uns das Feature mit dem Namen „Analysieren und Audioprobleme beheben" ansehen. Diese Checkbox, welche ein Teil des Import-Vorgangs ist, finden Sie im „Dateien importieren"-Fenster oder im Einstellungs-Fenster für den „drag and drop"-Import. Dieser Vorgang kann auch später mit dem Befehl „**Analysieren und beheben...**" aus dem Kontextmenü des Ereignisclips ausgeführt werden.

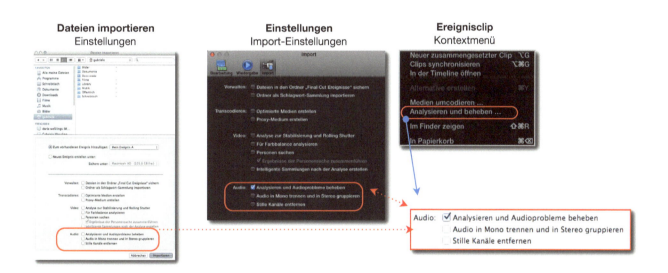

Nach welchen „Problemen" sucht FCPx nun? Es schaut nach drei konkreten Problemen, die durch die drei restlichen Bereiche des Audioverbesserungen-Moduls dargestellt werden:

- **Loudness:** Ist der gesamte Audio-Pegel in einem guten Bereich oder sind zu viele Spitzen (Peaks) darin bzw. ist die Lautstärke insgesamt zu gering?

- **Hintergrundgeräusche entfernen:** Gibt es ein konstantes Hintergrundgeräusch hinter einem Dialog?

- **Brummen entfernen:** Gibt es ein bemerkbares 50Hz oder 60Hz-Brummen im Audio-Signal?

Hier ist der „Audio analysieren"-Vorgang:

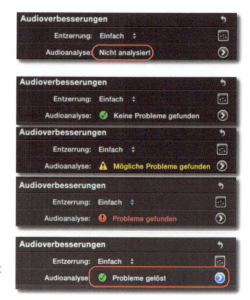

1. Wenn ein ausgewählter Clip noch nicht analysiert wurde, dann zeigt der Audioanalyse-Bereich „nicht analysiert" an.

2. Wenn der ausgewählte Clip analysiert wurde, werden im Audioverbesserungen-Bereich drei mögliche Ergebnisse angezeigt:
   - Grün: Keiner der drei Bereiche hat ein Problem.
   - Gelb: Mindestens ein Bereich hat mögliche Probleme.
   - Rot: Mindestens ein Bereich hat definitiv Probleme.

3. Wenn ein (gelbes oder rotes) Problem vorhanden war und das Modul mit den passenden Einstellungen korrigiert wurde, dann wird eine grüne Kontrollmarkierung mit dem Text „Probleme gelöst" angezeigt. Die Taste mit dem blauen Rechtspfeil zeigt an, dass mindestens ein Modul eingeschaltet ist.

4. Klicken Sie die Rechtspfeil-Taste, um zum Audioverbesserungen-Fenster zu gelangen. Sie schaltet das Inspektor-Fenster um. Zum Zurückschalten klicken Sie den Linkspfeil in der oberen linken Ecke.

   - Wenn es keine Probleme gibt, haben alle drei Module ein grünes Hakensymbol und die einzelnen Module sind ausgeschaltet. Für den Versuch, die Audioqualität manuell zu verbessern, können sie eingeschaltet werden.

   - Wenn Probleme entdeckt worden sind, hat das entsprechende Modul eine gelbe oder rote Markierung und ist mit den Einstellungen eingeschaltet, mit denen FCPx das Problem reduzieren oder beheben würde. Diese Einstellungen können Sie verändern oder das gesamte Modul ausschalten.

   - Das Klicken der "Autom. Verbesserungen"-Taste an der unteren Kante des Audioverbesserungen-Fensters schaltet die gelb und rot markierten Module an. Dieser Befehl kann ebenfalls über das Verbesserungen-Menü **Autom. Audioverbesserungen** eingeschaltet werden.

Jedes Modul zeigt seinen Status mit einem farbigen Symbol an.

| Keine Probleme | Mögliche Probleme | Definitiv Probleme | "Problem gelöst" |

Jede Veränderung, die in diesen Modulen vorgenommen wird, zeigt sich sofort in der Audio-Waveform-Darstellung des Timelineclips an.

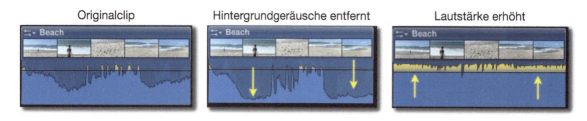

Originalclip   Hintergrundgeräusche entfernt   Lautstärke erhöht

Audio-Effekte

Der letzte Schritt zum Optimieren des Audioclips ist das Hinzufügen von Effekten. Der Vorgang ist schlicht und einfach:

- ☑ Öffnen Sie das Effekte-Fenster im Medien-Browser.
- ☑ Finden Sie den Effekt, den Sie benötigen.
- ☑ Ziehen Sie den Effekt auf den Clip in der Timeline.
- ☑ Passen Sie diesen Effekt im Inspektor an.

Öffnen Sie den Effekt-Browser mit einem der folgenden Befehle:

- ▸ Klicken Sie die Effekte-Taste im Dashboard über dem Medien-Browser.
- ▸ Wählen Sie aus dem Hauptmenü **Fenster > Medienübersicht > Effekte**.
- ▸ Nutzen Sie den Shortcut **cmd+5**.
- ▸ Wählen Sie **"Zum Effekt-Browser wechseln"** aus dem Anpassungen-Menü eines Timelineclips.

Das Effekt-Browser-Fenster zeigt alle Effekte:

- • Machen Sie die Seitenleiste mit der Taste unten links im Fenster sichtbar. Wählen Sie eine der Kategorien, um die angezeigten Effekte einzugrenzen.

- • Grenzen Sie die angezeigten Effekte weiter ein, indem Sie den Namen eines Effektes unten eintippen. Sie müssen „Alle" in der Seitenleiste auswählen, um alle verfügbaren Effekte zu durchsuchen.

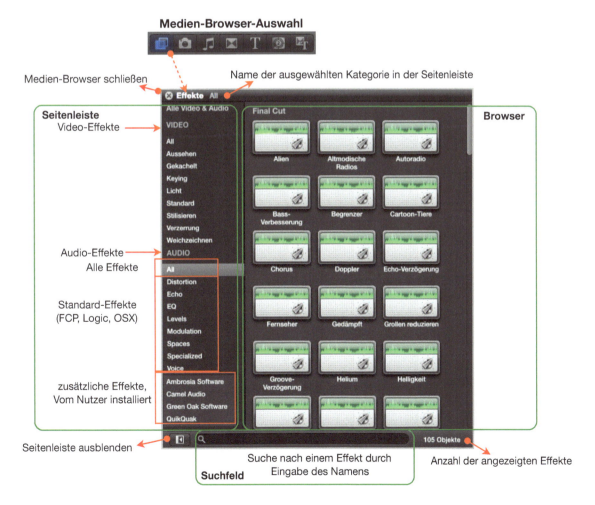

Es gibt vier Arten von Audio-Effekten, die im Browser gruppiert angezeigt werden:

1. **Final Cut**
   Dies sind eigentlich kleine Effekt-Sammlungen, die einen oder mehrere Effekte von Logic oder Mac OS X enthalten.

2. **Logic**
   Dies sind die gleichen hervorragenden Effekte, wie sie zu Logic Pro gehören. (Beachten Sie, dass, obwohl Logic den AU Plugin-Standard unterstützt, diese Plugins in einem Logic-spezifischen Format vorliegen und keine AU-Plugins sind.)

3. **Mac OS X**
   Diese Effekt-Plugins im standardisierten AU-Format werden mit OS X vorinstalliert.

4. **Effekte von Drittanbietern**
   Jedes AU-Effekt-Plugin, das separat auf Ihren Rechner installiert wurde, ist in FCPx verfügbar. Die Plugins werden im Browser nach Hersteller gelistet und auch in der Seitenleiste unterhalb der Kategorien angezeigt.

Effekte bearbeiten

Das Effekte-Modul ist nur für ausgewählte Timelineclips, nicht aber für Ereignisclips, im Inspektor sichtbar. Das Modul ist ein Container für weitere Module, die hier wie in einem Effekte Rack abgelegt werden.

❶ **Effekt Modul**: Doppelklick auf *Effects* oder auf *Anzeigen* öffnet die erweiterte Ansicht. Hier werden jetzt die Effekt-Plugins, die in diesem Modul enthalten sind, angezeigt.

❷ **Plugin Modul**: Klicken auf das Öffnen-Dreieck eines Effekt-Moduls wechselt in die erweiterte Ansicht. Hier werden Einstellungen und Parameter angezeigt.

❸ **Plugin Parameter**: Klicken auf das Öffnen-Dreieck eines Parameter-Bereiches zeigt die erweiterte Ansicht des Parameters mit den individuellen Einstellungsmöglichkeiten. Die meisten Parameter können mit Keyframes angepasst werden.

❹ **Plugin Presets**: Klicken auf das Preset Popup-Menü zeigt die Plugin-Voreinstellungen an:

- Final Cut Effekte haben verschiedene Presets zur Auswahl
- Alle anderen Effekte haben einen Befehl, um eigene Presets abzuspeichern.

❺ **Plugin, grafische Oberfläche**: Klicken auf das Plugin-Symbol öffnet ein separates Fenster. Die Regler in diesem Fenster hängen mit den Schiebereglern im Inspektor zusammen. Diese Taste finden Sie in der Kopfzeile des Effektes, damit Sie einen schnellen Zugriff auf das Plugin-Fenster haben, ohne dass Sie die erweiterte Parameter-Ansicht öffnen müssen. Die Final Cut Effekte bilden eine Ausnahme.

Sie haben keine zusätzlichen Einstellungsfenster, da sie aus einer Sammlung verschiedener Effekte bestehen. Stattdessen haben diese Plugins einen „Amount"-Schieberegler, mit dem Sie die Stärke des Effektes bestimmen können.

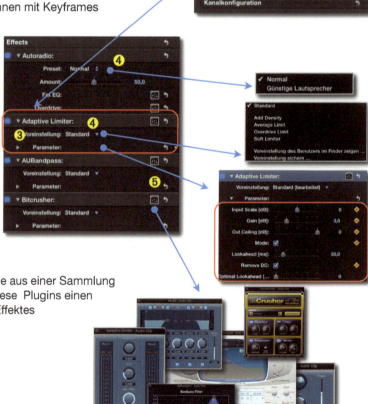

Handhabung von Effekten

- **Hinzufügen**
  - **Ziehe** ein Effekt aus dem Effekt-Browser auf einen Timelineclip (nur einzeln).
  - **Doppelklick** auf den Effekt im Effekt-Browser, um ihn einem oder mehreren ausgewählten Timelineclips gleichzeitig hinzuzufügen.

- **Entfernen**
  - Wählen Sie den Clip mit dem Effekt, den Sie entfernen möchten, aus. Im Inspektor wählen Sie das Effekt-Modul aus (aktivierter Zustand) und drücken Sie die **Entfernen**-Taste.

- **Ausschalten**
  - Schalten Sie die blaue Taste vor dem Namen des Effektes aus.
  - Schalten Sie die grüne Taste im Animationen-Editor aus.

- **Ordnen**
  - Ziehen Sie das Plugin-Modul im Effects-Modul oder im Animationen-Editor nach oben oder unten, um die Reihenfolge der Plugins zu verändern. Diese Reihenfolge kann das Ergebnis dramatisch verändern, je nachdem, welche Plugins Sie verwenden.

- **Kopieren**
  - Sie können Effekt-Plugins von einem auf einen oder mehrere andere Clips übertragen. Jedoch werden alle Effekte des Effects-Moduls kopiert und überschreiben damit sämtliche schon vorhandenen Effekte auf dem Zielclip. Wählen Sie den Quellclip mit **cmd+C** aus, anschließend den Zielclip (oder mehrere), und drücken **alt+cmd+V** oder nutzen den Befehl **Bearbeiten > Effekte einsetzen** aus dem Hauptmenü.

Zurücksetzen (Reset)

Beachten Sie, dass der Inspektor Reset-Tasten auf mehreren Ebenen hat. Wann immer Sie die Reset-Taste drücken, sollten Sie wissen, was davon berührt wird.

❶ Effects Modul: Das setzt alle Plugins, die im Effects-Modul liegen, zurück.

❷ Plugin Modul: Hier wird nur dieses bestimmte Effekt-Modul auf seine Standardwerte zurückgesetzt.

❸ Plugin Parameter (nur im Inspektor): Hier werden nur die Parameter für dieses spezielle Plugin zurückgesetzt, die im Inspektor sichtbar sind. Manchmal hat das eigenständige Plugin-Fenster weitere Parameter, die aber nicht zurückgesetzt werden.

Voreinstellungen

- Das Ändern von Parametern in einem Plugin-Modul wird als weiteres Preset („bearbeitet") angezeigt. So können Sie erkennen, dass es nicht die Standard-Einstellungen hat.
- Sie können Ihre eigenen Presets über **Voreinstellung sichern...** aus dem Preset-Menü unter einem eigenen Namen speichern.
- Die Benutzer-Presets werden einzeln im Preset-Menü unterhalb der Standard-Presets abgespeichert.
- Zum Entfernen eines Benutzer-Presets wählen Sie den Befehl "**Voreinstellung des Benutzers im Finder zeigen...**" und löschen die Voreinstellung hier.
- Die Benutzereinstellungen haben die Endung .aupreset und werden unter dem Pfad ~/Library/Audio/Presets/ abgespeichert. Jede andere AU-unterstützte Applikation kann Voreinstellungen an diesem Ort speichern und lesen. Somit können Sie z.B. Ihre Logic-Presets in FCPx lesen und umgekehrt.

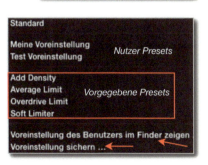

Weitere Dinge rund um den Ton

Audio gruppieren

Audio-Effekte können sehr einfach auf einzelnen Clips angewendet werden, sogar auf mehrere Clips gleichzeitig. Aber wie können Sie einen Effekt auf eine Gruppe von Clips anwenden, die zur gleichen Zeit abgespielt werden sollen (z.B. mehrere Geräusch-Effekte), oder die Clips spielen einer nach dem anderen ab (eine Sequenz von mehreren Musikclips)? FCPx stellt keinen Standard-Mixer mit Spuren, die gruppiert werden können, zur Verfügung. Stattdessen kann diese Aufgabe mit zusammengesetzten Clips erledigt werden.

- Wählen Sie alle Audioclips, die Sie gruppieren möchten, aus und erstellen Sie daraus einen zusammengesetzten Clip.
- Wenden Sie den Effekt (oder mehrere) auf den zusammengesetzten Clip an.

Sie können einzelne Effekte auf den Clips innerhalb des zusammengesetzten Clips haben, um sie individuell einstellen zu können. Denken Sie auch an zusammengesetzte Clips innerhalb zusammengesetzter Clips (Verschachtelungen) und hinzugefügte Keyframes. Plötzlich haben Sie eine komplexe Mixing-Situation vorzuliegen, die nicht mit einem normalen Audio-Mixer erreicht werden kann.

Referenz-Waveform

Dies ist ein nettes kleines Feature, das aufzeigt, dass Apple sehr auf Details achtet.

Die Waveform-Darstellung in einem Clip kann häufig genutzt werden, um bestimmte Stellen in einem Clip aufzufinden (z.B. ein plötzliches Ausbrechen des Pegels bei einem Pistolenschuss oder Bereiche mit Dialog und Stille. Wenn Sie jedoch den Pegel absenken, wird die Waveform-Darstellung ebenso abgesenkt um den aktuellen Wiedergabe-Pegel des Clips anzuzeigen. Dadurch kann es schwierig werden, das Ereignis zu finden.

Um das Problem zu verringern, können Sie die Referenz-Waveform einschalten (**Einstellungen > Bearbeiten > Audio: Referenz-Wellenform einblenden**), um die maximale visuelle Auflösung in dem Clip als einen leichten Schatten hinter der regulären Waveform zu sehen.

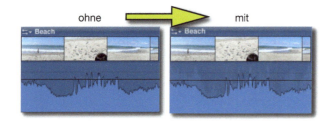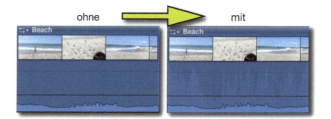

Auto-Synchronisation

FCPx kann Video- und Audioclips, die während des selben Takes aufgenommen wurden, aber aus unterschiedlichen Quellen stammen (angeschlossenes oder externes Mikrofon) synchronisieren. Die Clips werden automatisch analysiert und in einem zusammengesetzten Clip synchronisiert. Die Analyse basiert auf Timecode, Erstellungszeit, Audio-Inhalt oder hinzugefügten Markern. Folgende Schritte müssen vorgenommen werden:

- Wählen Sie die Ereignisclips, die Sie synchronisieren möchten, aus.
- Wählen Sie aus dem Hauptmenü den Befehl **Clip > Clips synchronisieren** oder wählen Sie den gleichen Befehl aus dem Kontextmenü des Ereignisclips oder betätigen Sie den Shortcut **alt+cmd+G**.
- Ein neuer zusammengesetzter Clip mit dem Namen „Synchronisierter Clip: *NameDesErstenClips*" wird im Ereignis-Browser erstellt.

Audio-Funktionen (Roles)

Dies ist ein anderes neues Feature, dass in FCPx integriert wurde und ein enormes Potential besitzt. Es könnte den traditionellen Workflow von Cuttern erheblich verändern. Diesen Punkt habe ich in den Kapiteln über Meta-Daten und Export genauer beschrieben.

Video FX

In diesem Kapitel möchte ich die Werkzeuge abdecken, die zum Verwandeln von Gestalt und Form des Videos (natürlich in einem nicht-destruktiven Weg) zur Verfügung stehen. Das beinhaltet alles außer der eigentlichen Reihenfolge der Clips (die Art, wie Sie sie in der Timeline „organisiert" haben). Video-Effekte sind für das Aussehen des Videos zuständig. Eine Ausnahme ist der „Retime"-Effekt, welcher nicht den Look, sondern die Reihenfolge und die Abspielgeschwindigkeit der einzelnen Bilder beeinflusst. Vielleicht wird es deshalb nicht im Inspektor aufgeführt.

Anpassen	Fehler beheben	Eingebundene Effekte	Zusätzliche Effekte
Seitenverhältnis	Stabilisation	Farbe	Effekte-Browser
Framerate	Rolling Shutter	Transformieren	
		Beschneiden	
		Verzerren	
		Compositing	
		Retime	

Anpassen

Dies ist der erste Schritt, wo Sie sicherstellen müssen, dass das Video bezüglich Geschwindigkeit (Framerate) und Größe (spatiale Anpassung) korrekt ist.

Fehler beheben

Im nächsten Schritt können Sie Probleme ausmerzen, wie z.B. verwackelte Bilder und andere Artefakte.

Integrierte Effekte

In diesem Bereich können Sie mit dem Video kreativ umgehen und mit einigen Standard-Modulen, die Sie im Inspektor finden, experimentieren.

Zusätzliche Effekte

Zum Schluss können Sie zusätzliche Effekt-Module aus dem Effekt-Browser hinzufügen. Sie können sogar selbstgebaute Effekte aus Motion benutzen, um Ihr Video zu bearbeiten.

Anpassen

FCPx erlaubt es, mit unterschiedlichen Formaten (Video und Audio) in einer Projekt-Timeline zu arbeiten. Das bedeutet, was auch immer für Formate Sie haben, können Sie sie in eine Timeline ziehen, auch wenn das Format nicht zum Projekt passt. Sie können das Format Ihres Projektes jederzeit ändern (außer der Framerate). Jedoch ist es eine gute Idee, das Projekt-Format entsprechend des endgültigen Exportformats für Ihr Video anzupassen, bzw. es im ursprünglichen Format zu bearbeiten und es erst beim Export umzuwandeln.

- **Frame-Größe**: "Wie groß ist das Bild", auch bekannt als Pixelauflösung Breite x Höhe, z.B. 1280x720.
- **Frame-Rate**: "Wie schnell werden die Bilder wiedergegeben", gemessen in Frames pro Sekunde, z.B. 25 fps.

Wenn Sie ein neues Projekt erstellen, können Sie diese Parameter so setzen, dass sie zum Ursprungsmaterial passen. In diesem Fall muss FCPx nichts mit den Clips machen. Wenn die Parameter nicht passen, stellen Sie sicher, dass Sie die passenden Einstellungen vorgenommen haben, um die beste Videoqualität zu erreichen.

Spatiale Anpassung

Originalclip	Normal (Ohne)	Füllen	Anpassen

Originalclip

Dies ist ein Beispiel für einen Clip, der eine höhere Auflösung als die Projektauflösung (roter Rahmen) hat. Die drei Beispiele rechts demonstrieren den Effekt mit seinen drei verfügbaren Einstellungen.

Normal (Ohne)

Die Größe des Clips wird nicht verändert. Wenn das Bild größer ist als die Projekteinstellung, dann wird das Bild abgeschnitten, da das Projekt nur einen Ausschnitt braucht. Wenn der Clip kleiner als das Projekt ist, werden schwarze Balken den leeren Bereich ausfüllen.

Füllen

Der Frame des Clips wird verkleinert, um den Projekt-Frame auszufüllen. Eventuell wird er auf beiden Seiten beschnitten, um den Frame auszufüllen.

Anpassen

Der Frame des Clips wird verkleinert, um den Projekt-Frame horizontal oder vertikal auszufüllen. Der Clip wird nicht beschnitten. Der leere Bereich des Projekt-Frames wird schwarz oder transparent (wenn er als überlagernder Clip in der Timeline liegt) dargestellt.

Ratenanpassung

FCPx führt eine Frameraten-Anpassung durch (wenn unterschiedliche vorliegen), die die Framerate des Clips der Framerate der Projekt-Timeline anpasst.

Das Modul für die Ratenanpassung erscheint nur, wenn eine Konvertierung notwendig ist.

Beachten Sie, dass sich dieses Modul nicht ausschalten lässt.

Untergrenze: Dies ist die Standardeinstellung. Final Cut Pro kürzt während des Berechnungsvorgangs auf die nächstkleinere ganze Zahl, um die Bildrate des Clips an diejenige des Projekts anzupassen.

Nächster Nachbar: Final Cut Pro rundet während des Berechnungsvorgangs auf die nächste ganze Zahl, um die Bildrate des Clips an diejenige des Projekts anzupassen. Mit der Option "Nächster Nachbar" verringern Sie Bildstörungen und nehmen dafür eine stockende Wiedergabe in Kauf. Rendern ist erforderlich.

Bildüberblendung: Es werden Zwischenbilder eingefügt, die aus einzelnen Pixeln benachbarter Bilder erzeugt werden. Zeitlupen-Clips, die mit "Bildüberblendung" erstellt werden, wirken in der Wiedergabe glatter als solche, die mit den Einstellungen "Untergrenze" oder "Nächster Nachbar" erzeugt wurden. Diese Einstellung bietet eine bessere Reduzierung von Bildstörungen, sichtbare Bildfehler sind jedoch möglich. Rendern ist erforderlich.

Optischer Fluss: Es werden Zwischenbilder eingefügt, die mit einem Algorithmus für den optischen Fluss erzeugt werden. Final Cut Pro analysiert die Bewegungsrichtung der Pixel durch eine Analyse des Clips und zeichnet auf dieser Grundlage dann Teile der neuen Bilder. Wenn Sie die Option "Optischer Fluss" wählen, glättet dies die Wiedergabe. Das Beheben von Bildstörungen durch Final Cut Pro nimmt jedoch beträchtliche Zeit in Anspruch.

Fehler beheben

Stabilisation / Rolling Shutter

Diese zwei Module benötigen die Analyse-Daten, die mit dem „Analysieren und beheben"-Befehl erstellt werden. Wenn Sie verwackeltes Bildmaterial haben oder Sie finden „Rolling Shutter"-Artefakte im Video, dann können Sie dieses Module aktivieren und mit den verfügbaren Parametern spielen, um zu sehen, ob sich die Qualität verbessert.

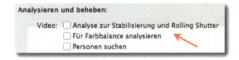

Integrierte Video-Effekte

Farbe

Dieses Modul behandele ich später in einem eigenen Kapitel.

Compositing

Dieses Modul wird angewandt, um einen oder mehrere übereinander liegende Clips ohne die zeitraubenden Key-Effekte aus dem Effekte-Browser nutzen zu müssen, zu kombinieren. Der Begriff „Compositing" meint übereinander liegende oder kombinierte Video-Frames. Die verfügbaren Einstellungen zeigen auf, was vorgenommen wird und wie das resultierende Video aussieht.

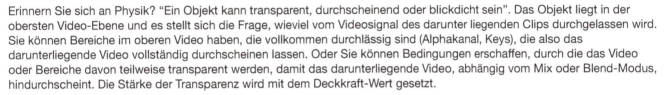

Der wichtigste Schritt ist die Platzierung des Videos, bevor Sie irgendwelche Einstellungen vornehmen. Wenn Sie Videoclips (oder Bilder) in FCPx übereinander stapeln, hat der oberste Clip immer Priorität, was bedeutet, dass er die darunter liegenden Videos verdeckt. Dabei ist es uninteressant, ob der Clip in der primären Handlung oder als verbundener Clip vorliegt.

Erinnern Sie sich an Physik? "Ein Objekt kann transparent, durchscheinend oder blickdicht sein". Das Objekt liegt in der obersten Video-Ebene und es stellt sich die Frage, wieviel vom Videosignal des darunter liegenden Clips durchgelassen wird. Sie können Bereiche im oberen Video haben, die vollkommen durchlässig sind (Alphakanal, Keys), die also das darunterliegende Video vollständig durchscheinen lassen. Oder Sie können Bedingungen erschaffen, durch die das Video oder Bereiche davon teilweise transparent werden, damit das darunterliegende Video, abhängig vom Mix oder Blend-Modus, hindurchscheint. Die Stärke der Transparenz wird mit dem Deckkraft-Wert gesetzt.

  ▶ **Deckkraft**: 100% Deckkraft bedeutet, dass das darunterliegende Video vollständig abgedeckt wird, 50% Deckkraft mischt beide Clips zu gleichen Anteilen und 0% lässt das untere Video vollständig erscheinen und vom oberen ist nichts mehr zu sehen.

  ▶ **Blend Mode**: Dieses Popup-Menü enthält eine lange Liste von Einstellungen, die den Deckkraft-Level bestimmten Bereichen des Videos hinzufügt. Ein großes Feld zum Experimentieren.

  ▶ **Keyframe**: Die Deckkraft-Stärke kann mit Keyframes über die Zeit animiert werden.

Die nächsten drei eingebundenen Video-Effekte sind **Transformieren - Beschneiden - Verzerren**

Die meisten der Parameter dieser drei Module sind mit den Steuerelementen im Viewer leichter zu manipulieren als mit numerischer Eingabe im Inspektor. Warum sollten Sie x/y-Koordinaten eingeben, wenn Sie ein Steuerelement nutzen können, um das Video auf den richtigen Platz zu ziehen?

Aus diesem Grund hat der Viewer drei Tasten, mit denen die Steuerelemente für die drei Module einschalten werden können, ohne den Inspektor zu öffnen. Das funktioniert übrigens auch über das Kontextmenü des Viewers. Die gleichen Tasten sind auch in den Modulen im Inspektor vorhanden. Sie können nur einen Effekt zur gleichen Zeit im Viewer geöffnet haben.

Steuerelemente im Viewer an/aus   Steuerelemente im Viewer an/aus

Bevor wir uns um die einzelnen Parameter kümmern, lassen Sie mich erklären, dass wir uns über ZWEI unterschiedliche Arten von Frames bewusst sein müssen.

Folgendes Detail kann leicht übersehen werden: Wenn wir auf den Viewer schauen, sehen wir auf einen Video-Frame bzw. die Auflösung des Projektes (roter Rahmen). Das ist ein Frame. Der zweite Rahmen, auf den wir achten müssen, ist der Rahmen des Bildes im aktuellen Clip, den wir in die Timeline ziehen und im Viewer betrachten. Wie wir schon bei der spatialen Anpassung gesehen haben, wird, wenn die Clip-Auflösung höher als die Timeline-Auflösung ist, der Clip beschnitten. Wenn die Auflösung des Clips geringer ist, dann wird der Bereich, der nicht vom Clip abgedeckt wird, schwarz oder transparent.

Clip-Frame   **Projekt-Frame**

Mit den Transformieren-, Beschneiden- und Verzerren-Modulen können Sie mit den Dimensionen und der Position eines Clip-Frames in Beziehung zum Projekt-Frame spielen. Wenn ein Wert für die x/y-Koordinaten vorliegt, beziehen sich diese auf die Relation des Clip-Frames zum Projekt-Frame.

Dies ist der Frame des Projekts, abhängig von dessen Auflösung (z.B. 1280x1080). Es wird kein Clip gezeigt.

Nun liegt ein Clip innerhalb des Projekt-Frames. Die Größe des Clips füllt den Projekt-Frame. In diesem Beispiel sind die Auflösung des Clips und die des Projektes gleich.

Der Clip-Frame ist kleiner als das Projekt und hat ein anderes Seitenverhältnis (Verzerren) und Lage (Rotation).

Viewer-Frame:

Es gibt noch einen dritten Frame, der beachtet werden muss, den Viewer-Frame. Er hat keine Auswirkung auf die aktuellen Parameter des Clips oder Projektes, er ist nur eine Darstellungs-Option. Sie können die Ansicht im Viewer vergrößern oder verkleinern (cmd+plus und cmd+minus). Im Popup-Menü in der oberen rechten Ecke des Viewers können Sie unterschiedliche Zoom-Stufen auswählen. Mit „Anpassen" passt sich der Projekt-Frame automatisch dem Fenster an, auch wenn Sie den Viewer in seiner Größe verändern.

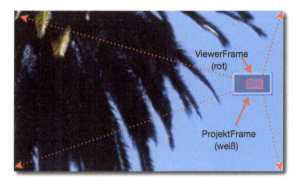

 Ein kleiner weißer Rahmen erscheint im Viewer, wenn Sie soweit vergrößert haben, dass der Viewer nicht das ganze Bild zeigen kann. Der weiße Rahmen repräsentiert den Projekt-Frame und der rote Rahmen darin zeigt den Viewer-Ausschnitt. Sie können den roten Rahmen verschieben, um sich einen anderen Bereich des Projekt-Frames im Viewer anzeigen zu lassen.

Steuerelemente

Das Verändern mit den Steuerelementen im Viewer bewirkt die Veränderung der Steuerelemente und Werte im Inspektor (und umgekehrt).

Die meisten Steuerelemente im Inspektor können mit einem Schieberegler, durch Eingabe eines numerischen Wertes oder dem Hoch- und Runterziehen des Wertes mit der Maus bedient werden.

Sie können die Werte im Inspektor und auch im Viewer mit Keyframes animieren.

Nutzen Sie die Reset-Befehle, um einzelne Steuerelemente oder das ganze Modul auf die Ursprungswerte zurückzusetzen.

Mit der Ausschalten-Taste können Sie sich einen schnellen A/B-Vergleich mit oder ohne Effekt anzeigen lassen.

Transformieren

Mit dem Transformieren-Modul können Sie zwei Aspekte des Timelineclips verändern:

▸ Die **Größe** des Bildes (den Clip-Frame)

▸ Die **Position** des Bildes im Verhältnis zum Viewer (Projekt-Frame)

Skalieren (X, Y): Diese Steuerelemente verändern die Größe des Clips (Clip-Frame).

> **Ziehen** an einem der blauen Griffe in den vier Ecken des Bildes bewirkt, dass das Bild unter Berücksichtigung des Seitenverhältnisses seine Größe ändert (entspricht dem Skalieren-Schieber im Inspektor).
>
> **Alt+Ziehen** hat die gleiche Funktion, dabei ist aber der Griff auf der gegenüberliegenden Seite fixiert.
>
> **Sh+Ziehen** lässt Sie das Bild ohne Berücksichtigung des Seitenverhältnisses skalieren.

> **Ziehen** an einem der blauen Griffe in der Mitte der linken oder rechten Seite verändert nur die horizontale Breite des Bildes. Dadurch wird das Seitenverhältnis ebenso verändert (entspricht dem X-Schieber im Inspektor).
>
> **Alt+Ziehen** hat die gleiche Funktion, dabei ist der Griff auf der gegenüberliegenden Seite fixiert.
>
> **Sh+Ziehen** ändert auch die vertikale Größe, um das Seitenverhältnis beizubehalten.

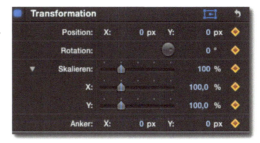

> **Ziehen** an einem der blauen Griffe in der Mitte der oberen oder unteren Seite verändert nur die vertikale Höhe des Bildes. Dadurch wird das Seitenverhältnis ebenso verändert (entspricht dem Y-Schieber im Inspektor).
>
> **Alt+Ziehen** hat die gleiche Funktion, dabei ist aber der Griff auf der gegenüberliegenden Seite fixiert.
>
> **Sh+Ziehen** ändert auch die horizontale Größe, um das Seitenverhältnis beizubehalten.

Anker (X, Y): Der Anker (der dicke runde Knopf in der Mitte) ist der Referenz-Punkt des Bildes. Seine Standard-Position liegt im Mittelpunkt des Bildes (x=0, y=0). Jeder andere Wert positioniert den Ankerpunkt außerhalb des Zentrums. Der Anker funktioniert als Rotationspunkt bzw. Achse, wenn Sie das Bild rotieren lassen wollen.

Die Anker-Position ist nicht als Steuerelement im Viewer verfügbar.

Position (X,Y): Während die Koordinaten des Ankerpunktes die Position des Ankers eines Bildes definiert, bestimmen die Positions-Koordinaten die Position des Ankers im Viewer. Die Standard-Position ist der Mittelpunkt des Viewers (x=0, y=0).

Denken Sie daran, dass die aktuelle Platzierung eines Bildes das Resultat der beiden Koordinaten Anker (Clip-/Bild-abhängig) und Position (Projekt-/Viewerabhängig) ist. Probieren Sie es aus, um den Zusammenhang vollständig zu verstehen.

Um die Position im Viewer zu verändern, ziehen Sie den Anker oder klicken+ziehen Sie irgendwo im Bild.

Rotation: Mit dieser Steuerung können Sie das gesamte Bild um seine Achse drehen. Der Ankerpunkt stellt die Achse dar. Die Steuerelemente im Viewer haben einen Rotationsgriff neben dem Ankerpunkt. Wenn Sie auf ihn klicken, wird die Steuerung blau und ein mittig angelegter Kreis erscheint. Je weiter Sie den Griff vom Mittelpunkt wegziehen, desto größer wird der Kreis und die Rotationssteuerung wir feiner. Ein zweiter Punkt auf dem Kreis zeigt den vorherigen Rotationswinkel an.

Wenn Sie während des Ziehens die Shift-Taste gedrückt halten, wird der Rotationsgriff gelb und rastet an fixen Rotationswerten (0°, 45°, 90°, 135°, usw.) ein.

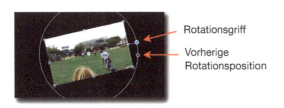

Rotationsgriff

Vorherige Rotationsposition

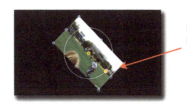

Einrastender gelber Rotationsgriff

Beschneiden

Das Beschneiden-Modul unterstützt drei Optionen:
Trimmen - Beschneiden - Ken Burns

Sie können im Modul-Popup-Menü oder an der Oberkante des Viewers ausgewählt werden.

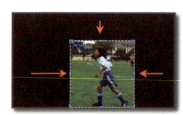

Der "unbenutzte" schwarze Bereich ist für Clips, die unter ihm platziert sind, transparent.

➡ Trimmen

Sie können die vier Seiten des Bildes unabhängig voneinander mit den vier Reglern im Inspektor beschneiden (Links, Rechts, Oben, Unten).

Die gleichen Veränderungen können mit den Steuerelementen im Viewer (sogar mit erweiterten Features) vorgenommen werden.

- **Ziehen** eines Seitengriffs, um nur diese Seite zu bewegen
- **Alt+Ziehen** eines Seitengriffs bewegt diese und die gegenüberliegende Seite gleichzeitig.
- **Sh+Ziehen** bewegt alle Seiten außer die gegenüberliegende und berücksichtigt des Seitenverhältnisses des Bildes.
- **Ziehen** an einer Ecke beschneidet das Bild, ohne das Seitenverhältnis zu ändern.
- **Alt+Ziehen** an einer Ecke bewegt die gegenüberliegende Ecke mit.
- **Sh+Ziehen** an einer Ecke lässt die gegenüberliegende Ecke unverändert während die anderen sich gemeinsam verändern. Dabei wird das Seitenverhältnis beibehalten.
- **Sh+alt+Ziehen** an einer Ecke oder Kante beschneidet das Bild gleichmäßig auf allen Seiten.
- **Klicken+Ziehen** im Fenster bewirkt, dass das Bild auf eine andere Position verschoben wird.

Achten Sie auf die gelben Hilfslinien, die anzeigen, wenn Sie auf die Hälfte beschnitten haben oder sich in der Mitte befinden.

➡ Beschneiden

Im Prinzip ist das eine Kombination aus Trimmen und Skalieren.

Nachdem Sie das Bild zugeschnitten haben und die „Fertig"-Taste gedrückt haben oder den Clip abspielen lassen, wird die Auswahl auf den Viewer-Rahmen skaliert. Zusätzliches Beschneiden kann nötig werden, wenn das Seitenverhältnis des Trimmens das Seitenverhältnis des Projektes nicht ausfüllt.

Sie können die vier Seiten unabhängig voneinander im Inspektor ändern.

Die Steuerelemente im Viewer unterstützen jedoch nur die Eckpunkte:

- **Ziehen** an einer Ecke verändert die Bildgröße, behält das Seitenverhältnis jedoch bei. Die Ecke gegenüber ist fixiert.
- **Alt+Ziehen** an einer Ecke verändert die Bildgröße, behält das Seitenverhältnis jedoch bei. Die Mitte ist fixiert.
- **Klicken und Ziehen** im Fenster verschiebt die Auswahl über eine andere Position des Clips.

Achten Sie auf die gelben Hilfslinien, die anzeigen, wenn Sie auf die Hälfte beschnitten haben oder sich in der Mitte befinden.

Automatische Skalierung

➡ Ken Burns

Der Ken Burns-Effekt ist nichts anderes als zwei unterschiedliche Beschneiden-Einstellungen eines Bildes, die sich gegeneinander bewegen. Er ist ein sehr beliebter Effekt, um unbewegte Bilder zu animieren.

Dieses Mal gibt es keine Steuerung im Inspektor, aber sehr einfache und intuitive Steuerelementen im Viewer.

Der Viewer hat vier Steuerungselemente:

❶ Das grüne Rechteck ist die Beschneiden-Einstellung für den ersten Frame des Clips. Es gelten die normalen Beschneiden- und Positions-Regeln.

❷ Das rote Rechteck ist die Beschneiden-Einstellung für den letzten Frame des Clips. Der dicke Pfeil zeigt die Richtung der Bewegung.

❸ Mit der Tauschen-Taste kann die Bewegung umgekehrt werden.

❹ Starten Sie mit der Play-Taste die Vorschau des Effekts, beginnend mit der grünen Auswahl und endend mit der roten Auswahl über die Dauer des Clips. Wenn unbewegte Bilder verwendet werden, kann durch deren Dauer in der Timeline die Geschwindigkeit verändert werden.

❺ Klicken Sie auf „Fertig" (Done), um die Bearbeitung abzuschließen.

Verzerren

Das Verzerren-Modul ist vergleichbar mit dem Transformieren-Modul. Sie beschneiden das Bild und der „ungenutzte" schwarze Bereich des Viewers wird transparent. Der Unterschied ist, dass die links-rechts und oben-unten-Linien nicht parallel bleiben. Ein Bild kann frei in alle Richtungen verzerrt werden.

* Steuerelemente im Inspektor

    Anstatt die Positionen der Seiten des Clips zu bestimmen, werden hier die Positionen der Eckpunkte mit ihren x/y-Koordinaten abgespeichert.

* Steuerelemente im Viewer

    Das Beispiel unten zeigt, was passiert. Sie können entweder einen der vier Eckengriffe oder einen der Seitengriffe (rot) verschieben. Die schwarzen Griffe bleiben unberührt während sich die orangen Ecken und Seiten wie ein Gummiband mit verschieben.

    Natürlich können Sie den ganzen ausgewählten Bereich mit **Klicken+Ziehen** über das Bild bewegen.

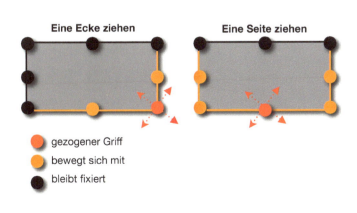

Zusätzliche Video-Effekte

Alle zusätzlichen Effekte sind in der Medienübersicht verfügbar. Klicken Sie auf die Effekt-Übersicht-Taste oder öffnen Sie es direkt mit dem Shortcut **cmd+5** oder vom Hauptmenü **Fenster > Medienübersicht > Effekte**.

In der rechten Seitenleiste sehen Sie die Effekte nach Gruppen sortiert. Suchen Sie nach einem bestimmten Effekt durch Eingabe des Namens in das Suchfeld am unteren Rand.

▸ Vorschau von Effekten

Wählen Sie einen Timelineclip und skimmen Sie über ein Effekt-Vorschaubild. Dadurch können Sie im Viewer sehen, wie der Effekt auf diesem Clip aussieht. Die Breite des Effekt-Vorschaubildes repräsentiert die Länge des ausgewählten Timelineclips.

Um im Viewer zu sehen welchen Einfluss der primären Parameter des Effekts hat, können Sie auch mit **alt+ziehen** über das Effekt-Vorschaubild fahren.

▸ Effekte hinzufügen

- **Ziehen** des Effekt-Vorschaubildes aus dem Browser auf den Clip in der Timeline.

- **Doppelklick** auf das Effekt-Vorschaubild, um den Effekt auf einen oder mehrere in der Timeline ausgewählten Clips anzuwenden.

- Effekte können über Kopieren und Einsetzen von einem auf einen oder mehrere andere Clips in der Timeline übertragen werden. Kopieren Sie den Effekt mit **alt+cmd+C** in die Zwischenablage und fügen Sie ihn mit **alt+cmd+V** auf anderen, in der Timeline ausgewählten Clips ein.
  Beachten Sie: Dieser Vorgang kopiert alle(!) eingebundenen und hinzugefügten Video- (und Audio!-)Effekte und Einstellungen (außer Stabilisierung, Rolling Shutter und Bildratenanpassung) vom ausgewählten Clip und kopiert das gesamte Set auf den Zielclip. Dabei werden alle vorhandenen Einstellungen überschrieben.

▸ Effekte bearbeiten

- **Inspektor**: Hier sind die meisten Parameter einschließlich der Keyframe-Einstellungen zugänglich.
- **Videoanimation**: Hier wird hauptsächlich die Keyframe-Animation vorgenommen (was ich im Animationen-Kapitel zuvor schon beschrieben habe). Benutzen Sie die Griffe, um einen Effekt sanfter ein- oder auszublenden.
- **Steuerelemente im Viewer**: Manche Parameter können direkt im Viewer gesteuert werden.
- **Motion**: Viele Effekte stammen direkt aus Motion und können dort modifiziert werden. Mit **ctr+Klick** auf das Effekt-Vorschaubild lassen sie sich direkt in Motion öffnen.

▸ Mehrere Effekte gleichzeitig anwenden

Wenn Sie mehrere Effekte auf einen Clip angewendet haben, kann die Reihenfolge wichtig sein. Diese lässt sich ändern:

- **Ziehen** der Effekt-Module im Browser.
- **Ziehen** der Balken des Timelinelips im Videoanimations-Editor.

▸ Zurücksetzen - Ausschalten - Entfernen

- Zurücksetzen: Der Inspektor hat eine Hierarchie von verschiedenen Zurücksetzten-Funktionen: Parameter, Modul oder die gesamte Effekte-Ablage. Stellen Sie sicher, dass Sie das Richtige auswählen.
- Ausschalten: Jedes Modul kann mit der blauen Taste im Inspektor oder im Animationseditor ausgeschaltet werden.
- Entfernen: Wählen Sie das gewünschte Modul im Inspektor aus und drücken Sie auf der Tastatur die **Entfernen**-Taste.

Retime (Geschwindigkeit ändern)

Der Retime-Effekt ist der einzige Effekt, der nicht im Inspektor verfügbar ist. Retiming bedeutet, einen der folgenden Effekte auf der gesamten Timeline oder einer Auswahl von Timelineclips anzuwenden:

- **Langsam oder schnell**: Konstante Änderung der Wiedergabe-Beschleunigung
- **Temporampe**: Variable Änderung der Wiedergabe-Beschleunigung
- **Clip umkehren, Zurückspulen**: Spielt den Clip rückwärts ab
- **Instant Replay**: Wiederholen der Wiedergabe
- **Standbild**: Wiedergabe des selben Bildes über die Dauer des Clips

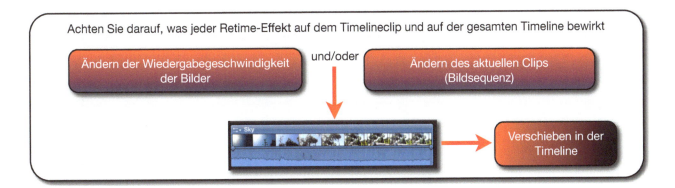

Hier ist die grundlegende Vorgehensweise:

- ▸ Sie wählen einen Bereich eines Clips, den gesamten Clip oder mehrere Clips aus.
- ▸ Wählen Sie den Retime-Effekt im Hauptmenü **Ändern > Retime >** ❶ oder das Popup-Menü von der Retime-Taste ❷.
- ▸ Öffnen Sie den **Retime-Editor** aus den gleichen Menüs oder mit dem **Retime...**-Befehl aus dem Kontextmenü des Clips ❸ oder nutzen Sie den Shortcut **cmd+R**.
- ▸ Mit den farbigen Clip-Steuerelementen (Geschwindigkeitssegmente) können Sie die Geschwindigkeit ändern oder weitere zusätzliche Popup-Menüs öffnen ❹.

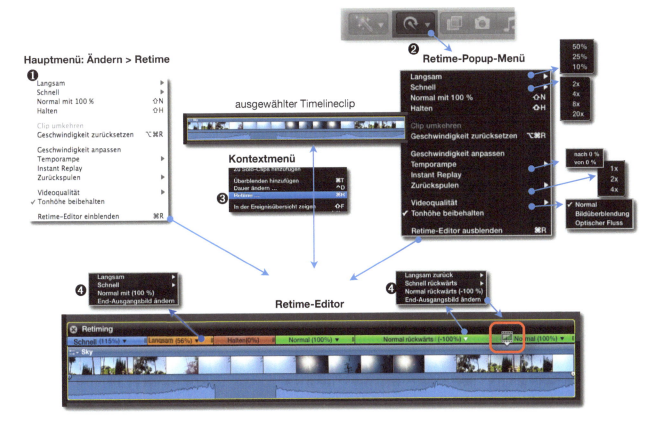

Retime-Editor

Der Retime-Editor ist eine erweiterte Darstellung des ausgewählten Timelineclips, um die entsprechenden Steuerelemente anzuzeigen (vergleichbar mit dem Video- und Audioanimations-Editor). Der Befehl *Retime-Editor einblenden* schaltet das Fenster ein und aus. Wenn Sie einen Retime-Befehl im Menü auswählen, öffnet sich automatisch der Retime-Editor des ausgewählten Clips. Unglücklicherweise gibt es kein Symbol in der Timeline, welches auch bei geschlossenem Retime-Editor anzeigt, ob eine Geschwindigkeitsänderung vorliegt. Eine Notlösung: Wählen Sie alle Clips in der Timeline aus (**cmd+A**) und blenden Sie den Retime-Editor ein (**cmd+R**).

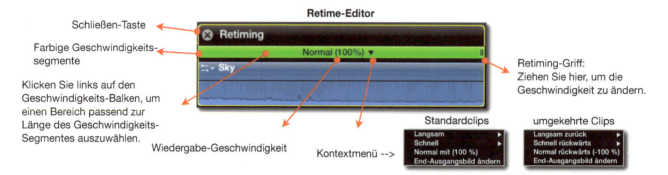

Schließen-Taste

Farbige Geschwindigkeits-segmente

Klicken Sie links auf den Geschwindigkeits-Balken, um einen Bereich passend zur Länge des Geschwindigkeits-Segmentes auszuwählen.

Wiedergabe-Geschwindigkeit

Kontextmenü -->

Retiming-Griff: Ziehen Sie hier, um die Geschwindigkeit zu ändern.

Standardclips

| Langsam ▶ |
| Schnell ▶ |
| Normal mit (100 %) |
| End-Ausgangsbild ändern |

umgekehrte Clips

| Langsam zurück ▶ |
| Schnell rückwärts ▶ |
| Normal rückwärts (-100 %) |
| End-Ausgangsbild ändern |

➡ **Konstante Geschwindigkeitsänderung (gesamter Clip)**

Hier ist ein einfacher Weg, um die Wiedergabegeschwindigkeit für den gesamten Clip zu ändern:

• Wählen Sie den Clip aus und öffnen dessen Retime-Editor mit **cmd+R**.

• Er zeigt ein Geschwindigkeitssegment mit der Länge des Clips. Grün zeigt die normale Geschwindigkeit (100%) an.

• Ziehen Sie den Griff nach rechts, um die Geschwindigkeit zu reduzieren. Das Segment wir orange (langsam) und zeigt die Geschwindigkeit in Prozent an.

• Ziehen Sie den Griff nach links, um die Geschwindigkeit zu erhöhen. Das Segment wir blau (schnell) und zeigt die Geschwindigkeit in Prozent an.

Gesamter Clip

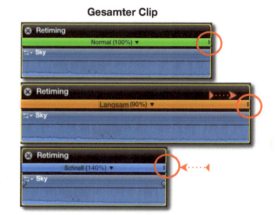

➡ **Konstante Geschwindigkeitsänderung (ausgewählter Bereich)**

Wenn Retime-Effekte auf einen ausgewählten Bereich eines Clips angewendet werden, geschehen ein paar weitere Dinge:

• Wählen Sie einen Bereich eines Clips mit dem Bereichsauswahlwerkzeug **R** aus.

• Um den Bereich langsamer abspielen zu lassen, wählen Sie aus dem Menü „Langsam" und dann die entsprechende Prozentzahl (50%, 25%, 10%) und für ein schnelleres Abspielen „Schnell" mit dem gewünschten Faktor. (2x, 4x, 8x oder 20x).

• FCPx teilt den Clip nun in drei virtuelle Abschnitte: "a", das Segment vor dem Bereich "b", die aktuelle Auswahl, "c", das Segment hinter dem Bereich. Die drei Segmente werden jetzt als drei farbige Geschwindigkeitssegmente angezeigt, wo nur Bereich „b" eine Änderung erfahren hat.

• Sie können jedoch die Geschwindigkeits-Griffe bei jedem der drei Segmente benutzen, um die Geschwindigkeit zu ändern.

• Beachten Sie, dass der Timelineclip weiterhin ein gesamter Clip ist. Die drei Geschwindigkeitssegmente beeinflussen jeweils nur den einzelnen Bereich des Clips.

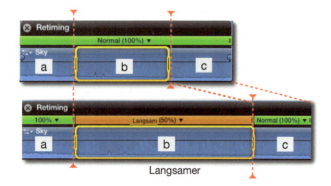

Langsamer

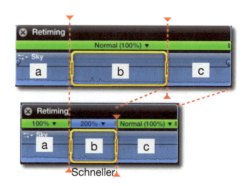

Schneller

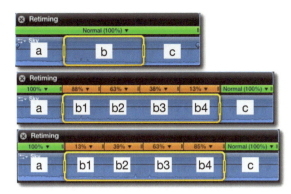

➡ Variable Geschwindigkeitsänderung

Um einen Clip zu beschleunigen wählen Sie "**Temporampe > von 0%**".

Um ihn zu verlangsamen wählen sie "**Temporampe > zu 0%**".

Dieser Befehl teilt den Bereich in vier Abschnitte (b1, b2, b3, b4) plus die zwei unveränderten Segmente „Anfang"(a) und „Ende" (c). Um eine feinere Auflösung zu bekommen, wenden Sie auf jedes Segment den Befehl erneut an, um diesen wiederum zu zerteilen und anzupassen.

➡ Clip umkehren

Dieser Effekt spielt den Clip rückwärts ab (die Frames sind in umgekehrter Reihenfolge). Die Richtung erkennt man im Geschwindigkeitssegment an einer Linie mit nach links gerichteten Pfeilen.

Der Clip umkehren-Effekt kann nur auf einen ganzen Clip angewendet werden. Sie können den Effekt jedoch in einem zweiten Schritt zu einem Bereich des Clips hinzufügen und weitere Segmente erstellen.

➡ Standbild

Hiermit wird für die Dauer des ausgewählten Bereiches ein Standbild erstellt (rot, Halten 0%), womit dem Clip zusätzliche Frames hinzugefügt werden. Durch das Ziehen am Griff werden weitere Frames hinzugefügt, die Geschwindigkeit wird hierbei jedoch nicht verändert.

Wenn der gesamte Clip ausgewählt ist, dann wird ein Halten-Bereich von zwei Sekunden an der Position des Playheads oder Skimmers eingefügt.

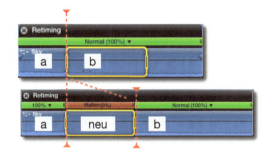

➡ Instant Replay

Mit diesem Befehl wird der ausgewählte Bereich des Timelineclips als separates Geschwindigkeitssegment dupliziert (b). Die Geschwindigkeit des Clips ändert sich nicht.

➡ Zurückspulen

Dieser Befehl erstellt ein neues Segment mit dem ausgewählten Bereich und dem davorliegenden Segment (a+b). Dann fügt er eine rückwärts abspielende Kopie mit der im Menü ausgewählten Geschwindigkeit des ausgewählten Bereiches hinzu (B') und eine weitere Kopie im normalen Tempo (b). Am Ende wird noch ein Segment vom Rest des Clips (c) in normaler Geschwindigkeit angehängt..

Natürlich verändert dieser Vorgang den Timelineclip komplett.

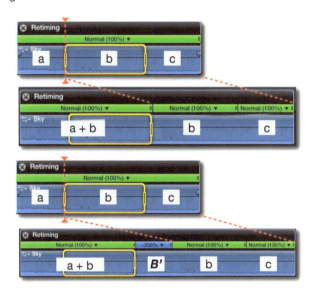

➡ Geschwindigkeit zurücksetzen / Normal 100%

Geschwindigkeit zurücksetzen kann nur auf den gesamten Clip angewendet werden. Er entfernt alle Retime-Effekte vom Timeline-Clip.

Normal (100%) kann auf den gesamten Clip oder einen ausgewählten Bereich angewendet werden (sogar über mehrere Segmente). Er setzt alle Segmente auf 100% Geschwindigkeit. Wählen Sie den Befehl aus dem Hauptmenü, dem Kontextmenü oder mit dem Shortcut **cmd+R**.

➡ Geschwindigkeit anpassen

Dies ist ein spezieller Befehl, der den Clip auf die aktuelle Projekt-Geschwindigkeit anpasst, falls der ursprüngliche Clip von der Kamera einen Geschwindigkeitseffekt hinzugefügt bekommen hatte.

End-Ausgangsbild

Bevor ich das End-Ausgangsbild erkläre, lassen Sie mich sicherstellen, dass wir das Konzept des Retimings vollständig verstanden haben:

Wann immer Sie an einem Geschwindigkeits- griff ziehen, wird der Clip länger oder kürzer. Es sieht aus, als würden wir den Clip trimmen, also mehr oder weniger des Ausgangsmaterials haben. Aber dies ist nicht der Fall. Wir ändert nicht die Anzahl der Frames sondern deren Abspielgeschwindigkeit.

In diesem Beispiel hat der Clip die gleiche Anzahl von Frames A-B-C-D-E. Das darüber- liegende Geschwindigkeitssegment zeigt an, welche Framegruppen von der Geschwindigkeitsänderung betroffen sind. In Beispiel 1 wären das die Framegruppen D-E und in Beispiel 2 die Framegruppen C-D-E. Die Geschwindigkeitssegmente bestimmen die beinhalteten Frames.

Mit dem End-Ausgangsbild können Sie die Grenze zwischen zwei Geschwindigkeits- segmenten justieren. Schieben Sie es über den Timelineclip und bestimmen Sie, welche Frames in welchem Geschwindigkeitssegment enthalten sein sollen. In Beispiel 2 habe ich den Frame nach links bewegt, also enthält das zweite Segment die Framegruppen C-D-E. Durch das Ziehen des Griffs nach links oder rechts verändert nun die Geschwindigkeit der Framegruppen C-D-E und nicht nur der Gruppen D-E wie in Beispiel 1.

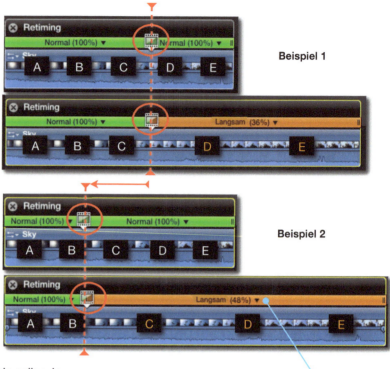

Beispiel 1

Beispiel 2

Geschwindigkeitsmenü

Das könnte die Kurzdefinition des *End-Ausgangsbildes* sein: Das *End-Ausgangsbild* lässt Sie das Geschwindigkeitssegment trimmen, abhängig davon, welche Frames des darunterliegenden Clips von den Geschwindigkeitsveränderungen betroffen sind. Klicken Sie auf das Dreieck im Geschwindigkeitssegment um in diesem Menü mit dem Befehl **End-Ausgangsbild ändern** die Anzeige für das End-Ausgangsbild ein- oder auszuschalten.

Audio- und Videoqualität

Natürlich hat die Manipulation der Geschwindigkeit Auswirkungen auf die Video- und Audioqualität des Clips. Obwohl FCPx einige Artefakte kompensieren kann, werden Sie feststellen, dass, je größer die Geschwindigkeitsänderung ist, desto eher können Bildstörungen vorkommen.

- Audioqualität: FCPx kann die Tonhöhe (Audio Pitch) unabhängig von der Geschwindigkeit unter dem Menüpunkt:**"Tonhöhe beibehalten"** unverändert lassen. (z.B. um den Mickey Mouse-Effekt zu vermeiden).

- Videoqualität: Sie können aus drei unterschiedlichen Video-Qualitätseinstellungen im Popupmenü wählen, um die beste für typische Situationen herauszufinden:

Videoqualitäts-Einstellungen (FCPx Handbuch):

- **Normal:** *Dies ist die Standardvoreinstellung. Die Bilder werden dupliziert. Auf den Zeitlupen-Clip wird keine Bildüberblendung angewendet. Rendern ist nicht erforderlich.*

- **Bildüberblendung:** *Es werden Zwischenbilder eingefügt, die aus einzelnen Pixeln benachbarter Bilder erzeugt werden. Zeitlupenclips, die mit "Bildüberblendung" erstellt werden, wirken in der Wiedergabe homogener als diejenigen mit der Einstellung "Normal" (Duplizierung). Rendern ist erforderlich..*

- **O**ptischer Fluss: *Es werden Zwischenbilder eingefügt, die mit einem Algorithmus für den optischen Fluss erzeugt werden. Dieser Algorithmus ermittelt die Bewegungsrichtung der Pixel durch eine Analyse des Clips und zeichnet auf dieser Grundlage dann Teile der neuen Bilder. Nur der Teil eines Clips, der im Projekt auch verwendet wird (also die Medien zwischen den Start- und Endpunkten des Rohmaterials) werden bei der Analyse berücksichtigt. Rendern ist erforderlich.*

Retime-Effekte können auf jeden Clip (Handlung, verbundener Clip, zusammengesetzter Clip, Hörprobe) angewendet werden. Achten Sie immer auf ein mögliches Verschieben der nachfolgenden Clips!

Farbkorrektur

Grundlagen

Was ist Farbkorrektur und wozu brauchen wir sie?

Korrigieren	Anpassen	Gestalten
Korrigiert Fehler im Video, z.B. Belichtung und Farbbalance.	Passt den Look eines Referenzframes an andere Clips für ein einheitliches Erscheinungsbild an.	Ändert den Look des Videos, um unterschiedliche Färbungen und extreme Effekte zu erreichen.

FCPx unterstützt drei verschiedene Werkzeuge, um diese Aufgaben zu erledigen. Diese Werkzeuge sind im Farbe-Modul im Inspektor zusammengefasst und können einzeln ein- und ausgeschaltet werden.

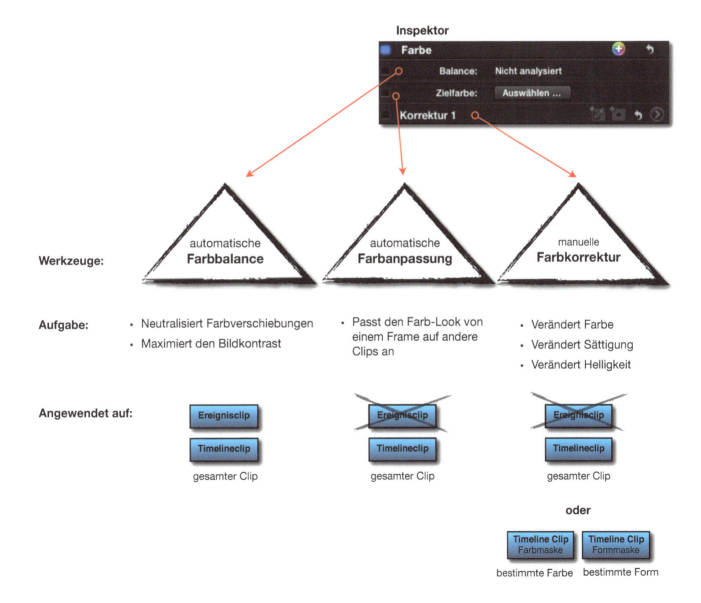

Farbbalance (Automatische Farbkorrektur)

Die Farbbalance in FCPx ist ein automatisches "quick and dirty" Farbkorrektur-Feature. Es ist eine Farbkorrektur-Einstellung, die FCPx auf der Grundlage der eigenen Analyse erstellt. Diese, manchmal fragwürdige, "Verbesserung" kann nur ein- oder ausgeschaltet werden und es gibt keinerlei weitere Einstellungsmöglichkeiten.

Es gibt zwei Arten von Farbbalance:

➡ **Analysiert**: FCPx analysiert den gesamten Clip und speichert die dabei entstehenden Daten. Diese werden genutzt, um die Farbbalance vorzunehmen.

➡ **Nicht analysiert**: FCPx analysiert nur einen Referenzframe und wendet diese Einstellungen auf den gesamten Clip an. Es sind keine weiteren vorab analysierten Daten für den Clip verfügbar.

Hier ist ein Diagramm mit den grundlegenden Mechanismen:

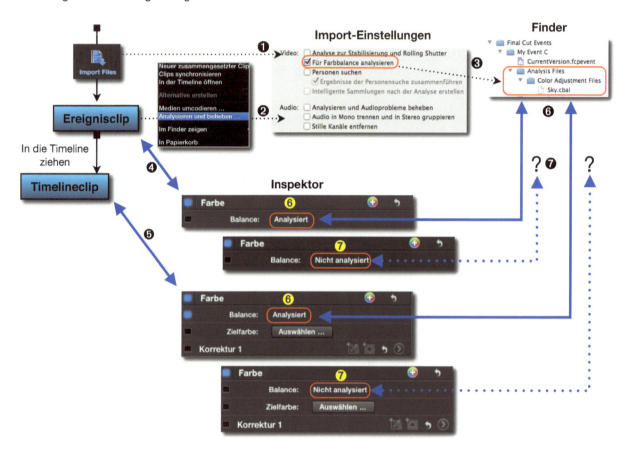

❶ Während des Daten-Imports können Sie festlegen, ob FCPx die Daten für die Farbbalance analysieren soll oder nicht. Das Import-Einstellungen-Fenster hat eine Checkbox „**Für Farbbalance analysieren**". Wenn Sie nicht den Import-Befehl verwenden, sondern die Dateien direkt in FCPx hineinziehen, dann können Sie die entsprechende Checkbox in dem **Einstellungen > Import**-Fenster anhaken.

❷ Sie können den Analyse-Prozess jederzeit später auch über das Kontextmenü des Ereignisclips (nicht des Timelineclips) starten. Das sich öffnende Fenster hat die gleichen Einstellungsmöglichkeiten wie das Import-Fenster.

❸ Die Analyse-Daten für jeden analysierten Clip sind im Ereignis-Ordner in den Unterordnern "*Analysis Files/Color Adjustment Files* gespeichert. Jede analysierte Datei hat eine Datei mit dem gleichen Namen und der Endung *.cbal* , die die analysierten Daten enthält.

❹ Der Inspektor für einen Ereignisclip zeigt das "*Balance*" Modul innerhalb des Farbe-Moduls im Video-Fenster.

❺ Der Inspektor für einen Timelineclip zeigt das "*Balance*" Modul ebenfalls innerhalb des Farbe-Moduls im Video-Fenster. Zusätzlich werden noch die Module „Zielfarbe" und „Korrektur 1" angezeigt.

❻ Der Inspektor für den Ereignisclip zeigt "analysiert" in dem Modul an, wenn er eine cbal-Datei für diesen Ereignisclip findet.

❼ Der Inspektor für den Timelineclip zeigt "analysiert" in dem Modul an, wenn er eine cbal-Datei für den verbundenen Ereignisclip findet. Hier sehen wir ein Beispiel dafür, dass sich der Timelineclip auf den ursprünglichen Ereignisclip bezieht.

Funktionsweise der automatischen Farbbalance

Das FCPx Handbuch gibt ein paar Erklärungen über die Funktionalität der automatischen Farbbalance:

FCPx nimmt einen Frame eines Videoclips als Referenzframe und ...

- ... sucht die dunkelsten und hellsten Bereiche des Luma-Kanals und justiert die Schatten und hellsten Bestandteile im Bild, um diese farblich zu neutralisieren.

- ... maximiert den Bildkontrast, sodass die Aufnahme den größten verfügbaren Luma-Bereich nutzt.

Analysiert

Der Analyse-Prozess extrahiert Farbbalance-Informationen des gesamten Clips.

Den gesamten Clip in die Timeline verschieben

Wenn der gesamte Ereignisclip oder ein Bereich davon (Subclip) in die Timeline bewegt wird, wählt das Farbbalance-Feature einen Referenzframe aus dem Bereich, der farblich am ausgeglichensten erscheint und fügt diese Einstellung dem Clip hinzu.

Nur einen Subclip in die Timeline verschieben

Timelineclips, die von verschiedenen Sektionen des Ereignisclips abgeleitet sind, sind jeder für sich für seinen Bereich optimiert.

Zwei Frames vom gleichen Clip, Farbbalance an.

Nicht analysiert

Der Referenzframe bezieht sich auf die Position des Playheads. Wenn der Playhead außerhalb des Clips liegt, wird dessen mittlerer Frame benutzt.

Schauen Sie auf das Beispiel unten. Hier werden die Ergebnisse von unterschiedlichen Farbbalancen abhängig von der Position des Playheads gezeigt:

Zwei Frames vom gleichen Clip, Farbbalance aus.

Farbbalance ist an, der Playhead liegt auf dem Anfang des Clips

Farbbalance ist an, der Playhead liegt auf dem Ende des Clips

Die Farbbalance kann für den ausgewählten Timeline- oder Ereignisclip mit folgenden Befehlen ein- und ausgeschaltet werden:

- Aus dem Hauptmenü **Ändern > Farbe anpassen**
- Mit dem Shortcut **alt+cmd+B**
- Aus dem Verbesserungen-Popupmenü
- Mit der blauen Taste im Inspektor im Balance-Modul oder für das gesamte Farbe-Modul.

Verbesserungen-Menü

Inspektor

Farbe anpassen

Das Konzept von „Farbe anpassen" ist einfach: Sie haben ein Video oder eine Grafikdatei mit einem Look, den Sie mögen (z.B. die Tönung, die Farbe, das Erscheinungsbild). Sie können diesen Look auf andere Clips übertragen, ohne herausfinden zu müssen, welche Kombination von Farbe, Sättigung und Helligkeit diesen speziellen Look ausmacht und Sie diese Werte manuell eintragen müssen. Es ist eher wie „Was immer sie hatte, will ich auch haben".

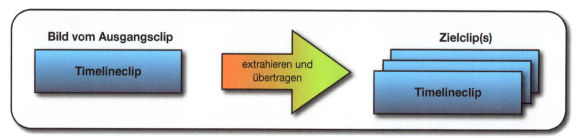

FCPx beinhaltet ein nettes eingebautes Werkzeug, welches sehr einfach anzuwenden ist.

① Wählen Sie den Zielclip, den Sie anpassen wollen, in der Timeline aus.

② Aktivieren Sie „Farbe anpassen". Es gibt mehrere Wege:

- Aus dem Hauptmenü **Ändern > Farbe anpassen...**
- Mit dem Shortcut **alt+cmd+M**
- Aus dem Verbesserungen-Popupmenü **Farbe anpassen...**
- Klicken Sie im Inspektor im Farbe-Modul (Zielfarbe) auf "Anpassen". Beachten Sie, dass der Inspektor die Parameter für mehrere Clips gleichzeitig ändern kann. In der Kopfzeile steht dann "(x) Objekte überprüfen".

Verbesserungen-Menü

Inspektor

Jeder dieser Befehle wechselt den Viewer auf Splitscreen-Anzeige mit dem „Farbe anpassen-Fenster", welches Sie im unteren Teil des Viewers sehen können.

Zum Zeitpunkt dieser Übersetzung nach zwei Updates auf FCPx Version 10.0.2 ist dieser Hinweis nicht mehr als eigenes Fenster vorhanden. Stattdessen ist der Vorgang direkt im unteren Bereich des Viewers ausführbar und hier erscheint der Text „Navigieren Sie zu einem Bild, das Sie anpassen möchten und klicken Sie, um eine Vorschau zu sehen" mit den Befehlen „Abbrechen" und „Anpassen anwenden". (Anmerkung des Übersetzers).

③ Skimmen Sie über einen Clip, um den Frame zu finden, den Sie als Quelle verwenden möchten. Der Cursor hat jetzt ein kleines Kamera-Symbol und zeigt damit den Farbe-Anpassen-Modus an.

Links: Ausgangs-Frame - Rechts: Zielclip am Playhead

④ Klicken Sie, damit Sie sich das ausgewählte Farbschema im rechten Fenster ansehen können. Auf diesem Bild parkt der Playhead momentan. Das Farbe-anpassen-Modul im Inspektor zeigt eine zur Hälfte blaue Taste, um zu zeigen, dass es sich nur um eine Vorschau handelt. Sie können weiter „herumskimmen" und klicken, bis Sie den richtigen Ausgangs-Frame gefunden haben.

Links: Ausgangs-Frame - Rechts: Vorschau zum Zielclip an der Playhead-Position hinzugefügt.

⑤ Wenn Sie am Ende die richtige Anpassung gefunden haben, drücken Sie die Taste „Anpassen anwenden". Die blaue An-Taste im Inspektor wird vollständig gefüllt. Sie kann an- und ausgeschaltet werden und die Prozedur kann durch erneutes Auswählen wiederholt werden.

Farbkorrektur

Farbkorrektur, oft auch als *Color Grading* bezeichnet, ist der Prozess des Veränderns und Anpassens der Farbe Ihres Videos. Es gibt verschiedene Gründe, warum Sie das tun wollen:

- Sie haben Probleme mit dem Aussehen des Originalvideos, das nicht richtig aufgezeichnet wurde. Zu hell, zu dunkel, zu wenig Kontrast, nicht genug Farbe, zu viel von einer Farbe etc..

- Sie wollen dem Video einen bestimmten Look geben, z.B. warm, hart, übersättigt, altmodisch, schwarzweiß etc..

- Sie wollen bestimmte Effekte durch Verändern des Aussehens in ein Extrem erreichen.

- Sie wollen etwas von den oben genannten Dingen nur in Bezug auf eine bestimmte Farbe oder einen Bereich des Videos anwenden.

All dies muss manuell vorgenommen werden und setzt Wissen und Fähigkeiten voraus. Farbbalance und Farbanpassung sind auf der anderen Seite automatische Vorgänge. Lassen Sie uns als Erstes die verfügbaren Werkzeuge anschauen:

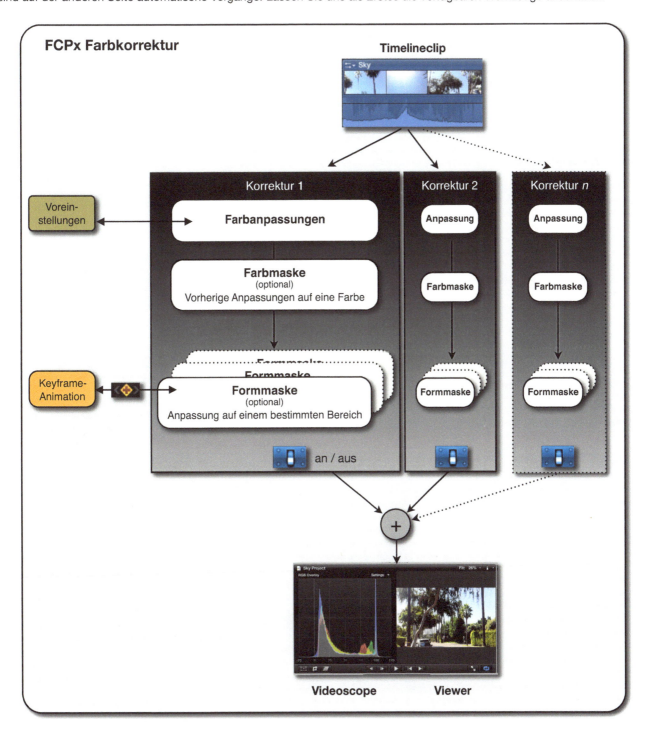

Grundlagen

Das vorangegangene Diagramm zeigt das grundlegende Konzept der Farbkorrektur-Module.

- Als Erstes werden Sie feststellen, das nicht nur ein, sondern so viele Farbkorrektur-Module, wie Sie benötigen, zur Verfügung stehen.
- Jedes Farbkorrektur-Modul bekommt dasselbe Signal vom Ereignisclip (sie sind nicht in einer Reihenfolge).
- Jedes Farbkorrektur-Modul kann einzeln ein- und ausgeschaltet werden, oder alle gleichzeitig mit dem Hauptschalter.
- Der Signalfluss in jedem Farbkorrektur-Modul ist:
  - Sektion 1 - Farbanpassung: Dies ist der Hauptbereich (eigene Anpassungen können als Voreinstellungen im Bereich der im Programm schon vorhandenen Presets für spätere Zwecke gespeichert werden)
  - Sektion 2 - Farbmaske: Die Farbkorrektur bezieht sich nur auf eine bestimmte Farbe im Video, wenn eingeschaltet.
  - Sektion 3 - Formmaske: Wenn aktiviert, kann das Ergebnis von Sektion 1 und Sektion 2 zusätzlich in einem bestimmten Bereich des Frames eingegrenzt werden. Sie können mehrere Formmasken erstellen, um verschiedene Bereiche des Bildes festzulegen. Jede Formmaske kann mit Keyframes animiert werden, um z.B. einem Objekt zu folgen.
    Achtung: Sie müssen mehrere verschiedene Farbkorrektur-Module mit unterschiedlichen Farbanpassungen und Formmasken erstellen, um Objekten mit unterschiedlichen Farbgebungen folgen zu können.
- Die Signale von allen Farbkorrektur-Modulen werden summiert.
- Im Viewer können Sie drei unterschiedliche Videoscopes sichtbar machen, um das Bild mathematisch zu betrachten.

Die Farbkorrektur-Module

Rechts sehen Sie die Farbmodule in zusammengeklappten Zustand. Wählen Sie *"Anzeigen"* (nur sichtbar, wenn Sie mit der Maus darüberfahren), um die drei darin liegenden Module sehen zu können. Seien Sie vorsichtig mit der Zurücksetzen-Taste. Sie bezieht sich auf Alles innerhalb des Farbmoduls.

In der erweiterten „Anzeigen"-Darstellung enthält das Farbmodul drei Untermodule: Farbbalance, Zielfarbe und Farbkorrektur.
Wie wir schon gesehen haben, kann das Farbmodul mehrere Farbkorrektur-Module enthalten. Mit der runden bunten Taste mit dem Pluszeichen können weitere Farbkorrektur-Module hinzugefügt werden.

Jedes Farbkorrektur-Modul hat fünf Tasten:

❶ An/Aus: Diese blaue Taste schaltet nur diese Korrektur-Modul an/aus.

❷ Farbmaske: Durch Klicken auf das Symbol erscheint die Steuerung für die Farbmaske. Die Taste auf der Linie verschwindet.

❸ Formmaske: Durch Klicken auf das Symbol erscheint die Steuerung für die Formmaske. Durch erneutes Klicken können weitere Formmasken hinzugefügt werden.

❹ Zurücksetzen: Bezieht sich nur auf dieses Farbkorrektur-Modul.

❺ Korrektur einblenden: Die Ansicht des Inspektors wird verändert. Jetzt zeigt er die Farbkorrektur-Darstellung. Um zu zeigen, dass Farbveränderungen vorgenommen wurden, färbt er sich bunt ein.

Video-Inspektor - Farbe

erweiterte Ansicht   Farbe zurücksetzen

Korrekturmodule hinzufügen

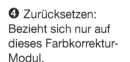

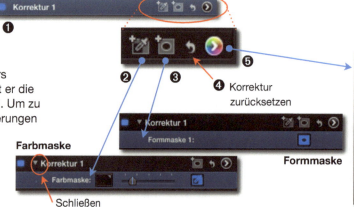

Farbmaske

Schließen

❶ ❷ ❸ ❹ Korrektur zurücksetzen ❺

Formmaske

Farbe anpassen

Farbkorrektur (Farbtafel)

Wenn weder die Farbmaske noch die Formmaske aktiv ist , bezieht sich die Farbkorrektur auf den gesamten Timelineclip. Obwohl Sie die Farbbalance und Farbanpassung auf mehrere ausgewählte Clips anwenden können, kann das Farbkorrektur-Modul nur auf einen selektierten Timelineclip zur gleichen Zeit angewendet werden. Wenn Sie mehrere Timelineclips ausgewählt haben, wird das Farbkorrektur-Modul im Inspektor nicht angezeigt.

Die eigentlichen Farbanpassungen werden im Farbe anpassen-Fenster, der *Farbtafel*, gemacht. Diese Fensterdarstellung wechselt mit der Darstellung des Inspektors. Es kann nur eines der beiden Fenstern gezeigt werden. Es gibt drei Befehle, um zur Farbtafel zu wechseln:

➊ **Klicken** auf den rechten Pfeil im Farbkorrektur-Modul, um vom Inspektor zur Farbtafel zu wechseln. Der Pfeil ist grau, wenn noch keine Farbanpassungen gemacht worden sind, und bunt, wenn schon Einstellungen vorgenommen wurden.

➋ Benutzen Sie den Befehl **Farbe anpassen** aus dem Anpassen-Popup-Menü in der linken oberen Ecke eines Timelineclips. Der Menübefehl schaltet zwischen Inspektor und Farbtafel hin und her.

➌ Benutzen Sie den Befehl **Farbtafel einblenden** aus dem Anpassen-Popup-Menü. Der Befehl ändert sich hier nun zu **Farbtafel ausblenden**.

- Benutzen Sie den Shortcut **cmd+6**

Damit Sie separate Einstellungen vornehmen können, hat die Farbtafel drei Registerkarten:

1. Farbe
2. Sättigung (Chroma)
3. Belichtung (Helligkeit/Luma)

Hier sehen Sie eine Farbtafel mit den Benutzeroberflächen-Elementen, die für alle drei Register gleich sind:

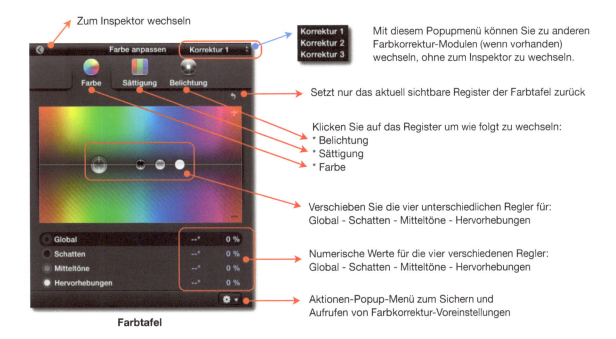

Farbtafel

Bedienungselemente

Jedes der drei Register in der Farbtafel unterstützt vier Steuerungen zum individuellen Verändern der vier Bereiche des ausgewählten Clips.

- **Global**: Bezieht sich auf den gesamten Clip
- **Schatten**: Bezieht sich nur auf die dunklen Bereiche des Clips (dunkler Knopf).
- **Mitteltöne**: Bezieht sich nur auf die mittleren Bereiche des Clips (grauer Knopf).
- **Hervorhebungen**: Bezieht sich nur auf die hellen Bereiche des Clips (heller Knopf).

So bedienen Sie ein Steuerelement:

- **Ziehen** Sie den Knopf nach oben und unten (in allen Registern) oder nach links und rechts (nur im Farbe-Register)
- Die numerischen Werte (nur ablesbar) der vier Steuerungen, die im unteren Bereich gezeigt werden, verändern sich, während Sie den Knopf bewegen. Die aktuell ausgewählte Steuerung ist in der Liste hervorgehoben.
- Benutzen Sie die Tasten **Pfeil nach oben** und **Pfeil nach unten** für die ausgewählte Steuerung (in allen Registern) oder die Tasten **Pfeil nach links** und **Pfeil nach rechts** (nur im Farb-Register).
- Die Werte-Liste des Farbe-Registers zeigt die Farbeinstellung und auch ein kleines Minus-Symbol, um auf negative Prozentwerte hinzuweisen, z.B.

Farbe	Sättigung	Belichtung

Innerhalb der Maske / außerhalb der Maske

Wenn das Farbkorrektur-Modul eine aktive Farb- oder Formmaske beinhaltet,
dann zeigt die Farbtafel am unteren Rand des Fensters zwei weitere Tasten: *Innerhalb der Maske* und *Außerhalb der Maske*. Das bedeutet, dass Sie in jedem der drei Register separate Farbanpassungen für innerhalb und außerhalb der Maske vornehmen können.

Voreinstellungen

Die kleine Zahnrad-Taste in der unteren linken Ecke öffnet das Voreinstellungs-Popup-Menü:

- Eine Voreinstellung enthält die Einstellungen für alle drei Register in der Farbtafel. Wenn eine Maske vorhanden ist, wird die Voreinstellung innerhalb oder außerhalb der Maske angewendet (abhängig davon, welche Taste aktiviert wurde).
- Die aktuellen Einstellungen können mit dem Befehl „*Voreinstellung sichern...*" gespeichert werden.
- Benutzer-Voreinstellungen werden in alphabetischer Reihenfolge nach den schon integrierten Einstellungen aufgeführt.
- Momentan (FCPx v1.0.1) scheint es kein Weg zu geben, eigene Einstellungen zu sortieren oder zu löschen bzw. sie mit anderen Computern per Import/Export auszutauschen.

Farbmaske

Die Farbtafel-Einstellungen werden auf den gesamten Clip (gesamter Video-Frame) angewandt. Sie können jedoch die Einstellungen auf eine spezielle Farbe beschränken. Zum Beispiel möchten Sie Ihrem Video einen strahlend blauen Himmel geben oder ein T-Shirt anders einfärben, ohne dabei jedoch andere Farben in Ihrem Clip zu verändern. Der Vorgang ist recht einfach:

➡ **Aktivieren der Farbmaske:** Klicken Sie auf das ausgegraute Pipetten-Werkzeug ❶ im Farbkorrektur-Modul. Dadurch wird ein neuer *Farbmaske*-Bereich hinzugefügt ❷. Beachten Sie, dass das ursprüngliche Pipetten-Werkzeug verschwindet. Auch hat das Farbkorrektur-Modul ein Öffnen-Dreieck bekommen ❸, um das Masken-Modul anzuzeigen. Wenn das Farbkorrektur-Modul zugeklappt ist, können Sie nun erkennen, dass eine aktive Maske vorliegt, da das Masken-Symbol nicht mehr präsent ist.

- Das Farbmasken-Modul hat drei Bereiche:

    ❹ Das Farbfeld zeigt die maskierte Farbe

    ❺ Schieberegler für eine weiche Kante

    ❻ Pipette an/aus, womit der Cursor zwischen Pipette und Pfeilwerkzeug hin- und herschaltet.

➡ **Farbmaske erstellen:**

- Wählen Sie einen Timelineclip und positionieren Sie den Playhead so, dass Sie die Farbe sehen, die maskiert werden soll.

- Aktivieren Sie die Pipette.

- Klicken Sie auf die Farbe im Viewer, um diese festzulegen. (Die Farbe im Farbfenster ändert sich entsprechend)

- Sie können die Pipette auch ziehen. Jetzt sehen Sie zwei konzentrische Kreise, die sich, je weiter Sie sie auseinander ziehen, vergrößern. Der äußere Kreis bestimmt die Variationsvielfalt der ausgewählten Farbe.

- Sie können den Farbklick wiederholen oder den Farbbereich bis zum gewünschten Resultat erweitern.

➡ **Verfeinern der Farbmaske**

- Farbschattierungen entfernen: **alt+ziehen** mit der Pipette über eine Farbe im Bild, die aus der Farbmaske entfernt werden soll. Das Pipetten-Symbol am Cursor hat jetzt ein kleines *Minus*-Symbol während die alt-Taste gedrückt wird.

- Farbschattierungen hinzufügen: **sh+ziehen** mit der Pipette über eine Farbe im Bild, die der Farbmaske hinzugefügt werden soll. Das Pipetten-Symbol am Cursor hat jetzt ein kleines *Plus*-Symbol während die shift-Taste gedrückt wird.

- Farbmaskenränder anpassen: Bewegen Sie den Schieberegler für die weiche Kante.

    - **alt+ziehen** des Schiebereglers zeigt die reine Maske. Der Maskenbereich ist weiß, schwarz liegt außerhalb der Maske und die verschiedenen Graustufen stehen für Transparenz-Abstufungen.

➡ **Innerhalb / außerhalb der Maske**

Denken Sie daran, dass Sie in der Farbtafel Farbeinstellungen für die Maske (innerhalb) und auch für alles Andere (außerhalb) festlegen können.

Formmaske

Die Farbtafel-Einstellungen werden auf den gesamten Clip (gesamter Video-Frame) angewandt. Manchmal können Sie die Maske nicht auf eine spezielle Farbe einschränken, sondern nur auf eine bestimmte Form. Zum Beispiel wollen Sie die Hautfarbe eines Gesichtes betonen (innerhalb der Maske) oder den Bereich um das Gesicht herum farblich verändern (außerhalb der Maske). Eine Farbmaske wird hier nicht helfen, denn ein Gesicht besteht aus viele Farbschattierungen, die auch in anderen Bereichen des Bildes auftreten.

Hier ist der Vorgang:

➡ **Formmaske aktivieren**: Klicken Sie auf das graue Formmasken-Symbol ❶ im Farbkorrektur-Modul. Hierdurch entsteht ein *Formmasken*-Bereich ❷. Dieses Mal verschwindet das Symbol nicht, da Sie im Gegensatz zu nur einer Farbmaske mehrere Formmasken haben können. Die Farbkorrektur bekommt auch hier ein kleines Dreieck ❸ zum Öffnen und Schließen der Masken-Module. Das Dreieck zeigt an, dass mindestens eine aktive Farb- oder Formmaske vorhanden ist.

❹ Das Farbmasken-Modul hat nur eine Taste, die die Steuerelement im Viewer an- und ausschaltet.

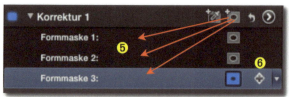

❺ Sie können mehrere Formmasken erstellen, z.B. um zwei oder drei Gesichter hervorzuheben. Beachten Sie, dass alle Formmasken innerhalb eines Farbkorrektur-Moduls die gleichen Farbtafel-Einstellungen haben. Für unterschiedliche Farbeinstellungen müssen verschiedene Farbkorrektur-Module erstellt werden.

❻ Das Farbmasken-Modul hat die Möglichkeit, die Einstellungen der Formmaske in Keyframes zu speichern. Auf diese Art und Weise kann die Form animiert werden, z.B. um einem Gesicht zu folgen. Die Formmasken-Keyframes werden als ein Animationsbalken (Farbe) im Animations-Editor angezeigt (siehe Kapitel „Animation").

➡ **Steuerelemente im Viewer**

Die Steuerelemente im Viewer haben mehrere Griffe, um die Formmaske anzupassen. Es ist ein perfektes Beispiel für die effiziente Benutzung von komplexen Keyframe-Einstellungen. In diesem Fall ist der Keyframe nicht nur ein Werte-Paar aus der Zeitposition (x) und dem Parameterwert (y), sondern besteht aus einer Reihe von Parameterwerten (y1a, y1b, y1c, y1d) im Verhältnis zu einem bestimmten Zeitwert (x1). Sie brauchen nur die Form festzulegen und sie in einem Keyframe zu speichern. Dann bewegen Sie den Playhead zur nächsten Position, passen die Form an und speichern es als weiteren Keyframe ab.

Steuerelemente

Rundung
Die Form kann von Kreis bis Rechteck verändert werden.

Position
Bewegt die gesamte Form.

Rundung

Höhe

Position

Breite

Weiche Kante

Rotation

Höhe
Bewegt Ober-und Unterkante zur gleichen Zeit.

Breite
Bewegt linke und rechte Kante zur gleichen Zeit.

Rotation
Dreht die Form.

Weiche Kante
Durch das Ziehen des äußeren Rahmens verändert sich die Kante der Maske: In Richtung Zentrum wird der Übergang härter, in der entgegengesetzten Richtung weicher.

Kombinierte Farbkorrektur-Techniken

➡ Kombinieren einer Farbmaske und einer Formmaske: Dies ist sehr hilfreich, wenn Sie ein bestimmtes Objekt, z.B. ein rotes T-Shirt verändern wollen. Aber in der Szene ist ebenso ein rotes Auto, das farblich nicht verändert werden soll. Hier können Sie die rote Farbmaske mit einer Formmaske überlagern und diese animieren.

➡ Mehrfache Farbkorrektur: Sie überlagern mehrere Farbkorrekturen, zum Beispiel mehrere farbmaskierten Objekte, die zusätzlich eine Formmaske haben. Sie können einfach mit verschiedenen Ebenen durch Ausschalten bestimmter Module herumspielen. Denken Sie daran, dass die Korrekturen nicht in einer Kette stattfinden, sondern dass jede Farbkorrektur ein eigenes „sauberes" Signal vom Timelineclip erhält.

➡ Korrektur von Übergängen: Es ist einfach, Überblendungen zwischen Farbkorrekturen durch das Zerschneiden von Timelineclips und hinzufügen von Blenden zu erreichen.

Zurücksetzen und Entfernen

Das Farbmodul hat drei Ebenen von Zurücksetzen-Tasten:

     ❶ **Farbmodul:** Gesamtrückstellung

     ❷ **Farbkorrektur-Modul** mit mehreren Korrektur-Modulen: Jedes Modul hat seine eigene Zurücksetzen-Taste.

     ❸ **Farbtafel:** Jedes Register hat seine eigene Zurücksetzen-Taste.

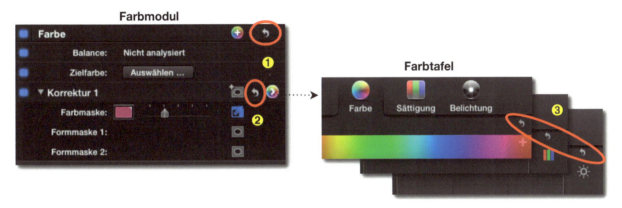

Die Zurücksetzen-Tasten folgen einer Hierarchie:

- Die Zurücksetzen-Tasten des untersten Level ❸ (Farbtafel) setzen nur die individuellen Einstellungen in der Farbtafel zurück.

- Die Zurücksetzen-Taste in den Korrektur-Modulen ❷ aktivieren ebenfalls deren Farbtafel-Zurücksetzen-Tasten ❸ und:
  - Sie setzt die Farbmaske und den Schieberegler für die weiche Kante zurück.
  - Sie aktiviert den *Parameter zurücksetzen*-Befehl für Formmasken. Diese werden auf ihre Grundeinstellung zurückgesetzt und alle Keyframes werden gelöscht.

- Die Haupt-Zurücksetzen-Taste des Farbmoduls ❶ aktiviert die Zurücksetzen-Tasten ❷ und ❸ und
  - Sie setzt das Farbe anpassen-Modul zurück und schaltet es aus.
  - Sie setzt die Farbbalance zurück (wenn sie manuell erstellt wurde) und schaltet sie aus. Die Analyse-Dateien gehen dabei nicht verloren.

Das Zurücksetzen entfernt keine Module. Falls Sie ein bestimmtes Modul entfernen wollen:

- **Farbkorrektur entfernen**: "*Korrektur 1*" ist das Standard-Modul. Es kann nicht entfernt werden. Jedes zusätzliche Korrektur-Modul kann durch dessen Auswahl und das Drücken der Entfernen-Taste gelöscht werden.

- **Farbmaske entfernen**: Das Farbmaske-Modul kann durch dessen Auswahl und das Drücken der Entfernen-Taste gelöscht werden. Das kleine „Farbmaske hinzufügen"-Symbol erscheint wieder im Korrektur-Modul.

- **Formmaske entfernen**: Jedes Formmaske-Modul kann durch dessen Auswahl und das Drücken der Entfernen-Taste gelöscht werden.

Jede Zurücksetzen- oder Entfernen-Aktion kann nicht rückgängig gemacht werden!

Videoscopes

Videoscopes sind Werkzeuge, die eine Messung des Videosignals (Luma- und Chroma-Level) in Echtzeit ermöglichen. Das ist sehr wichtig, wenn Sie mit Broadcast-Anforderungen zu tun haben oder Sie das Signal mathematisch betrachten wollen, um mögliche Probleme ausfindig zu machen. Natürlich erfordert dies Praxis und Erfahrung. Die Einzelheiten gehen weit über den Umfang dieses Manuals hinaus.

FCPx hat drei unterschiedliche Videoscopes, wovon immer nur eines gezeigt werden kann:

- ➡ **Histogramm**
- ➡ **Vectorscope**
- ➡ **Waveform**

Der Shortcut **cmd+7** öffnet das Videoscope-Fenster, das ein Teil des Viewers ist. Mit dem Einstellungs-Popup-Menü in der oberen rechten Ecke können Sie zwischen den unterschiedlichen Videoscopes wechseln und zusätzliche Einstellungen für jedes Videoscope vornehmen. Hier sind einige Erläuterungen aus dem FCPx Handbuch:

Histogram

Die Helligkeit eines Bildes - oder:

Das Histogramm bietet eine statistische Analyse des Bilds. Basierend auf der Berechnung der Gesamtanzahl von Pixeln jeder Farbe bzw. jedes Luminanz-Pegels wird eine Kurve generiert, die die Anzahl der Pixel bei jedem prozentualen Farb- oder Luma-Wert zeigt. Jeder Wertzuwachs der Skala von links nach rechts stellt einen Luma- oder Farbprozentwert dar, während die Höhe der einzelnen Segmente im Histogramm die Anzahl der Pixel anzeigt, die dem jeweiligen Prozentwert entspricht.

Vectorscope

Das Vectorscope veranschaulicht die Gesamtfarbverteilung in einem Bild als Projektion auf eine kreisförmige Skala. Die Farbe in Ihrem Videomaterial wird durch eine Serie miteinander verbundener Punkte dargestellt, die irgendwo innerhalb dieser Skala liegen. Die Gradangabe an der Skala steht für den angezeigten Farbton, wobei die Primärfarben Rot, Grün und Blau und die Sekundärfarben Gelb, Zyan und Magenta als Farbziele verwendet werden. Je größer der Abstand der angezeigten Farbe vom Mittelpunkt der Skala ist, desto höher ist ihre Sättigung. Der Mittelpunkt der Skala entspricht der Sättigung "Null", der äußere Ring entspricht der maximalen Sättigung.

Waveform

Die x-Achse repräsentiert die Breite des Videoframes und die y-Achse die Belichtung (Luma) oder Sättigung (Chroma) oder andere Parameter des Popup-Menüs - oder:

Der Waveform-Monitor zeigt die relativen Pegel der Luminanz und der Chrominanz im untersuchten Clip. Diese Werte werden von links nach rechts aufgeführt; das heißt, sie reflektieren die relative Verteilung der Luminanz- und Chrominanz-Pegel im Bild von links nach rechts. Spitzen und Senken in den angezeigten Waveforms entsprechen den hellen und dunklen Bereichen im Bild. Die Waveforms sind außerdem entsprechend der Farbe des Objekts im Video gefärbt.

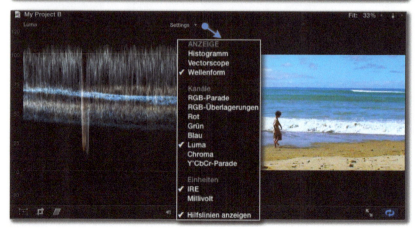

Export

Wie auch viele andere Features scheint der Export ziemlich einfach zu sein. Sie haben den Schnitt Ihres Videos beendet und wollen es als Quicktime-Film exportieren bzw. bereitstellen. Sie müssen jedoch ein paar Dinge bezüglich des neuen Workflows in FCPx beachten. Hier ist ein Entscheidungsbaum für die unterschiedlichen, zu beachtenden Elemente:

- Es gibt zwei Arten des Exports
  - **Daten exportieren** als XML-Datei, um ein Ereignis oder Projekt an einen anderen FCPx-Nutzer oder eine Fremdsoftware zu übergeben. Diesen Befehl finden Sie unter Ablage > XML exportieren...
  - **Medien exportieren** als Video-, Audio- oder Bild-Datei. All diese Optionen sind im Hauptmenü unter dem Punkt Bereitstellen aufgeführt.
- Beim Medienexport ist die nächste Frage, wer den Export durchführt. Wird der Export intern in FCPx erledigt oder zum Compressor ausgelagert, damit dieser die gesamte Verarbeitung übernimmt.
- Wenn Sie entschieden haben, dass FCPx den Export übernehmen soll, müssen Sie sich für eine der beiden Optionen entscheiden:
  - Den Export im Vordergrund ausführen, was bedeutet, dass keine weiteren Arbeiten in FCPx ausgeführt werden können, bis der Export fertig ist.
  - Export im Hintergrund ausführen lassen. Sie können in FCPx weiterarbeiten, wobei der Computer die Arbeitslast ausbalanciert.

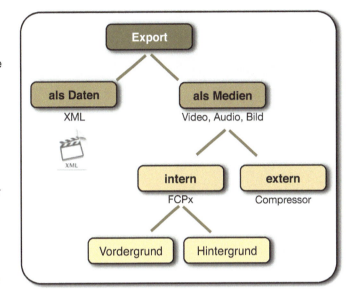

Lassen Sie mich kurz auf die Kritik eingehen, dass auf einige Schlüsselfunktionen bezüglich des Exports fehlen. Die Export Möglichkeiten sind vielfältiger geworden, einschließlich der gängigen Social Media Networks, Blu-Ray, HTML Streaming etc. Jedoch fehlen viele Datenformate und Feineinstellungen für den Export. Das basiert auf dem „Outsourcing"-Modell. Im neuen Workflow sind nur Basisformate in FCPx verfügbar. Wenn Sie genauere Einstellungen oder spezielle Formate benötigen, müssen Sie Ihr Video an den Compressor übergeben. Mit dieser dazugehörigen Software können Sie all das machen (Teilexport eines Projektes, Kapitelmarker erstellen, eigene spezielle Encoding-Einstellungen vornehmen etc.). In FCP7 hatten Sie die Wahl, jetzt ist für solche Fälle die Übergabe an den Compressor ein Muss.

Ein weiterer neuer Aspekt ist das Tracking. FCPx macht eine Aufzeichnung von jedem Export, damit Sie wissen, wann und wie ein Export durchgeführt wurde und ob dieser erfolgreich war oder Probleme hatte. Das Diagramm weiter unten zeigt die Zusammenhänge.

Sie exportieren ein Projekt in FCPx durch das Wählen eines Export-Befehls und senden es zu seinem Zielort ❶ oder lassen den Compressor die Aufgabe erledigen ❷. Der Prozess kann in beiden Fällen im separaten Programm „Share Monitor" beobachtet werden. ❸. Hier können Status, Informationen und Probleme von aktuellen oder vergangenen Prozessen verfolgt werden. Diese Informationen werden in der Datei "ShareStatus.plist" ❹ innerhalb des Final Cut Projects-Ordner für jedes Projekt gespeichert. Die Information in dieser Datei (die Export-History) wird im Inspektor ❺ für jedes Projekt angezeigt. Jedes Projekt bekommt ein kleines "Gesendet"-Symbol ❻ , um zu zeigen, dass es zuvor exportiert wurde. Sie können es anklicken, um den Inspektor zu öffnen und Details zu sehen.

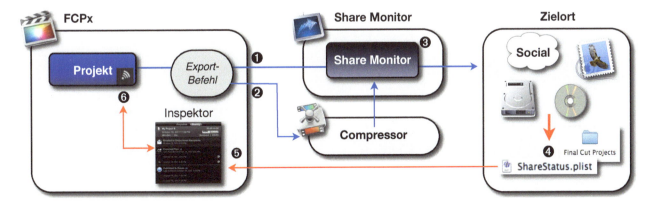

Schauen wir uns nun die Elemente des Export-Workflows an.

Alle Befehle für das Exportieren von Medien finden Sie im Hauptmenü unter **Bereitstellen**. Sie können jedes Projekt aus der aktiven Timeline oder durch Auswahl des Projektes aus der Projekt-Mediathek exportieren. Hier eine kurze Beschreibung der verfügbaren Export-Optionen:

 Medienübersicht: Diese Dateien werden für andere Apple-Programme verfügbar sein. Die exportierten Dateien werden im Ordner *Project Folder* > **Shared Items** gespeichert.

 Apple-Geräte: Diese Dateien werden für iTunes verfügbar sein, um mit Apple-Geräten (iPhone, iPad) synchronisiert zu werden. Die Dateien werden im Ordner *Projects Folder* > **Shared Items** gespeichert.

 DVD / Blu-ray: Hiermit können Sie DVDs, Blu-ray-Disks oder Image-Dateien auf Ihrem Rechner erstellen.

Podcast Produzent: Wird genutzt mit Apple's Podcast Producer, Teil von OSX Server.

E-Mail: Hier wird eine neue E-Mail mit dem eingebetteten exportierten Film erstellt, fertig zum Versenden.

Bereitstellen-Menü

Medienübersicht …
Apple-Geräte …
DVD …
Blu-ray …

Podcast-Produzent …
E-Mail …

YouTube …
Facebook …
Vimeo …
CNN iReport …

Medien exportieren …
Aktuelles Bild sichern …
Bildsequenz exportieren …
Für HTTP-Live-Streaming exportieren …

An Compressor senden …
Mithilfe Compressor-Einstellungen exportieren

 **Social Networks**: Hier wird die Datei direkt auf Ihren Social Network-Account hochgeladen. Der Login-Vorgang wird im Setup-Fenster in FCPx vorgenommen.

Medien exportieren (cmd+E): Das ist der Hauptbefehl für den Export. Er kann nur als Vordergrundaktion ausgeführt werden.

Aktuelles Bild sichern: Hiermit wird ein Standbild von der aktuellen Position des Playheads oder Skimmers aufgenommen. Er kann nur im Vordergrund ausgeführt werden.

Bildsequenz exportieren: Eine Sequenz von Einzelbildern wird aus dem Video exportiert.

 Für HTTP-Live-Streaming exportieren: Wird benutzt für Web-Streaming.

 An Compressor senden: Hier wird eine Referenz-Datei des Projekts an den Compressor gesendet, der das Programm öffnet und einen neuen Auftrag für dieses Projekt erstellt. Jetzt können Sie diverse Einstellungen verwenden und Compressor seine Aufgabe erledigen lassen, während Sie Ihre Arbeit in FCPx fortsetzen.

Mithilfe Compressor-Einstellungen exportieren: Es wird ein Fenster geöffnet, in dem Sie Zugriff auf alle im Compressor verfügbaren Preset Einstellungen haben. Achten Sie darauf, dass der Export von FCPx im Vordergrund ausgeführt wird, was bedeutet, dass Sie nicht weiterarbeiten können, bis der Export fertiggestellt ist.

Ich möchte nicht durch alle Parameter im Einstellungsfenster gehen, aber ein paar Dinge sollte man beachten:

- Jeder Export-Befehl öffnet ein Einstellungsfenster mit einer speziellen Ansicht (außer *„An Compressor senden")*.

- Das Einstellungsfenster hat ein Vorschaubild des Projekts, das Sie mit dem Skimmer überfliegen können.

- Jedes Fenster hat drei Register: Optionen - Erweitert - Übersicht.
  Medienübersicht und *Apple Geräte* haben diese Register hinter der „Details einblenden"-Taste versteckt.

- Das **Optionen**-Register zeigt die speziellen Export-Optionen.

- Das **Erweitert**-Register listet die Optionen für das *Rendern im Hintergrund* auf.

  - *Ohne*: Der Prozess wird als Vordergrundaktion ausgeführt.

  - *Dieser Computer*: Die Verarbeitung findet auf diesem Computer im Hintergrund statt.

  - *Dieser Computer Plus*: Die Verarbeitung findet im Hintergrund in einem verteilten Cluster statt (Details finden Sie in meinem Manual "Compressor 4 - So funktioniert's").

  - *An Compressor senden*: Hiermit wird der Vorgang an den Compressor weitergegeben. Dieser nutzt eine Referenzdatei des Projektes.

- Das **Übersicht**-Register zeigt die endgültigen Einstellungen der Export-Datei.

➡ Medien exportieren

Die Medien-exportieren-Option **cmd+E** bietet ein leistungsstarkes Export-Feature, wenn es mit Funktionen (Roles) kombiniert wird. Es ermöglicht den flexiblen Umgang mit Tonspuren oder exportiert nach spezifischen Kriterien, die durch die Roles definiert sind. Dieser Export kann nur als Vordergrundaktion stattfinden. Auch sind die Formatoptionen sehr limitiert. Für weitere Einstellungen und Bearbeitung im Hintergrund nutzen Sie die Compressor-Applikation.

Das Einstellungsfenster für die *Medien exportieren*-Funktion hat Anfangs nur zwei Register: **Optionen** - **Übersicht**. Wenn Sie eine der für die Funktionen relevante Auswahl treffen, erscheint ein drittes Register "**Funktionen**".

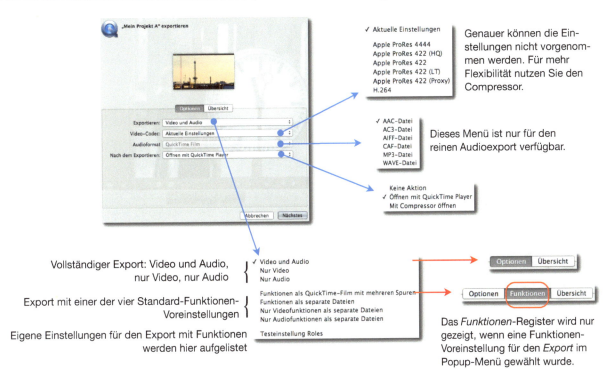

Funktionen-basierender Export

Das Funktionen-Register öffnet ein Fenster, in dem Sie festlegen können, welche Funktionen im Export berücksichtigt werden sollen.

Sie sehen im Fenster eine Export-Voreinstellung, die Sie vorab im Voreinstellungs-Fenster ausgewählt haben. Sie können zwischen vier vorgegeben Einstellungen wählen. Jede Benutzer-Voreinstellung, die Sie erstellt haben, erscheint ebenfalls. Bearbeiten Sie die Einstellungen und speichern Sie diese mit dem Befehl „Sichern unter..." ab.

Voreinstellungen bearbeiten:

Sie können neue Video- oder Audio-Spuren mit der Taste hinzufügen und für die Spur eine bestimmte Funktion aus dem Popup-Menü wählen. Es werden nur Funktionen angezeigt, die im aktuellen Projekt verwendet werden. Ebenso können Sie das Audio-Ausgabe-Format (z.B. eine Surround-Datei als Stereo-Datei speichern) festlegen. Mit der Minus-Taste können Spuren entfernt werden.

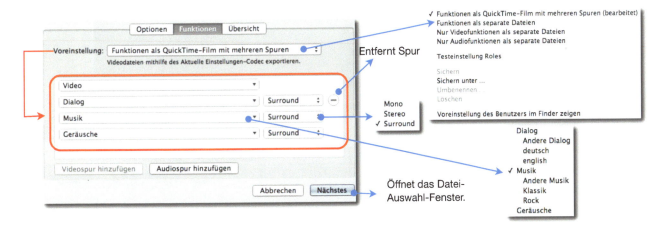

➡️ **Der Share-Monitor**

Der Share-Monitor ist eine separate Applikation, die von FCPx oder Compressor gestartet wird. Er listet alle aktuellen und erledigten Exportaktivitäten (Freigaben) auf.

Sie können auf den Share-Monitor über das Hintergrund-Aktionen-Fenster oder das Bearbeiten-Fenster zugreifen. Der Share-Monitor hat seine eigenen Einstellungen für verschiedene Darstellungs-Optionen.

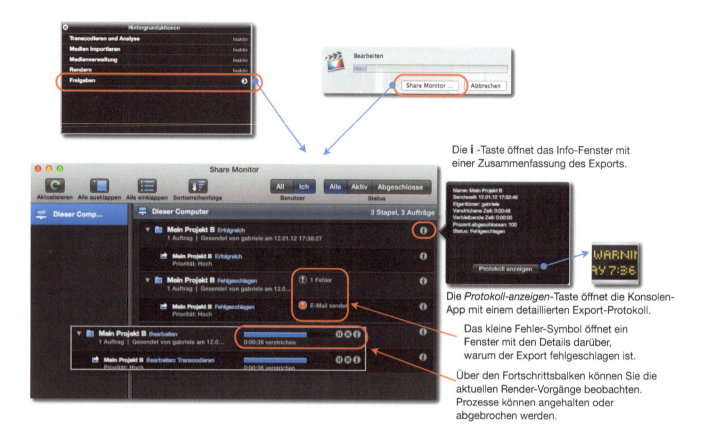

Die **i** -Taste öffnet das Info-Fenster mit einer Zusammenfassung des Exports.

Die *Protokoll-anzeigen*-Taste öffnet die Konsolen-App mit einem detaillierten Export-Protokoll.

Das kleine Fehler-Symbol öffnet ein Fenster mit den Details darüber, warum der Export fehlgeschlagen ist.

Über den Fortschrittsbalken können Sie die aktuellen Render-Vorgänge beobachten. Prozesse können angehalten oder abgebrochen werden.

➡️ **Projekt-Inspektor: Freigaben**

Jeder erfolgreiche oder fehlgeschlagene Export eines Projekts wird im *Freigaben*-Register aufgeführt.

Wenn ein Projekt exportiert wurde, erscheint ein kleines „Senden"-Symbol neben dem Namen in der Timeline. Ein Klicken auf das Symbol wechselt zur Projekt-Mediathek und öffnet den Inspektor mit dem Freigaben-Register.

Hier können Sie alle ausgeführten Exporte für dieses Projekt und deren Art (iTunes, Export) sehen, und, ob der Export fehlgeschlagen ist (erkennbar an dem Fehler-Symbol). Mit dem kleinen Lupen-Symbol können Sie sich die exportierte Datei direkt im Finder anzeigen lassen.

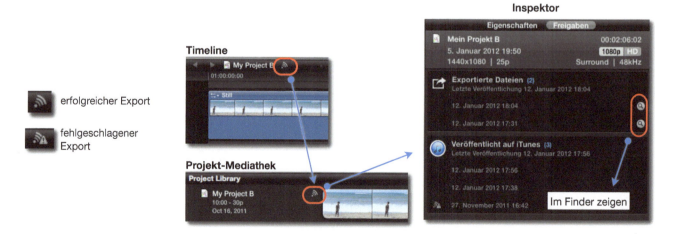

Tastatur-Kurzbefehle

Ich begann dieses Manual mit dem Aufzeigen der Wichtigkeit von Datenbanken und dass FCPx auf der Grundlage von Datenbanken aufgebaut ist. Auch in diesem Kapitel über Tastatur-Kurzbefehle kommen wir auf dieses Thema zurück. Sie erraten es: Der Befehls-Editor ist nichts anderes als eine Datenbank. Die Einträge sind die individuellen Befehle.

- **Befehl:** Dies sind alle Befehle, die FCPx im Befehl-Bereich aufführt. ❶
- **Beschreibung:** Dies ist eine kurze Beschreibung für die Aufgabe des Befehls. Wählen Sie irgendeinen Befehl in der Befehl-Liste und das Kästchen daneben zeigt die Details dieses Befehls. ❷
- **Tastenzuweisung:** Dies ist Tastenkombination für den Befehl. Die Befehl-Liste hat zwei weitere Spalten, in der Sie sehen können, ob Tastenkombinationen zugeordnet sind. ❸

- **Befehlsgruppen:** Der Befehl-Editor ist ein schwebendes Fenster, in dem Sie die Befehle in *Befehlsgruppen* organisieren können. Öffnen Sie das Fenster mit **alt+cmd+K** oder aus dem Hauptmenü über **Final Cut Pro > Befehle > Anpassen ....** Daduch wird eine virtuelle Tastatur angezeigt, die der angeschlossenen Tastatur (Desktop oder Laptop) entspricht und deren spezifischen Tasten zeigt. Im Befehl-Menü werden "*Befehlsgruppen*" für das Standard-Set und "*Eigene Befehlsgruppen*" für alle selbst erstellten Gruppen angelegt. Welches Set auch immer momentan gewählt ist ❹, öffnet sich mit **alt+cmd+K.** Natürlich können Sie jederzeit zu einer anderen Einstellung wechseln. Auch können Sie Sets importieren oder exportieren, um sie auf anderen Computern zu nutzen.
- **Befehle filtern:** Das Prinzip des Filterns von Daten habe ich im Kapitel „Metadaten" behandelt. Das gleiche Konzept gilt für den Befehle-Editor. Sie können die Befehlsliste eingrenzen (filtern), um sich nur bestimmte Befehlsgruppen anzeigen zu lassen. ❹ und/oder eine Suche eingeben ❺. Das Lupensymbol öffnet ein Popup-Menü, in dem Sie auswählen können, in welchem Feld der Datenbank Sie suchen wollen ❻. Klicken Sie die Tastatur-Taste ❼ um Tasten hervorzuheben, die den Suchkriterien entsprechen.
- **Tastengruppen:** Eine weitere gute Idee: Wählen Sie eine Taste auf der virtuellen Tastatur und die Tasten-Info-Liste ❽ zeigt alle möglichen Sondertasten und den dazugehörigen Befehl. Sie können jedes Token (es repräsentiert den aktuellen Befehl) von der Tasten-Info-Liste oder der virtuellen Taste wegziehen ❾ um die Zuordnung (mit einem kleinen Rauchwölkchen) zu löschen.
- **Tastenzuweisung:** Wählen Sie einfach einen Befehl aus der Befehl-Liste und drücken Sie die Tastenkombination auf der echten Tastatur. Sie bekommen einen Warnhinweis, wenn die Tastenzuweisung schon belegt ist. Um die Zuweisung zu ändern, können Sie auch eine Taste, die schon mit einem Befehl belegt ist, auf eine andere Taste ziehen.
- **Virtuelles Keyboard:** Durch den Punkt auf der Taste können Sie sehen, dass die Taste schon belegt ist. Die Farbe zeigt die Befehlsgruppe an (Effekte, Bearbeiten, etc). Eine schraffierte Taste gehört zu den Systembefehlen und ist nicht nutzbar. Die Sondertasten sind etwas dunkler, wenn sie ausgewählt sind. Sie korrespondieren mit den Sondertasten an der oberen Kante ❿.

Hiermit schließe ich mein Manual "*Final Cut Pro X - Die Details*". Ich hoffe, Ihnen dabei geholfen zu haben, die neuen Features, Workflows und zugrundeliegenden Konzepte des Programms durch einen tiefen Einblick in diese Themen zu verstehen. Die grundlegenden Funktionsweisen können Sie in meinem ersten Buch „Final Cut Pro X - So funktioniert´s" nachlesen.

Weitere "Graphically Enhanced Manuals" finden Sie auf meiner Website: www.DingDingMusic.com/Manuals

Alle Titel sind als PDF-Downloads auf meiner Website und als Bücher bei Amazon.com erhältlich.

Manche Titel sind ebenso als Multi-Touch-eBooks in Apple's iBookstore erhältlich.

(Sprachen: Deutsch und Englisch).

Falls Sie meine visuelle Art des Erklärens von Konzepten hilfreich finden, können Sie gerne meine Bücher weiterempfehlen oder eine kurze Kritik bei Amazon auf meiner Buchseite hinterlassen. Dies hilft mir, diese Serie in Zukunft fortzusetzen.

Einen ganz besonderen Dank an meine wundervolle Frau Li für ihre Liebe und ihr Verständnis während der vielen Stunden, die ich an diesem Buch gearbeitet habe. Und nicht zu vergessen an mein Sohn Winston - als ich auf ihn während seines Fussball-Trainings wartete, konnte ich noch an ein paar Kapiteln arbeiten.

Informationen über meine Arbeit als Komponist und Links zu meinen Social Network Sites finden Sie unter:
www.DingDingMusic.com

Hören Sie sich meine Musik auch hier an: www.soundcloud.com/edgar_rothermich

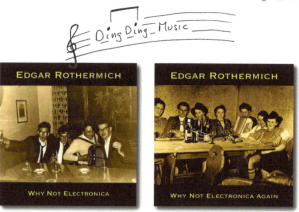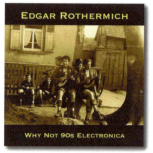

Wenn Sie mich direkt kontaktieren wollen, schicken Sie mir eine E-Mail an: GEM@DingDingMusic.com

Danke für Ihr Interesse und Ihre Unterstützung,

Edgar Rothermich